もっとよくわかる

電子帳簿保存法がこう変わる！

税理士 **松崎 啓介** 著

税務研究会出版局

はしがき

令和３年９月１日にデジタル庁が発足しました。政府の方針として、社会全体のデジタル化を進め、暮らしを便利に変えていくとともに「誰一人取り残さない、人に優しいデジタル化」を目指し、デジタル社会の実現に向けて取り組んでいくこととしています。そして、デジタル庁が成長戦略の柱となり、思い切ったデジタル化を進めなければ、日本を変えることができないという決意の下、着実に成果をあげ、日本全体のデジタル改革を進めて行きたいとしています。

令和３年６月１日に決定された骨太の方針（経済財政運営と改革の基本方針 2021）でも、ポストコロナに向けた経済構造の転換・好循環を実現するとともに、税体系全般の見直し等を進めるとされ、適正・公平な課税の実現による税に対する信頼の確保、社会全体のコスト削減、企業の生産性向上等の観点から、適切な所得等の把握のための環境整備、記帳水準の向上、税務手続の電子化等の促進など、制度及び執行体制の両面からの取組を強化するとしています。

また、６月 11 日には国税庁から従来の「税務行政の将来像」を引き継いだ「税務行政のデジタル・トランスフォーメーション―税務行政の将来像 2.0―」が公表され、その着実かつ継続的な実施により、国民にとって利便性が高く、かつ、適正・公平な社会の実現に貢献していきたいとしています。

社会全体でデジタル・トランスフォーメーションを推進する動きが加速化し、様々なもののデジタル化がかなりのスピード感をもって進化し続けています。

このようなデジタル化を踏まえ、経理の電子化による生産性の向上、テレワークの推進、クラウド会計ソフト等の活用による記帳水準の向上に資するために電子帳簿等保存制度は抜本的に見直されました。

今後、ほとんどの取引が電子取引となることは確実であり、経理の電子化も急速に進んで行きます。電子取引と電子帳簿等保存制度、電子申告、電子納付は密接不可分な関係にあり、電子インボイスを始めとする電子取引、電子帳簿書類の作成、保存、電子申告・電子納付手続がシームレスとなって、デジタルによってさらにつながって行くものと考えられます。これらのことは、デジタル化に向けて税理士の果たすべき役割という意味で、令和４年度の税制改正で検討が予定されている税理士制度の見直しにも影響していくものと考えられます。

これまでの改正とは明らかに質の違う、令和３年度の電子帳簿等保存制度の抜本的見直しは、デジタル化時代における税務調査、税務行政の在り方に変革をもたらすインフラ改革といえるものであり、今後も時代の変化に応じ、税務行政とともに絶えずバージョンアップしていくものであります。新たな電子帳簿等保存制度へこれまで以上に真摯に対応することが求められます。

本書は、令和３年３月刊行の「電子帳簿保存法がこう変わる！～DX 化が進む経理・税務のポイント」について、その後、公布された政省令や公表された電子帳簿保存法取扱通達、各電子帳簿保存法一問一答を織り込んで大幅に改訂し、改題したものです。新たな電子帳簿等保存制度について、最新の情報を基に制度内容を詳細に解説するとともに、令和４年１月１日からの施行を直前に控え、実務への影響としてどのようなことが考えられるか、電子帳簿等保存制度がさらに今後どういう方向で検討されていくのかについて述べています。また、税務行政がDX 化によってどのように変わるのか、今後実務に大きな影響がある電子インボイスについても併せて取り上げています。

本書が、電子取引に係るデータ保存が義務化されることへの対応や、新たに電子帳簿等保存制度の導入を検討している法人企業の経理業務に携わる方々はもとより、個人事業者の方々及びそれらの顧問税理士の方々においても、本制度の理解の一助となれば幸いです。

なお、本書の意見に関する部分は、筆者の個人的な見解であることをあらかじめお断りします。

最後に、本書の出版に当たっては、株式会社税務研究会の桑原妙枝子様に構成内容や記載内容に多大なるアドバイスと協力をいただいたことにより、分かり易い内容となったことに深く感謝申し上げます。

令和３年９月

税理士　**松崎　啓介**

増刷にあたって

令和４年１月から始まった新電子帳簿等保存制度ですが、電子取引を行った場合の電子データ保存義務化について２年間の宥恕規定が措置され、準備期間が設けられました。

具体的には、令和４年度税制改正において、令和３年度税制改正における電帳規の改正附則の経過措置に以下の内容の宥恕規定が措置されました（令和３年12月27日財務省令80号）。

令和４年１月の増刷にあたって、実務に与える影響の大きい改正であることから、その改正の概要について解説いたします。

令和４年度税制改正大綱による電子取引情報に関する改正

電子取引の取引情報に係る電磁的記録の保存への円滑な移行のための宥恕措置（経過措置）

令和４年１月１日から令和５年12月31日までの間に行う電子取引

につき

税務署長が保存要件に従って保存することができなかったことについてやむを得ない事情があると認め

かつ

書面に出力して提示又は提出の求めに応じることができるようにしている場合には

その保存要件にかかわらず、その電子データの保存をすることができることとする

更に令和４年度税制改正の大綱（令和３年12月24日閣議決定）では、以下の運用上の配慮がなされることになりました。

【運用上の取扱い】

上記の場合の措置の適用については、その電子データの保存要件への対応が困難な事業者の実情に配慮し、引き続き保存義務者から納税地等の所轄税務署長への手続を要せずその出力書面等による保存を可能とするよう、運用上、適切に配慮することとする。
⇒運用上は、２年間は税務署長の事前承認を得ることなく、紙での保存を可能とする。

したがって、令和４年１月１日以後に行う電子取引の取引情報から、その電磁的記録を新保存要件により電子データで保存しなければならないこととなりますが、対応が困難なやむを得ない事情がある場合には、施行日から２年間は電子データではなく書面等に出力して保存することができることとなりました。このやむを得ない事情については、改正の趣旨から広く認められ税務調査があった場合には、その対応状況や今後の見通し等を答えられるようにしておくこととなります。

この２年間の宥恕措置が設けられている準備期間を有効に使って、取引情報の電子データによる保存に円滑に移行させるとともに、選択適用の電子帳簿、スキャナ保存と併せて、令和５年10月から始まる電子インボイスの導入対策とともに、企業経理の電子化を押し進めることが望まれます。

目　次

第１章　ここが変わる！電子帳簿保存法

第２章　電子帳簿保存法のキホン

第3章 電子インボイスの導入

巻末資料

凡　例

本書で用いる略語は、おおむね以下のとおりです。

電帳法……令和4年1月施行の電子計算機を使用して作成する国税関係帳簿書類の保存方法等の特例に関する法律
電帳令……令和4年1月施行の電子計算機を使用して作成する国税関係帳簿書類の保存方法等の特例に関する法律施行令
電帳規……令和4年1月施行の電子計算機を使用して作成する国税関係帳簿書類の保存方法等の特例に関する法律施行規則
電帳通……令和4年1月施行分の電子帳簿保存法取扱通達
通則法……国税通則法
措　法……租税特別措置法
新消法……令和5年10月施行の消費税法
新消令……令和5年10月施行の消費税法施行令
新消規……令和5年10月施行の消費税法施行規則

(注1)　本書の内容は、令和3年9月30日現在の法令・通達等に基づいています。
(注2)　本文中の下線の一部は筆者が加筆したものです。

第1章

ここが変わる！
電子帳簿保存法

1　デジタル・トランスフォーメーションへの取組

今回の新型コロナウイルス感染症への対応では、行政サービスや民間分野のデジタル化の遅れ、バラバラな国と自治体のシステム、マイナンバーカードの普及率の低さなどの様々な問題が浮き彫りになりました。長年先送りにされてきた課題が山積していたことがわかります。こうした結果、デジタル面では他国に比較してわが国は相当遅れており、世界デジタル競争力ランキング2020（スイス国際経営開発研究所）では27位と低迷しています。

政府は、行政の縦割りを打破し、これらの課題を根本的に解決してデジタル改革に取り組むため、令和３年９月１日にデジタル庁を発足させました。今後、立場を超えた自由な発想で、スピード感を持ちながら、行政のみならず、わが国を作り変えるくらいの気持ちでデジタル化に取り組んでいくこととしています。

デジタル化は、単にアナログの手続をデジタル化すればよいのではなく（デジタイゼーション）、デジタル技術を用いて製品やサービスの付加価値を高め（デジタライゼーション）、更には、進化したデジタル技術を使って、人々の暮らしを変革し、既存の価値観や枠組みを根底から覆して革新的なイノベーションをもたらす、社会全体のデジタル・トランスフォーメーションを強力に推進させる必要があります。

税務行政についても、デジタルの活用により、行政サービスや業務の在り方を抜本的に見直すデジタル・トランスフォーメーションへの取組が強く求められています。

2　国税庁の「税務行政のデジタル・トランスフォーメーション－税務行政の将来像 2.0 －」について

デジタルの活用によりサービスや仕事の在り方を変革する、デジタル・トランスフォーメーションを推進する動きが社会全体で広まる中、行政のデジタル・トランスフォーメーションについても、その必要性が、令和２年 12 月に閣議決定された「デジタル社会の実現に向けた改革の基本方針」において示され、令和３年９月に設置されたデジタル庁が、デジタル社会形成の司令塔として、未来志向の DX を大胆に推進しているところです。

そのような中、令和３年６月 11 日、国税庁から、「税務行政のデジタル・トランスフォーメーション－税務行政の将来像 2.0 －」が公表されました。

国税の申告や納付も、デジタルを活用すれば、納税者の立場からは、より簡単に、より便利にできるようになるとともに、国税当局の立場からは、税務署や国税局の業務も、より効率的に、より高度に行うことが可能となることから、誠実に納税を行っている多くの納税者が不公平を感じることのないよう、デジタルの利点を最大限に生かして、税務行政を進めていくことが重要であるとしています。

そこで、従来の「税務行政の将来像」（平成 29 年６月公表）を改定し、「デジタルを活用した、国税に関する手続や業務の在り方の抜本的な見直し」（税務行政のデジタル・トランスフォーメーション）に取り組んでいく方針が明確にされました。

併せて、目指すべき将来像について、経済社会の変化やデジタル技術の進展等を踏まえてアップデートされています。

経済社会や技術環境は目まぐるしく変化しており、そうした変化に柔軟に対応し、「納税者の自発的な納税義務の履行を適正かつ円滑に実現する」という国税庁の使命を的確に果たしていくためには、スピード感をもって取組を進めることが重要であるとし、また、目指すべき将来像や取組の内容についても、時代の変化に応じ、絶えずバージョンアップしていく必要があるとしています。

税務行政について、これまで「デジタル・トランスフォーメーション」を前面に打ち出したものはありませんでしたが、今回、デジタル化に向けた国税庁の方針が明らかになり、これまでにも増したスピードでデジタル化が進められていくことがうかがえます。

3　規制改革推進会議における議論（領収書の電子化関係）

「規制改革推進に関する答申～デジタル社会に向けた規制改革の「実現」～」（令和３年６月１日規制改革推進会議決定）（以下「デジタル答申」といいます。）においては、新たな価値を生み出す規制改革の推進について、次のように述べています。

> **II　各分野における規制改革の推進**
>
> **1．成長戦略ワーキング・グループ**
>
> 成長戦略ワーキング・グループでは技術の革新に合わせた規制の在り方を議論し、新たな価値を生み出す規制改革を推進してきた。デジタル技術の進展は、ビジネスや働き方、生活習慣などあらゆる分野で大きな変化を生み出しつつある。企業は、デジタル技術により業務の効率化を図り、データの活用によって潜在需要を開拓して新たな収益源を確保することが可能になる。また、生活者一人一人のニーズに応えたデジタル技術を活用した様々な非接触サービスが生まれることで、新たな時間の過ごし方が増えるなど、個人も、手間の削減による利便性向上や可処分時間の向上などを享受できるようになってきている。このような中で、依然として、押印や書面、対面を通じて行われる伝統的な情報のやり取りが、技術革新の恩恵の広がりを阻む要因となっている。例えば、経理事務では、請求書や領収書のやり取りと入力作業など人の業務に頼った仕組みが少なからず残っており、取引情報の収集や一層の分析・活用を行う余地はいまだ大きい。法令に書面原則などの根拠を有するものはデジタル社会に即応して見直されなければならない。

上記の「経理事務では、請求書や領収書のやり取りと入力作業など人の業務に頼った仕組みが少なからず残っており、取引情報の収集や一層の分析・活用を行う余地はいまだ大きい」との指摘は、取引情報の授受が書面で行われていることが多いことについて、電子での取引情報の授受にシフトしていくべきという趣旨だと思われます。

第9回規制改革推進会議（令和2年12月22日）においては、「当面の規制改革の実施事項」が取りまとめられ、この中で、電子帳簿等保存制度の見直し、領収書の電子化に向けた見直しについて指摘されていました。

1．書面・押印・対面の見直し

(2) 民間の手続の書面・押印・対面の見直し

ア　電子帳簿等保存制度の見直し

【次期通常国会に法案提出】

財務省は、電子帳簿保存法（平成10年法律第25号）に基づく帳簿書類の電子保存につき、特に中小企業・個人事業者における需要の高まりも踏まえ、領収書等の原本に代えてスキャナ画像を保存できる制度の利用に当たり税務署長の事前承認を不要とし、領収書等受領後の自署要件の廃止、領収書等スキャン後の廃棄可能化、タイムスタンプの付与の期限を概ね3営業日から2月以内に拡大するなど要件の大幅な緩和を行う。

イ　領収書の電子化に向けた見直し

【次期通常国会に法案提出】

法務省は、民法（明治29年法律第89号）第486条において交付請求を可能としている弁済に係る受取証書について、電磁的記録の提供の請求を可能とするよう改正措置を講じる。

この規制改革の実施事項に基づいて、電子帳簿保存法については令和3年度税制改正で措置され、領収書の電子化については、令和3年5月に民法486条が改正されて第2項が追加され、9月1日から施行されています。

今回のデジタル答申では、領収書の電子化の実施事項として、「内閣府及び法務省は、民法（明治29年法律第89号）486条の改正により、令和3年9月から弁済に係る受取証書について電磁的記録の提供の請求が可能となることを踏まえ、施行後に小売店等の店頭において混乱を来さないよう、あらかじめＱ＆Ａ等で法令解釈を明らかにし、広く周知を図る。」こととされました。

この規制改革実施事項を受けて、法務省のホームページに「電子的な受取証書（新設された民法第 486 条第２項関係）についてのＱ＆Ａ」が令和３年７月に掲載されました。以下その主なものについて、当該Ｑ＆Ａに基づいて解説します。

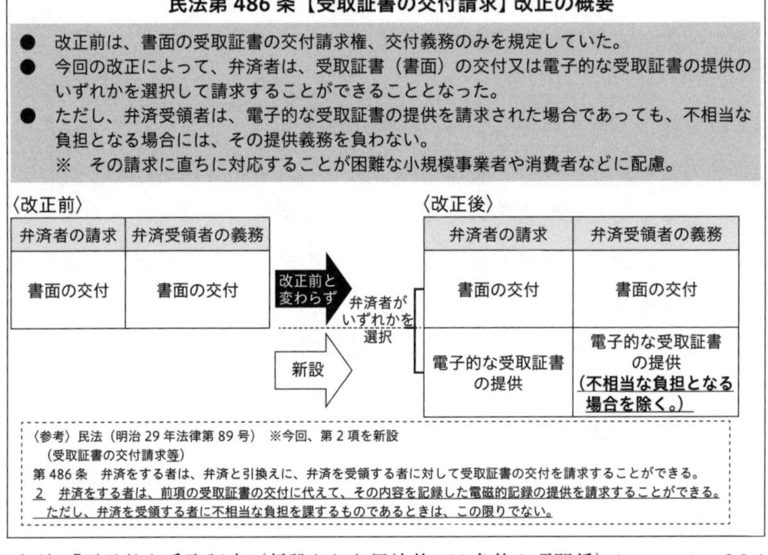

出所：「電子的な受取証書（新設された民法第 486 条第２項関係）についての Q&A」（法務省 HP）に一部加筆

問　受取証書の交付の請求に代えて、その内容を記録した電磁的記録の提供の請求を可能とする、今回の民法改正の趣旨は何か。

答

（電子的な受取証書のニーズの高まり）

近年、インターネットを用いた電子商取引が増加するなどの状況の中で、一部の弁済者にとっては、受取証書を受領するよりも、保存や検索が容易な電子的手段によって受取証書の内容を記録したものの提供を受ける方が便利だとされる場面が増加しつつあります。これに加えて、特に、新型コロナウイルス感染症拡大防止の観点から、社会全体として在宅勤務が推奨されている中、主に勤務先における税務処理等の観点から必要とされる受取証書の受領、保管等の事務を行うためだけに出社を余儀なくされたという声もあり、受取証書ではなく電磁的記録の提供を受けたいというニーズがありました。また、弁済受領者側においても、特に非対面取引が増加する中で、受取証書の印刷費や郵送費の負担や、受取証書の交付のための体制・設備の整備を求めることが過度な負担となる場面も出てきつつあります。

（受取証書について電磁的記録の提供の請求を可能とする措置の考え方）

弁済者側において受取証書の交付を受けることに代えて電磁的記録の提供を受けたいというニーズがあること、弁済受領者側においても、受取証書の交付が過度な負担となる場面が生じていることなどの環境変化や、今後ますます取引実務のデジタル化が進むと考えられることに鑑みて、受取証書の交付の請求に代えて電磁的記録の提供の請求を行うことができるよう措置を講ずることとされました。

他方、弁済受領者の中には、スマートフォンやパソコン等を用いて電磁的記録の提供を行うことが不可能あるいは困難な者も少なくないと考えられるため、上記の措置と併せて、これらの者に不相当な負担を課すことのないよう配慮した措置を講ずることとしています。

出所：「電子的な受取証書（新設された民法第486条第2項関係）についてのQ&A」問1（令和3年7月内閣府・法務省）に一部加筆

問　電子的な受取証書にはどのような情報を記録する必要がありますか。

答

民法上の取扱いという観点からは、書面の受取証書と同様に、受領文言及び債務を特定することができる情報があれば足りると考えられています。

具体的には、金銭債務が弁済された場合の受取証書においては、通常、①弁済受領者（債権者）、②弁済者（債務者）、③弁済の日付、④ある債務の弁済として一定金額が受領された旨の情報が考えられます。

出所：「電子的な受取証書（新設された民法第 486 条第２項関係）についてのＱ＆Ａ」問２（令和３年７月内閣府・法務省）に一部加筆

問　電子的な受取証書は、どのような方法で提供する必要がありますか。

答

弁済者が電子的な受取証書を保存あるいは閲覧し得る状態となれば足りることとされています。弁済者が電子的な受取証書をスマートフォンなどに保存することができることは「提供」といえるために必ずしも必要ではありませんが、保存することができない場合には、弁済の証拠が必要と考えられる間、閲覧可能な状態を継続させることが必要であると考えられています。

弁済の証拠を提供するという観点からは、例えば閲覧用の画面のスクリーンショットを撮影することができないような仕様とすることは望ましくなく、その画面が表示された状態を画像等として保存することができるようにしておくことが望ましいと考えられています。

具体的には、次のような場合となります。

①　アプリを通じて弁済者が見ようと思えば見られる状態にした場合
②　弁済者のメールアドレス宛てに送信し、弁済者が閲覧・開封しようと思えば閲覧・開封できる状態にした場合
③　（弁済者がＩＤ等の識別符号を入力することで）オンライン上で弁済者が見ようと思えば見られる状態にした場合

出所：「電子的な受取証書（新設された民法第 486 条第２項関係）についてのＱ＆Ａ」問３（令和３年７月内閣府・法務省）に一部加筆

問　民法第 486 条第２項における「弁済を受領する者に不相当な負担を課するもの」とはどのような場合ですか。

答

最終的な解釈は、事案ごとの裁判所の判断によりますが、一般論としては次のとおりです。

（不相当な負担があるとして電子的な受取証書を請求できない場合）

弁済受領者が電子的な受取証書を提供することが困難であるといえる場合、例えば、以下のようなケースは、「不相当な負担」があるとして電子的な受取証書を請求することができない場合に該当すると考えられます。

① 請求時点において、弁済受領者側に電子的な受取証書を提供するための体制（情報システム等）が整備されていない場合

② 請求時点において、システム障害等のため即時に当該体制による電子的な受取証書を提供することができない状況にあったが、弁済者が直ちに電子的な受取証書を提供するよう請求した場合

③ 弁済者が、弁済受領者の想定していた方法ではなく、不相当に手間のかかる方法での電子的な受取証書の提供を請求した場合（アプリを通じて電子的な受取証書の提供を自動的に行うシステムを導入している店舗に対し、弁済者が、弁済受領者のシステムが対応していない形式で作成された電子的な受取証書の提供を請求した場合等）

（不相当な負担には当たらず、電子的な受取証書の提供違反となる場合）

弁済受領者にとって体制整備が真に「不相当な負担」に当たるかどうかの判断においては、弁済受領者の対応能力等も考慮されると考えられますが、例えば、以下のようなケースは「不相当な負担」には当たらず、弁済受領者が電子的な受取証書の提供の請求に応じなかった場合、新民法第 486 条第 2 項に反することとなり得ることに留意が必要です。

① 企業間の取引において、電子的な受取証書を提供するための体制（情報システム等）が整備されているにもかかわらず、弁済者が電子的な受取証書の提供を請求したところ、弁済受領者が社内で前例がないことのみを理由にその請求に応じなかったケース

② 電子的な受取証書を提供するためのソフトや物的設備が整備され、それを操作する能力のある従業員がいる大規模小売店等において、顧客から電子的な受取証書の提供を請求された従業員がたまたまその操作方法を知らなかったことのみを理由にその請求に応じな

かったケース

出所：「電子的な受取証書（新設された民法第486条第２項関係）についてのＱ＆Ａ」問５（令和３年７月内閣府・法務省）に一部加筆

問　「民法上の受取証書」と「消費税の仕入税額控除の適用を受けるために保存が必要となる請求書等（区分記載請求書等）」の関係性とはどのようなものでしょうか。また、「民法上の受取証書」と「適格請求書（インボイス）」の関係性とはどのようなものでしょうか。

答

「民法上の受取証書」と「区分記載請求書等」では、必要とされる記載事項が異なります。ただし、「民法上の受取証書」に「区分記載請求書等」として必要な事項が記載されていれば、これを保存することにより消費税の仕入税額控除の適用を受けることができます。

また、「適格請求書（インボイス）」は、区分記載請求書等に一定の記載事項を追加したものであるため、「民法上の受取証書」に「適格請求書（インボイス）」として必要な事項が記載されていれば、その「民法上の受取証書」を「適格請求書（インボイス）」とすることも可能です。

このため、「民法上の受取証書」について、同一の電磁的記録をもって、消費税の仕入税額控除の適用のために保存が求められるものとして活用しようとする際には、区分記載請求書等として必要な記載事項を満たす必要があります。

出所：「電子的な受取証書（新設された民法第486条第２項関係）についてのＱ＆Ａ」問８（令和３年７月内閣府・法務省）に一部加筆

領収書が電子化されると、電子取引の取引情報となり、電子帳簿保存法による保存対象となることに留意する必要があります。

これがどう影響するかについてシミュレーションしてみましょう。

例えば、ある企業が得意先から「領収書は電子でもらいたい」という要望があったとします。得意先の要望に対応するためその企業は電子で領収書を出すようになります。しばらくすると、その得意先から「これからはDXに本格的に取り組みたい」という話があり、見積書や請求書など他の書類も電子でやり取りするようになります。電子で提供する方も、提供を受ける方も電子帳簿保存法に基づいてその電子データを保存しなければならなくなります。また、電子インボイスは消費税法の規定により、電子帳簿保存法の保存要件に従って保存しなければ仕入税額控除を受けられなくなるため、電子化の動きは更に加速していくことになります。

これから一般的な取引において、電子での取引が増えていくことは間違いありません。正に今回のデジタル答申では、取引情報の授受を書面から電子にシフトすることを促しているといえます。電子取引に関する取引データは、令和4年から書面に出力して保存することが認められなくなり、電子帳簿保存法による保存要件に従った電子での保存が必要になりますので、その準備は不可欠といえます。

4　規制改革推進会議における議論（電子申告の義務化関係）

デジタル答申においては、電子申告の義務化について、次のように述べています。

> **6. デジタルガバメントワーキング・グループ**
>
> (2) オンライン利用の促進
>
> イ　行政手続の100%オンライン利用
>
> ＜基本的考え方＞
>
> オンライン利用の促進は、各手続においてオンラインによる利便性向上を図ることで実現することが本来の在り方であるが、単に、従来のやり方を変えたくないという観点からオンライン利用が進まないことで社会全体のデジタル化に遅れが生じ、デジタル化の成果を享受できないことは、公共の利益に反する面もある。

このような観点から、大企業に対する法人税等の申告手続の義務化のように、多くの事業者が利用する一定の手続についてオンラインによる手続を義務化することも検討対象となる。特に、税理士、司法書士等の職業としての手続代行者が行うことが通例である手続については、「デジタルオンリー」に向け手続代行者の役割が大きいことに留意する。

その際、国民に義務を課す前提として、①ワンスオンリーの徹底等によって当該申請者にとっても大きなメリットがあり、不利益は最小限であること、②行政の効率化・高度化によって生じる利益（公益）が大きいことが確保されなければならないこと、は当然である。

また、社会全体としてのデジタルリテラシーを高めるため、デジタルデバイドの着実な是正を図るとともに、社会全体のデジタル化を促進する施策を総合的かつ積極的に推進することが、国民の理解を得るために必要である。

＜実施事項＞

a　財務省及び総務省は、法人税・消費税／法人住民税・法人事業税の申告手続について、大法人の電子申告義務化の効果等について速やかに検証を行い、その結果を踏まえ、電子申告義務化の範囲拡大を含め電子申告の利用率100％に向けた取組の検討を行う。

【速やかに検討を開始し、令和４年中に一定の結論を得た上で、可能なものから速やかに措置】

b　財務省及び総務省は、電子申告義務化の範囲拡大を含めた電子申告の利用率100％に向けた取組のための環境整備の一環として、法人税・消費税／法人住民税・法人事業税の申告手続について、民間の取組も参考にユーザーテストを実施し、ＵＩ（筆者注：ユーザーズインターフェイス（見た目や使いやすさ））、・ＵＸ（筆者注：ユーザーエクスペリエンス（製品やサービスを通じて得られる体験））の更なる改善を図る。また、国税申告と地方税申告について、情報連携等によるワンスオンリーを徹底するとともに、システムの共通化・標準化に向けて検討を行う。

【ユーザーテストは速やかに実施。可能なものから速やかに措置】

c　財務省は、税理士が代理申告を行う場合の利用率100％に向け、電子申告の積極的な利用を通じて事業者利便の向上等を図ることの法制化を含め、デジタル化に向けて税理士の果たすべき役割を検討し、必要な措置を講ずる。

【速やかに検討を開始し、当面、必要な措置について令和３年中に結論を得る】

(3)　デジタル化に向けた基盤の整備等<実施事項>

c　【電子納付の促進】財務省、総務省、厚生労働省、金融庁、デジタル庁（ＩＴ室）その他の関係省庁は、金融機関等と協議し、電子納付（効率的な他の納付方法を含む。）の促進に向けて課題を把握し、縦割りに陥ることなく取組を推進する体制を整備する。

【令和３年中に措置】

以上のように、大企業に対する法人税等の電子申告の義務化の検証結果を踏まえ、電子申告の義務化の範囲拡大や、税理士が代理送信を行う場合には利用率100％に向けて、デジタル化に向けて税理士の果たすべき役割を検討し、法制化を含めた必要な措置を講ずることとされ、電子納付の促進にも言及しています。

電子帳簿等保存制度と電子申告、電子納付は密接不可分な関係にあり、帳簿書類の作成、保存、申告・納付手続がシームレスとなって、デジタルによりつながって行くものと考えられます。これらのことは、デジタル化に向けて税理士の果たすべき役割という意味で、令和４年度の税制改正で検討が予定されている税理士制度の見直しにも影響していくものと考えられます。

将来的には、税務手続は一貫してデジタルで全て行われることを前提に準備をしていくことが必要と考えられます。

5 令和３年度税制改正の基となった税制調査会での議論

令和２年８月５日の税制調査会総会では、以下のような議論がありました。

- デジタル化を徹底的に進めていくことが必要。
- 電子帳簿保存法の要件緩和を積極的に進めていくべき。
- 新しい生活様式の下、テレワークなどの取組が進んでいる。出社しなくても業務を完結できるようにするため、書面、押印、対面原則の見直しを抜本的に進めていくことが必要。

これらの議論を踏まえ、ウィズコロナ時代における税務手続の電子化や、グローバル化・デジタル化の進む経済社会における適正課税のあり方について、今後の総会における議論の素材を整理するため、納税環境整備に関する専門家会合が設置されました。

専門家会合では以下の日程で議論がなされました。

第１回（10月７日）

○　民間ヒアリング

①　事業者における記帳の実態（日本商工会議所）

②　事業者のバックオフィスのデジタル化の状況（新経済連盟）

第２回（10月16日）

○　税務手続の電子化の現状

①　e-Tax 利用状況、電子帳簿等保存制度の利用状況

②　電子申告及び電子帳簿等保存制度の更なる利用拡大に向けた課題

○　事業者の適正申告の確保、記帳水準の向上について

①　現在の記帳・帳簿等の制度、事業者の申告状況

②　適正申告の確保や記帳水準の向上に向けた課題

第３回（10月21日）

○　税務上の書面、押印、対面原則の見直しについて

○　課税実務を巡る環境変化への対応

・グローバル化・デジタル化を巡る執行上の課題

第４回（11月10日）

○　納税環境整備に関する専門家会合の議論の報告

このうち、第２回において提示された電子帳簿保存法関係の論点として以下の事項が示されました。

・電子帳簿等保存制度の利用件数は堅調に増加しているが、伸びしろは依然大きい。大企業では多く利用されているが、中小企業・個人事業者の利用は低調。その一方で、実態としては中小事業者（個人を含む）でも電子的に帳簿作成している者が相当程度の割合存在しているほか、雇用的自営と呼ばれる事業者も増加傾向。

・生産性向上や正確性の観点からは電子的な領収書等の授受が望ましいが、紙の領収書等を授受する商慣行が存在することを前提に、スキャナ保存制度の要件緩和・対象拡大を行ってきている。

そして、今後の主な論点として、「国税における税務手続の電子化」については、以下の事項が示されました。

・中小法人における電子申告の更なる利用率向上のため、高い税理士関与割合を踏まえ、税理士会とより一層の連携を図るなど、より効率的かつ効果的な利用促進策が必要ではないか。

・①記帳水準の向上を図る観点から、電帳法の要件を満たす信頼性の高い記帳を推進していく一方で、②中小事業者への電子的な帳簿作成の広がりやギグワーカー等の増加に鑑みて、低コストの電子記帳

の利用可能性（法的安定性の付与）を考える必要はないか。
・紙の領収書等を授受する商慣行が存在することを前提に、スキャナ保存制度における信頼性確保のための要件については、紙原本によるチェックを極力縮小していきつつ、代替となる改ざん抑止措置を検討すべきではないか。

また、「事業者の適正申告の確保、記帳水準の向上」については、以下の事項が示されました。

・個人事業者全体の記帳水準について、ＩＣＴ等の活用を通じて、どのように底上げを図るか。そのための環境整備をどのように図るか。
・特に、現在、低い記帳水準（白色申告、簡易簿記・現金主義）にとどまっている個人事業者を、どのように上位の記帳水準（正規簿記）へと促すか。
・中長期的な記帳・帳簿書類保存制度のあり方

「専門家会合でいただいた主なご意見」の中で、国税における税務手続の電子化等について、次のような意見が示されました。

【税務手続の電子化】
・デジタルトランスフォーメーションを通じて、多様性に柔軟な対応ができるというのが、デジタル化のメリット。紙の在り方とデジタル化、電子化の手続のメリットを上手に説明しながら、そちらに移行していくことを柔軟に考えていく必要。
・年末調整、確定申告、納税電子化がどこまで徹底されているのか。それがいつまでにどういう姿になるのかを明らかにしていく必要。
・官民を含む多様な当事者がマイナポータル等も通じてデータをデータのまま活用・やり取りする仕組みは、納税者利便にも資するため徹底していくことが重要。
・マイナポータルを使う前提としては、その利便性向上やマイナンバーカードの普及拡大が必須。

・税務情報のデータ化に際しては、どの機関（部局）がどのように管理するかを明確にし、説明していくことが重要。他の行政目的における税務データの利用を検討するのであれば、その目的外利用できる範囲を法定することが必要。

【電子帳簿等保存制度の利用状況】

（帳簿書類関係）

・国税関係帳簿書類の保存を電子的に行う場合、検索要件をはじめ保存の要件が非常に厳格になるため、実務上は紙で保存せざるを得ない状況になっているケースがある。

・承認制度については、確かに事前手続として届出制に比べれば負担ではないかという議論はあり得るが、信頼性の高い、改ざんができないようなものを申告する側で使っているのであれば、そこはより簡易化するという形で、バランスを取ることはできるのではないか。

（領収書等のスキャナ保存関係）

・スキャナ保存については、相互牽制や定期検査といった適正事務処理要件、タイムスタンプなどの要件から、社内整備等のソフト面、機器などのハード面の双方で、ハードルが高い状況にある。

・取引先から受領する書類のスキャナ保存については、これまでも、要件の緩和の方向に向かっているが、さらに納税者から見た利便性を考えていく必要。

・電子保存ができる会社にとっては、紙保存がある種ペナルティーになっている。何度か税務調査を行ってみて、申告納税について適切な改善をしたと認められる会社に対しては、紙保存はしなくて良いということを恩典として与えることも、一つの策。

・実際に何かが改ざんされるといっても、全体の取引の合理性や現金の動きなどに照らせば不正は把握できることもあり、どの程度まで要件緩和を許容できるのかを検討してほしい。ある程度整理した上で、それでも改ざんや捏造は出てくるため、それに対するペナルティーの議論をすべきではないか。

・改ざんや捏造の抑止と要件緩和のバランスが重要。中期的には、現在の税額ベースの重加算税よりも実効的な租税制裁の在り方について検討する必要があるのではないか。

・請求書、領収書だけではなく、税務の中には必要とされる書類が数多くある。例えば契約書関係、見積書、給与の台帳など。原則紙ベースであるこれらの書類の電子的な保存についても議論をしていくべき。

（電子取引関係）

・取引相手から請求書・領収書等がデジタルデータで送られ、それをデータのまま保存できることが納税者の利便になり、税務手続の電子化を進めるうえでも重要。

（事業者の適正申告の確保、記帳水準の向上関係）

・このたびのコロナ禍で、持続化給付金や、家賃支援給付金など、各種の給付金の支給があったが、記帳を正確にしているか、会計状況をいかに的確に示しているかが問題となった。例えば売上が去年より５割下がった実態をきちんと証明できるような帳簿組織になっているかが重要。

・個人事業者についても、クラウド会計ソフトの発達で、比較的簡単に記帳できる環境は整っているということだから、もはや記帳が手間だということを言い訳には出来ない状況に来ているのではないか。

・制度面で一定の移行期間は必要ではあると思うが、正規簿記による青色申告に個人事業者を相当程度誘導するような制度改正、義務化が必要なのではないか。

・記帳水準の向上の取組とともに、例えば、必要経費について、概算の必要経費水準を決めて、それを超える必要経費については、帳簿によって証明するという形の実体法の切り込みも行っていくべきではないか。

・法人の99％以上が青色申告をしている段階で、例えば租税特別措置法の優遇の要件が青色申告にとどまるというのは、恐らく現状に合っていない。電子化などを租税特別措置の要件とするという背中の押し方も考えてよいだろう。
・記帳水準の向上は、事業者の適正申告の確保に向けた中長期的な課題であるが早急かつ着実に取組を進める必要。今後の道行きについてロードマップを作成し計画的に取組を進めていくことが重要であり、政府税制調査会でも引き続き議論していくべきではないか。

以上、専門家会合において、様々な意見が出され、令和2年11月13日に税制調査会に報告されました。

この議論を基に、電子帳簿保存法の見直し案が与党税制調査会で議論され、令和2年12月10日、自由民主党、公明党により「令和3年度税制改正大綱」（以下「与党大綱」といいます。）が決定され、12月21日に政府の「令和3年度税制改正の大綱」が閣議決定されました。以下、この与党大綱等に基づき、令和3年度税制改正の内容を概観したいと思います。

6　与党大綱における電子帳簿等保存制度の見直しの考え方

令和2年12月10日に自由民主党、公明党により決定された与党大綱に基づいて、令和3年度税制改正の考え方と納税環境のデジタル化の中の電子帳簿等保存制度の見直し等について見ていきたいと思います。

(1) 令和3年度税制改正の基本的考え方

与党大綱の「令和3年度税制改正の基本的考え方」において、DXへの取組の考え方が示されています。これによれば、「今回の感染症では、わが国における行政サービスや民間分野のデジタル化の遅れなど、様々な課題が浮き彫りになった。菅内閣においては、各省庁や自治体の縦割りを打破し、行政のデジタル化を進め、今後5年で自治体のシステムの統一・標準化を行うこととしており、こうした改革にあわせ、税制においても、国民の利便性や生産性向上の観点から、わが国社会のデジタルトランスフォーメーション（DX）の取組みを強力に推進することとする。」としています。また、「昨今のクラウド会計ソフトの普及等も踏まえた、適正な記帳の確保に向けた方策を検討していく。」としています。このように国民の利便性を高め、生産性を向上させるためのデジタルトランスフォーメーションにどのように取り組んでいくかが大きな課題となっています。

(2) 電子帳簿等保存制度の見直しの考え方

また、納税環境のデジタル化の中で、電子帳簿等保存制度の見直しの考え方については、「経済社会のデジタル化を踏まえ、経理の電子化による生産性の向上、テレワークの推進、クラウド会計ソフト等の活用による記帳水準の向上に資するため、国税関係帳簿書類を電子的に保存する際の手続きを抜本的に見直す。」としています。これまで使い勝手を良くするため累次の改正を行ってきましたが、まだまだ伸びしろは大きく、広く利用されるような制度までには至っていませんでした。今回は、そういう意味で制度創設以来の抜本的な見直しといえます。

(3) 電子帳簿等保存制度の見直しの具体的な内容

具体的には、国税関係帳簿書類の保存要件の中で重要な要件であった、事前承認制度を廃止するほか、改正前の厳格な要件を充足する事後検証可能性の高い電子帳簿については、引き続き、信頼性確保の観点から優良な電子帳簿としてその普及を促進するための措置を講ずることとされています。一方で、その他の電子的な帳簿についても、正規の簿記の原則に従うなど一定の要件を満たす場合には電子帳簿として電子データのまま保存することを当面可能とすることにより、広く電子帳簿等保存制度が利用されるよう、保存義務者の実情に応じて選択できる段階的な保存制度としています。事前承認制の廃止は、電子帳簿等保存制度の根幹に関わる制度の見直しであり、誰もが利用しやすい制度を設けることで、制度を利用するハードルが大きく下がり、今回の改正により、飛躍的に利用者が増加するのではないかと考えます。

また、紙の領収書等の原本に代えてスキャナ画像を保存することができる制度（スキャナ保存制度）については、ペーパーレス化を一層促進する観点から、手続・要件を大幅に緩和するとともに、電子データの改ざん等の不正行為を抑止するための担保措置を講ずることとされています。

地方税においては、地方たばこ税及び軽油引取税に係る書類等の電子的保存を可能とするとともに、地方税関係帳簿書類の電子的保存の要件等について、国税と同様、所要の措置を講ずることとされています。

今後の改正事項ですが、デジタル化やキャッシュレス化に対応した税制のあり方や納付方法の多様化についても引き続き検討していくこととされています。今回の改正にとどまらず、日々進化する情報通信技術の進展とともに、これまでできなかったことが可能となり、デジタル化、キャッシュレス化が進み、これに遅れることなく制度的な対応も措置していかなくてはなりません。

(4) 地方税務手続のデジタル化の推進

感染症の拡大を踏まえ、従来に増して迅速に地方税務手続のデジタル化を進めていく必要があることから、地方税共通納税システムの対象税目に固定資産税、自動車税種別割等を追加し、これらの納付を電子的に行うことができるよう、所要の措置を講ずることとされました。また、給与所得に係る特別徴収税額通知（納税義務者用）について、特別徴収義務者に対して電子的に送付する仕組みを導入することとされました。

これらの取組みを着実に実施した上で、引き続き、納税側・課税側双方のニーズを踏まえ、地方税務手続のデジタル化を推進することになります。

(5) 記帳水準の向上等

今般の感染症の感染拡大においては、中小・小規模事業者への給付金の支給や融資に際し、売上や資産・負債等の状況が適切に記録されていないため申請に手間取るなど、日々の適正な記帳の重要性が改めて浮き彫りになりました。

小規模事業者の半数以上が帳簿を手書きで作成しており、また、個人事業者の場合、正規の簿記の原則に従った記帳を行っている者は約３割にとどまっているのが現状です。

記帳水準の向上は、適正な税務申告の確保のみならず、経営状態を可視化し、経営の対応力を向上させる上でも重要です。近年、普及しつつあるクラウド会計ソフトを活用することにより、小規模事業者であっても大きな手間や費用をかけずに正規の簿記を行うことが可能な環境が整ってきていることも踏まえ、正規の簿記の普及を含め、個人事業者の記帳水準の向上等に向けた検討を行うこととされています。今回の改正では、正規の簿記の原則に従って記録されている国税関係帳簿に限って、緩やかな保存要件による電子保存を認めることとしています。

7　電子帳簿保存法の改正内容

令和３年度税制改正に関する「所得税法等の一部を改正する法律」が令和３年３月31日に公布されました。

「所得税法等の一部を改正する法律」の第12条において、「電子計算機を使用して作成する国税関係帳簿書類の保存方法等の特例に関する法律の一部改正」が行われています。

この新しい電子帳簿保存法について、制度の骨格となる法律事項に関して、その主な改正内容を具体的に見ていきたいと思います。

改正後の電子計算機を使用して作成する国税関係帳簿書類の保存方法等の特例に関する法律を以下「新法」といい、改正前のものを以下「旧法」といいます。

巻末資料の条文を参照しながらご覧ください。

なお、電子帳簿保存法の保存要件等は、技術的な事柄が多いことから、その多くは財務省令に規定されており、改正の詳細については、「第２章　電子帳簿保存法のキホン」で見ていきたいと思います。

(1) 電子帳簿保存法の改正内容

①　国税関係帳簿の電磁的記録による保存等

新法４条１項では、国税関係帳簿について、納税地の所轄税務署長等の承認を受けた場合には、その承認を受けた国税関係帳簿に係る電磁的記録の備付け及び保存をもって当該承認を受けた国税関係帳簿の備付け及び保存に代えることができるとされていましたが、承認制度が廃止されたことから、自己が最初の記録段階から一貫して電子計算機を使用して作成する場合には、財務省令で定めるところにより、当該国税関係帳簿に係る電磁的記録の備付け及び保存をもって当該国税関係帳簿の備付け及び保存に代えることができると改められました。

また、この国税関係帳簿については、財務省令で定めるものを除くと定義付けしており、その対象から一定の国税関係帳簿を除外することとされます。財務省令において、正規の簿記の原則に従って記録されるものに限定されています。今回初めて対象帳簿が限定されました。

この定義付けは、新法5条の電子計算機出力マイクロフィルムによる保存、新法8条1項の他の国税に関する法律の規定の適用及び同条4項の優良な電子帳簿に関連して過少申告があった場合の過少申告加算税の5%軽減規定にも適用され、同様の国税関係帳簿となります。

② 国税関係書類の電磁的記録による保存

新法4条2項では、国税関係書類について、所轄税務署長等の承認を受けた場合には、その承認を受けた国税関係書類に係る電磁的記録の保存をもって当該承認を受けた国税関係書類の保存に代えることができるとされていましたが、承認制度が廃止されたことから、自己が一貫して電子計算機を使用して作成する場合には、財務省令で定めるところにより、当該国税関係書類に係る電磁的記録の保存をもって当該国税関係書類の保存に代えることができると改められました。

③ 国税関係書類のスキャナによる電磁的記録の保存

新法4条3項はスキャナ保存制度についての規定です。こちらも承認制度が廃止されたことから、国税関係書類に記載されている事項を財務省令で定める装置により電磁的記録に記録する場合には、財務省令で定めるところにより、当該国税関係書類に係る電磁的記録の保存をもって当該国税関係書類の保存に代えることができると改められました。

また、同項後段において、スキャナ保存が財務省令で定めるところに従って行われていないときは、その保存義務者は、その電磁的記録を保存すべき期間その他の財務省令で定める要件を満たしてその電磁的記録を保存しなければならないこととされました。ただし、書面でその国税関係書類の保存が行われている場合は、原本が保存されていることから、電磁的記録の保存義務の対象から外しています。

④　電磁的記録による保存等の承認の申請等の廃止

旧法６条から９条までは、今回廃止される承認制度の手続に関する規定ですが、これらの規定は削除され、旧法９条の２以下の規定が、新法では６条以下の規定として条番号が繰り上げられています。

⑤　電子取引の取引情報に係る電磁的記録の保存

新法７条は、電子取引の取引情報に係る電磁的記録の保存についての規定です。旧法10条では、ただし書きとして、財務省令で定めるところにより、当該電磁的記録を出力することにより作成した書面又は電子計算機出力マイクロフィルムを保存する場合は、電子取引の取引情報に係る電磁的記録の保存を要しないとされていましたが、このただし書きが削除されましたので、例外なくその電磁的記録を保存しなければならないこととなりました。

Point！ 書面等での保存ができなくなるので、この改正による影響は大きいものとなります。

⑥　電子保存された国税関係帳簿書類の他の国税に関する法律の規定の適用

新法８条１項は、他の国税に関する法律の規定の適用についての規定です。保存要件に従って備付け及び保存が行われている国税関係帳簿又は保存が行われている国税関係書類に係る電磁的記録等に対する他の国税に関する法律の規定の適用については、当該電磁的記録等を当該国税関係帳簿又は当該国税関係書類とみなすこととされました。つまり、保存要件に従って備付け、保存が行われていない国税関係帳簿書類については、国税関係帳簿又は国税関係書類とはみなされないので、単なる電磁的記録になるということです。従来は、承認を受けているものについて国税関係帳簿書類とみなされていました。

⑦　電子保存された電子取引の取引情報の他の国税に関する法律の規定の適用

新法8条2項は、新法7条の規定する財務省令で定める保存要件に従って電子取引の取引情報に係る電磁的記録の保存が行われている場合には、これを国税関係書類以外の書類とみなすこととされました。つまり、保存要件に従って保存が行われていない電子取引の取引情報に係る電磁的記録については、国税関係書類以外の書類とはみなされないので、新法8条1項同様、単なる電磁的記録になるということです。従来は、単に旧法10条の規定により保存が行われているものについて国税関係書類以外の書類とみなされていました。

⑧　優良な電子帳簿に係る過少申告加算税の軽減措置

新法8条4項は、優良な電子帳簿について、あらかじめその旨の届出書を提出した一定の国税関係帳簿（青色申告者、消費税事業者の備え付ける帳簿）の保存を行う者については過少申告加算税を5%軽減することを新たに規定したものです。条文では概ね次のように規定しています。

次に掲げる国税関係帳簿であって財務省令で定めるものに係る電磁的記録の備付け及び保存等が、国税の納税義務の適正な履行に資するものとして財務省令で定める要件を満たしている場合におけるその電磁的記録等（政令で定める日以後引き続き当該要件を満たしてこれらの備付け及び保存が行われているものに限られます。）に記録された事項に関し修正申告書の提出又は更正があった場合において、過少申告加算税の規定の適用があるときは、その過少申告加算税の額は、過少申告加算税の額の計算の基礎となるべき税額に5%を乗じて計算した金額を控除した金額とされます。ただし、その税額の計算の基礎となるべき事実で隠蔽し、又は仮装されたものがあるときは適用されません。

イ　新法4条1項の規定により国税関係帳簿に係る電磁的記録の備付け及び保存をもって当該国税関係帳簿の備付け及び保存に代えている保存義務者の当該国税関係帳簿

ロ　新法5条1項又は3項の規定により国税関係帳簿に係る電磁的記録の備付け及び当該電磁的記録の電子計算機出力マイクロフィルムによる保存をもって当該国税関係帳簿の備付け及び保存に代えている保存義務者の当該国税関係帳簿

電子帳簿保存法には、これまで政令が制定されていませんでしたが、この新法８条４項、５項及び６項において、政令に委任している条が設けられました。政令では、軽減、加重される加算税の額の計算過程に関する規定が定められたほか、新法８条４項、５項の規定の適用に関し必要な事項が政令で定められています。

上記の「過少申告加算税の額の計算の基礎となるべき税額」は、その税額の計算の基礎となるべき事実でその修正申告等の基因となる電磁的記録等に記録された事項に係るもの以外の事実があるときは、その電磁的記録等に記録された事項に係るもの以外の事実に基づく税額として政令で定めるところにより計算した金額を控除した税額となります。

⑨　スキャナ保存・電子取引情報保存制度の重加算税の加重措置

新法８条５項は、スキャナ保存・電子取引情報保存制度の適正な保存を担保するための措置として、保存された電子データに関し申告漏れ等により重加算税が課される場合には10％加算することを新たに規定したものです。条文では概ね次のように規定しています。

新法４条３項前段に規定する財務省令で定めるところに従って保存が行われている国税関係書類に係る電磁的記録若しくは同項後段の規定により保存が行われている当該電磁的記録又は新法７条の保存義務者により行われた電子取引の取引情報に係る電磁的記録に記録された事項に関し期限後申告書若しくは修正申告書の提出、更正若しくは決定又は納税の告知若しくは納税の告知を受けることなくされた納付（以下「期限後申告等」といいます。）があった場合には、重加算税の規定に該当するときは、重加算税の額は、重加算税の計算の基礎となるべき税額に10％の割合を乗じて計算した金額を加算した金額となります。

重加算税の税額の計算の基礎となるべき事実で当該期限後申告等の基因となる電磁的記録に記録された事項に係るもの（隠蔽し、又は仮装された事実に係るものに限られます。以下「電磁的記録に記録された事項に係る事実」といいます。）以外のものがあるときは、その電磁的記録に記録された事項に係る事実に基づく税額として政令で定めるところにより計算した金額に限られます。

(2) 電子帳簿保存法の一部改正に伴う経過措置（令３改正法附則82）

①　国税関係帳簿の電磁的記録による保存等の経過措置

新法４条１項及び５条１項の規定は、令和４年１月１日以後に備付けを開始する新法４条１項に規定する国税関係帳簿（特定国税関係帳簿を除きます。）について適用し、同日前に備付けを開始した国税関係帳簿（特定国税関係帳簿を含みます。）については、なお従前の例によることとされます。

②　国税関係書類の電磁的記録による保存の経過措置

新法４条２項及び５条２項の規定は、令和４年１月１日以後に保存が行われる国税関係書類（特定国税関係書類を除きます。）について適用し、同日前に保存が行われた国税関係書類（特定国税関係書類を含みます。）については、なお従前の例によることとされます。

③　国税関係書類のスキャナによる電磁的記録の保存の経過措置

新法４条３項の規定は、令和４年１月１日以後に保存が行われる同項に規定する国税関係書類（特例特定国税関係書類を除きます。）について適用し、同日前に保存が行われた旧法４条３項に規定する国税関係書類（特例特定国税関係書類を含みます。）については、なお従前の例によることとされます。

④　国税関係帳簿書類の電子計算機出力マイクロフィルムによる保存等の経過措置

新法５条３項の規定は、令和４年１月１日以後に保存が行われる同項の国税関係帳簿又は国税関係書類に係る電磁的記録（特定電磁的記録を除きます。）について適用し、同日前に保存が行われた国税関係帳簿書類に係る電磁的記録（特定電磁的記録を含みます。）については、なお従前の例によることとされます。

⑤　①～④の用語の意義

上記①～④において、次に掲げる用語の意義は、それぞれに次に定めるところによります。

イ　特定国税関係帳簿　令和４年１月１日施行の際現に旧法４条１項又は５条１項のいずれかの承認を受けている国税関係帳簿

ロ　特定国税関係書類　令和４年１月１日施行の際現に旧法４条２項又は

５条２項のいずれかの承認を受けている国税関係書類

ハ　特例特定国税関係書類　令和４年１月１日施行の際現に旧法４条３項の承認を受けている同項に規定する国税関係書類

ニ　特定電磁的記録　令和４年１月１日施行の際現に旧法５条３項の承認を受けている国税関係帳簿書類に係る電磁的記録

⑥　電子取引の取引情報に係る電磁的記録の保存の経過措置

新法７条の規定は、令和４年１月１日以後に行う電子取引の取引情報について適用し、同日前に行った電子取引の取引情報については、なお従前の例によることとされます。

⑦　優良な電子帳簿に係る過少申告加算税の軽減措置の経過措置

新法８条４項の規定は、令和４年１月１日以後に法定申告期限（国税に関する法律の規定によりその法定申告期限とみなされる期限を含み、還付請求申告書については、その申告書を提出した日とされます。以下「法定申告期限」といいます。）が到来する国税について適用されます。

この場合において、旧法４条１項又は５条１項若しくは３項のいずれかの承認を受けている新法８条４項に規定する財務省令で定める国税関係帳簿に係る電磁的記録又は電子計算機出力マイクロフィルムは、同項に規定する財務省令で定める要件を満たして備付け及び保存が行われている同項各号に掲げる国税関係帳簿であって財務省令で定めるものに係る電磁的記録又は電子計算機出力マイクロフィルムとみなされます。

したがって、旧法で承認を受けている国税関係帳簿に係る電磁的記録等も、一定のものについては新法８条４項の規定の適用を受け、過少申告加算税が5%軽減されることになります。

⑧　スキャナ保存・電子取引情報保存制度の重加算税の加重措置の経過措置

新法８条５項の規定は、令和４年１月１日以後に法定申告期限が到来する国税について適用されます。

この法定申告期限は、国税通則法68条３項又は４項（同条３項の重加算税に係る部分に限ります。）の重加算税については法定納期限とし、国税に関する法律の規定によりその法定納期限とみなされる期限を含みます。

この場合において、旧法4条3項のスキャナ保存の承認を受けている同項に規定する国税関係書類に係る電磁的記録は、新法4条3項前段に規定する財務省令で定めるところに従って保存が行われている同項に規定する国税関係書類に係る電磁的記録と、旧法10条の保存義務者により行われた電子取引の取引情報に係る電磁的記録（その保存義務者が同条ただし書の規定により当該電磁的記録を出力することにより作成した書面又は電子計算機出力マイクロフィルムを保存する場合における当該電磁的記録を除きます。）は、新法7条の保存義務者により行われた電子取引の取引情報に係る電磁的記録と、それぞれみなされます。

したがって、旧法でスキャナ保存の承認を受けている国税関係書類に係る電磁的記録や、旧法に基づき施行日前に行われた電子取引の取引情報に係る電磁的記録も、一定のものについては新法8条5項の規定の適用を受け、保存された電子データに関し申告漏れ等により重加算税が課される場合には10％加算されることになります。

8　電子帳簿等保存制度の抜本的な見直しにより考えられる実務への影響

(1) 電子帳簿等保存制度の利用状況と記帳の現状

改正前の電子帳簿等保存制度は、大企業では多くの企業で利用されていますが、中小企業や個人事業者ではごくわずかしか利用されていないのが現状です。

事業者の売上高別にみると1,000万円以下でも約半数近くの者が、電子で帳簿を作成しています。

個人事業者では、正規の簿記の原則に従った記帳を行っている者は約3割にとどまっています。

新型コロナウイルス感染症の感染拡大では、中小・小規模事業者への給付金の支給や融資に際し、売上や資産・負債等の状況が適切に記録されていないため申請に手間取るなど、日々の適正な記帳の重要性を認識させられる経験をしました。

中小・小規模事業者の記帳水準の向上は、与党大綱でも指摘されているとおり、適正な税務申告の確保のみならず、経営状態を可視化し、経営の対応力を向上させる上でも重要であり、さらに、デジタル技術を用いたデジタル・トランスフォーメーションに取り組むことにより、膨大なデジタル情報を組み合わせて新しい価値を創造し、新たなニーズを掘り起こし、ビジネスチャンスに繋げていくことも可能となります。

近年、普及しつつある安価で使い勝手のよいクラウド会計ソフトを活用することにより、小規模事業者であっても大きな手間や費用をかけずに正規の簿記の原則に基づく帳簿書類の作成を電子で行うことが可能な環境が整ってきている現状を踏まえれば、中小・小規模事業者の経理体制に応じた緩やかな保存要件を用意することにより、電子帳簿等保存制度の利用が一気に進むことになると考えられます。

(2) 抜本的な見直しによる実務への影響

入口でのハードルが高かった事前承認制を廃止し、信頼性の高い「優良な電子帳簿」は存置し、さらにインセンティブを設けることで利用を進めるとともに、安価で使い勝手のよいクラウド会計ソフトの活用により、制度利用の進んでいない中小・小規模事業者が利用しやすい環境を整えた「最低限の要件を満たす電子帳簿」を新設して、正規の簿記の原則による記帳を普及し、事業者全体のペーパーレス化を進めるという観点から、今回の改正は大きな意義があると考えられます。クラウド会計ソフトを活用すれば、「最低限の要件を満たす電子帳簿」の保存要件は決してハードルの高いものではないと思われます。

抜本改正の実務への影響としては、売上高1,000万円以上の事業者は約6割から9割の方が電子で帳簿を作成しているとすれば、まずは「最低限の要件を満たす電子帳簿」の要件により帳簿を電子的に保存できるようになり、わざわざ書面に出力して保存しておく必要もなくなることが挙げられます。併せて書類の保存についても、①自己が一貫して電子で作成した国税関係書類、②取引の相手から受け取った書類や自己で作成して相手方に渡した書類の写しのスキャナ保存についても、タイムスタンプ要件、検索要件の緩和や適正事務処理要件の廃止などにより、保存要件が緩和され、制度利用によりペーパーレス化が進み、ゆくゆくは電子で全ての取引が完結する電子取引の世の中になっていくことが考えられます。この改正が、紙取引と電子取引が混在しない、電子データだけの管理で完結する「デジタルファーストの社会」へとつながって行けば、自ずと革新的なイノベーションがもたらされる可能性も出てくるでしょう。

(3) 適正な保存を担保するための措置

今回の改正では、例えば、スキャナ保存では、紙原本との同一性を確認する相互けん制要件や定期検査要件である適正事務処理要件が廃止され、定期的な検査を待たずに紙原本を廃棄できることとなる等、保存要件が緩和されています。これらは、適正な保存を担保するための措置があるからこそ成り立ちうるものであり、スキャナ保存や電子取引情報保存制度について重加算税の加重措置があることや保存要件を満たさない電子データは国税関係書類や国税関係書類以外の書類と扱わないとされることにより、その電子データが証拠資料としてどのように扱われることになるのか、注視しておく必要があります。

■ 電子帳簿保存承認件数の推移

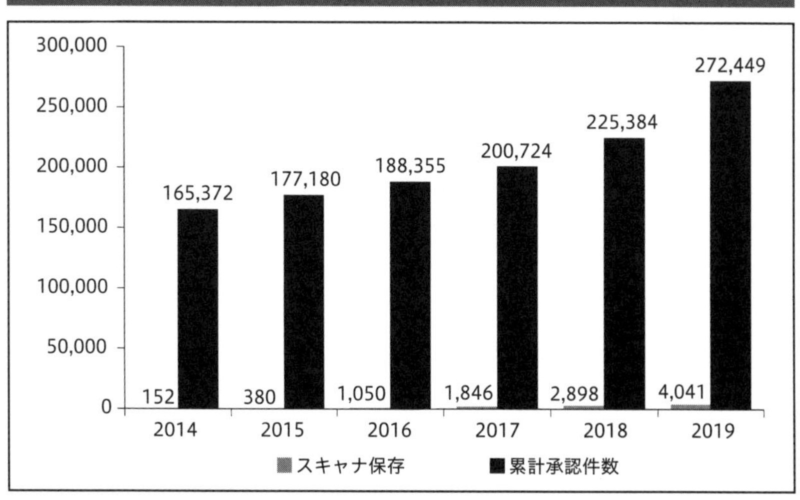

出所：国税庁統計年報により作成

■ 電子帳簿保存制度の利用状況

	納税者数(A)	承認件数(B)(注4)	(B)/(A)
大企業法人(注1)	3.3万社	2.4万件	72.7%
中小企業法人(注2)	309.9万社	14.8万件	4.8%
個人事業者(注3)	525.1万人	6.2万件	1.2%

事業者の売上高	電子で帳簿作成をしている事業者の割合(注5)
1億円超	87.6%
5千万超	71.8%
1千万超	59.4%
1千万以下	48.7%
自営業主に占める「雇用的自営等」の割合(注5)	41.5%

(注1) 国税局所管法人（原則として資本金1億円以上の法人及び外国法人等）
(注2) 税務署所管法人
(注3) 令和元年分所得税確定申告における事業者数及び不動産所得者数
(注4) 承認件数は、各事務年度末の累計承認件数。1社で複数件の承認が行われることもあることに留意。
(注5) 2020.10.7 税制調査会日本商工会議所資料を基に作成。

出所：令和2年10月16日政府税制調査会資料より作成

■ 個人事業者の申告状況：事業収入別（平成30年分）

- 平成30年分の確定申告を行った個人事業者の申告状況は、青色申告6割（正規簿記3割、簡易簿記3割）、白色申告4割となっている。
- 事業収入別にみると、個人事業主のうち78.8%が事業収入1,000万円以下の小規模事業者。
  白色申告者の93.3%（全体の37.3%）は小規模事業者。
- 事業収入が1億円を超える規模の個人事業者の中にも、白色申告の者が存在する。

事業収入階級	青色申告		白色申告	合計
	正規簿記	簡易簿記（現金主義を含む(注)）		
1円～1,000万円	17.3%	24.2%	37.3%	78.8%
1,000万円～5,000万円	10.0%	5.5%	2.5%	18.1%
5,000万円～1億円	1.5%	0.4%	0.1%	2.1%
1億円～	0.8%	0.2%	0.1%	1.1%
合計	29.7%	30.3%	40.0%	100%

(注)　事業収入の金額が1円以上ある者（事業所得以外が主たる所得の者も含む）の申告状況。現金主義の者は全体の0.1%程度。

出所：令和3年6月15日政府税制調査会資料より作成

また改正後は、税務調査において帳簿書類のダウンロードの求めがある場合にはこれに応じることも保存要件とされるので、顧問税理士においても、対応を求められることが予想されます。事前承認制の廃止により、制度の利用開始が容易になることから、利用を開始する場合には、しっかりと保存要件を満たす帳簿書類の保存となっているか確認し、利用開始後も継続的に保存要件を満たしているかについて確認しておく必要があるでしょう。

9 電子帳簿保存法の今後の検討事項

また、与党大綱「第三　検討事項　7」に電子帳簿保存法の今後の検討事項が記載されています。

検討事項には、「帳簿等の税務関係書類の電子化を推進しつつ、納税者自らによる記帳が適切に行われる環境を整備することが、申告納税制度の下における適正・公平な課税の実現のみならず、経営状態の可視化による経営力の強化、バックオフィスの生産性の向上のためにも重要であることに鑑み、正規の簿記の原則に従った帳簿の普及、トレーサビリティの確保を含む帳簿の事後検証可能性の確立の観点から、納税者の事務負担やコストにも配慮しつつ、記帳水準の向上、電子帳簿の信頼性の確保に向け優良な電子帳簿の普及を促進するための更なる措置、記帳義務の適正な履行を担保するためのデジタル社会にふさわしい諸制度のあり方やその工程等について早期に検討を行い、結論を得る。」とされています。

これによれば、今回の改正では、電子帳簿保存制度は、「優良な電子帳簿」と「最低限の要件を満たす電子帳簿」の２種類の保存制度に構成されることになりますが、このうち信頼性の高い改正前の電子帳簿についてはインセンティブを設けることで記帳水準の向上を図ることとし、優良な電子帳簿の普及促進のための更なる措置等について早期に検討を行うことで、「優良な電子帳簿」の更なる普及促進を進めていくことがうかがえます。

▶10 「今後の検討事項」を受けた税制調査会（納税環境整備に関する専門家会合）での議論

令和２年秋の納税環境整備に関する専門家会合では、「ウィズコロナ時代の税務手続の電子化」や「事業者の適正申告の確保」、「記帳水準の向上」等の論点について議論され、その内容について引き続き専門家会合での議論を継続することとなっていました。また、与党大綱においても、記帳水準の向上や電子帳簿の信頼性の確保について引き続き検討を行うとされていたことから、令和３年６月15日に第５回、８月10日に第６回納税環境整備に関する専門家会合が開催されました。

第５回の会議では、次の考え方が示されています。

○電子帳簿等保存制度については、手続負担やコストの問題もあって20万件程度の利用に止まり、特に中小企業・個人事業者の利用は低調。

○その一方で、実態としては中小事業者（個人を含む）でも多くは経理事務においてパソコンを利用しているが、電子帳簿保存法の要件を満たすことができず、結局、印刷して「電子的に作成された紙の帳簿」として保存しているのが実情（言い換えれば、要件を満たさない電子帳簿も、「電子的に作成された紙の帳簿」として存在しているのが実情）。

○事業者サイドには、感染症防止対策の観点からもデジタル化の機運が高まる中で、バックオフィスの効率化やテレワーク促進等のために電子帳簿保存法の要件の抜本的見直しを求める声が存在。

○また、「電子的に作成された紙の帳簿」が不正防止の点で有効に機能しているわけでもなく、それが電子データのまま保存されたとしても、適正な税務執行の面で現状と比べ大きな支障が生ずることはない。むしろ、個人事業者については、現状、その７割が簡易簿記（単式簿記、現金主義）や白色申告であり、電子帳簿保存のハードルが下がることで、それらの者が手間・費用をかけずに正規簿記に

> 移行していくことが期待できる。
> ○その上で、事後検証可能性の高い現行の電子帳簿については、いわば経理誤りを是正しやすい環境を自ら整えているものといえる。このため、課税情報を自ら提出する調書と同等の優遇措置を設けて他の電子帳簿との差別化を図り、その普及を進めていくとともに、今後、中期的に記帳水準の向上に取り組んでいくことが、適正執行の確保につながる。

i　電子帳簿等保存制度の見直しによる記帳実務への影響

税制調査会で示されたこれらの改正の考え方から、実務に対する影響について、次のようなことが考えられます。

(1) 中小事業者の記帳の実態

中小事業者（個人を含む）の多くはパソコンを利用して経理事務を行っているものの、電子帳簿保存法の保存要件を満たしていないため、印刷して「電子的に作成された紙の帳簿」として保存しているのが実情です。言い換えれば、保存要件を満たさない電子帳簿も、「電子的に作成された紙の帳簿」として存在しているのが実情であるとしています。実態としては、電子で帳簿を作成しているが、税務調査等の際に紙に出力して、紙の帳簿を保存しているものとして提示していることも多いと考えられます。この紙の帳簿は、不正防止の点から有効に機能しているわけでもなく、これを電子データのまま保存したとしても、実務上、特に支障が生ずることはないとされています。

Point！	「電子的に作成された紙の帳簿」が多いのが現状

(2) 最低限の要件を満たす電子帳簿創設の意義

以上の実態から考えれば、モニター、説明書の備付け等の最低限の要件を満たす電子帳簿制度を今回新設し、この制度を利用して手間・費用をかけずに正規簿記に移行していくことにより、記帳水準の向上が期待できることになります。

■ 事業者の規模・属性別の記帳方法等に係る基本認識

納税者区分	現状
大・中堅企業 （参考）資本階級別申告法人数 １億円以上　　　：30,151 社 5,000 万～1 億円：40,766 社	・基本的に複式簿記で記帳。 ・多くのカスタマイズした会計ソフトや自社システムを利用して電子的に記帳。 ・（超大企業）電帳法の承認を得ているものも多い（3 割程度）。 ・税理士・会計事務所等が関与。 ・大規模なシステム改修を要し、金銭面で電帳法対応が困難。
中小企業 （参考）資本階級別申告法人数 1,000 万～5,000 万円：　30 万社 500 万～1,000 万円：　73 万社 500 万円以下：165 万社	・基本的に複式簿記で記帳 ・インストール型会計ソフトなど市販製品の利用が多いものの、全体の法人数に比すれば電帳法の承認を得ているものは少なく、印刷して紙で保存が一般的。 ・税理士・会計事務所等の関与率も高い。 ・電帳帳の存在の不知、電帳法対応のインセンティブ不足で電帳に移行できない（全体の１割程度）。
個人事業者 （小売・農林漁業等の伝統的自営業） （参考）所得者別内訳 事業所得申告者数　373 万人	・会計ソフト利用者は少なく、手書き帳簿も依然として存在。 ・青色申告者の中にも依然として簡易記帳・現金主義のものが存在。 ・経理事務を１人で行うような場合も多い。 ・商工会や青申会、農協等からの記帳指導の利用も多い。
個人事業者 （ギグワーカー、フリーランス） （参考）内閣府・内閣官房調査 フリーランス　462 万人 雇用的自営　164 万人	・日常的な記帳義務の履行度合いは不明。 ・雇用的自営とされる者は増加傾向。 ・一定の IT リテラシーを有していることが想定。

出所：第 5 回納税環境整備に関する専門家会合（2021 年 6 月 15 日）
財務省説明資料（記帳水準の向上について）p.28

(3) 優良な電子帳簿のインセンティブ措置

そのうえで、今回の改正で存続された事後検証可能性の高い優良な電子帳簿については、過少申告加算税の軽減措置、65万円青色申告特別控除の要件とするなど、インセンティブ措置を設けて、他の電子帳簿と差別化を図ることとしています。

(4) 事業者の差別化が始まる

差別化という意味では、インセンティブ措置によるものももちろんありますが、事後検証可能性の高い優良な電子帳簿は、経理誤りを是正しやすい環境を自ら整えていることから、税務調査においても税務コンプライアンスが高い事業者と認識され、調査事務量を縮減すると期待できます。一方で、税務当局は税務リスクの高い事業者により多くの調査事務量を投下していくことも考えられます。また、融資等の際には金融機関に対しても信頼性の高い帳簿を備え付けていることをアピールすることができます。さらには、優良な電子帳簿で経営を行っている事業者として、取引先等を含めて社会的信用にも影響する可能性もあります。

Point!	優良な電子帳簿の備付けにより差別化を図る。

(5) デジタル・トランスフォーメーションへの対応

また、デジタル・トランスフォーメーションという観点からは、優良な電子帳簿、電子申告、キャッシュレス納付とデジタル化に前向きに取り組み、経営状態の可視化による経営力の強化や、バックオフィスの生産性の向上、テレワークの促進等にも取り組んでいる事業者であることをアピールできることになります。

ii 2種類の保存制度に構成された電子帳簿の適用関係

今回の改正では、最低限の要件を満たす電子帳簿と優良な電子帳簿の2種類の保存制度の構成とされたわけですが、その適用の流れを図示したものが下の「電子帳簿等保存制度の見直しのイメージ」です。

(1) これまでの電子で作成された帳簿データの扱い

これまでの電子で作成された帳簿データの扱いは、訂正履歴機能等を備えた事後検証可能性の高い帳簿データだけが電子帳簿として認められ（下図①改正前）、訂正履歴機能等の保存要件を備えていない帳簿データは、いわゆる「電子的に作成された紙の帳簿」として保存する（下図②改正前）ことになっていました。この他、紙で作成された紙帳簿（下図③改正前）が依然として存在するといった状況です。

(2) 優良な電子帳簿の裾野拡大とその他の電子帳簿からの誘導

改正後では、保存要件の大幅な緩和をすることで電子帳簿保存の裾野を拡大し、優良な電子帳簿として（下図①改正後）インセンティブを与えることにより、「最低限の要件を満たす電子帳簿」（下図②改正後）とされた訂正履歴等を備えていない帳簿データを優良な電子帳簿に誘導することとしています。

(3)「電子的に作成された紙の帳簿」から「最低限の要件を満たす電子帳簿」への誘導

また、「電子的に作成された紙の帳簿」（下図②改正前）についても「最低限の要件を満たす電子帳簿」（下図②改正後）に誘導することにより、電子データを印刷し、「紙帳簿」として保存する必要がなくなります。

(4)「紙帳簿」から「最低限の要件を満たす電子帳簿」への誘導

そして現在の「紙帳簿」（下図③改正前）も、安価で使い勝手の良いクラウド会計ソフトの活用により、モニター、説明書の備付け等の最低限の要件を満たす「最低限の要件を満たす電子帳簿」（下図②改正後）を利用することにより、紙帳簿の保存が不要となり、ペーパーレス化が図られることとなる。

(5) 最終的には「優良な電子帳簿」へ

全体的に電子帳簿保存制度に取り込むことにより、ペーパーレス化・記帳水準の向上を図りつつ、最終的には、インセンティブの更なる増加を図ることで、信頼性の高い優良な電子帳簿の普及を促進していく、といった考え方で今回の電子帳簿等保存制度は仕組まれています。

■ 電子帳簿等保存制度の見直しのイメージ

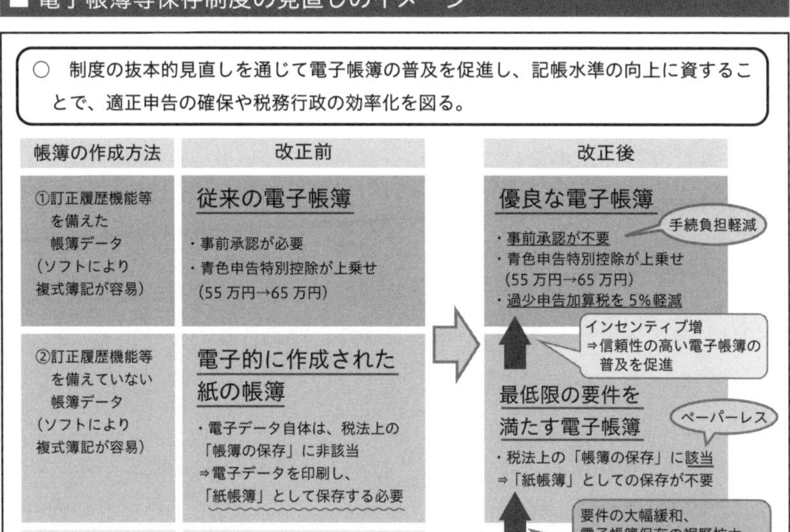

出所：第 5 回納税環境整備に関する専門家会合（2021 年 6 月 15 日）
財務省説明資料（記帳水準の向上について）p.16 を基に作成

iii　与党大綱による電子帳簿保存法の今後の検討課題への対応

与党大綱の検討事項では、記帳水準の向上、電子帳簿の信頼性の確保に向け優良な電子帳簿の普及を促進するための更なる措置、記帳義務の適正な履行を担保するためのデジタル社会にふさわしい諸制度のあり方やその工程等について早期に検討を行うこととされていましたが、電子帳簿保存法改正後の記帳水準向上に向けた課題が今回の専門家会合で整理されています（41 頁の図参照）。

一番記帳水準の低い図の④「記帳不備・無記帳（無申告）」から見ていくと、記帳不備あるいは証憑保存がないところでは、執行コストが多大で、ペナルティー適用上の立証も困難であること、また、記帳義務不履行に対する不利益がない中で記帳の動機に乏しい場合も存在するのではないかとの課題認識を示しています。このレベルをどうやって図の③以上に引き上げていくかという難しい課題があります。

二番目に記帳水準が低い③「簡易簿記・現金主義など」を見ると、簡易簿記等では貸借科目の記帳がないことから、所得計算上の誤りが発生しやすいというリスクがあります。また、一旦簡易な記帳に慣れると複式簿記での記帳に移行する動機に乏しい場合も存在するのではないかという懸念があります。

上から二番目の②「複式簿記による帳簿」は、会計ソフトにより低コストで手間をかけずに複式簿記での記帳が可能となりますが、特に零細事業者には、コストに見合うメリットがなかなか認識されづらい状況にあるのではないかと考えられています。

そして、一番記帳水準が高いとされる①「優良な電子帳簿」については、過少申告加算税の軽減等はありますが、その一方で、法人税の青色申告の恩典に優良な電子帳簿と複式簿記による記帳との間に差がないことから、保存要件を満たすためのシステムの大規模改修や対応会計ソフトの導入コストの負担をしてまで、この制度の選択を行う必要があるのかという課題があります。もちろん、そのための意識の向上や利用機会の拡大を図っていく必要があります。

このような議論の素材が提供されたところで、今後、税制調査会等で検討が行われていくこととなります。

■ 電子帳簿保存法改正後の記帳水準向上に向けた課題

帳簿の作成方法	改正の効果と課題	それぞれの課題認識
① 優良な電子帳簿	訂正履歴の保存等による高い信頼性に対し、過少申告加算税の軽減や所得税の青色申告控除の上乗せはあるが、法人税の青色申告の恩典に②との区分はない。 ※個人・法人合わせて27万件程度	信頼性の高い優良な電子帳簿に対する意識の向上や、その利用機会の拡大を図る必要。 優良な電子帳簿への移行は、大企業のシステム改修、中小・個人では対応会計ソフトの導入コストが課題。
② 複式簿記による帳簿	会計ソフトを用いた「最低限の要件を満たす電子帳簿」により複式簿記へのハードルは低下。 ※法人はほぼ100％が複式簿記、個人事業者は3割程度が複式簿記により記帳。	複式簿記での記帳の一層の利用機会の拡大や民間機関による記帳指導の充実が必要。 会計ソフトによって基本的には低コストで手間をかけずに複式簿記での記帳が可能であるが、特に零細事業者にはコスト負担に見合うメリットが認識されづらい。
③ 簡易簿記・現金主義など	※個人事業者の3割程度。	貸借科目の記帳がないこと等で、所得計算上の誤りが発生しやすい。 青色申告の恩典も一部ある中で、いったん簡易な記帳に慣れると複式簿記での記帳に移行する動機に乏しい場合も存在。
④ 記帳不備・無記帳（無申告）		記帳・証憑保存のない場合は真実の所得把握にかかる執行コストが多大で、ペナルティ適用上の立証も困難。 記帳義務不履行に対する不利益がない中で記帳の動機に乏しい場合も存在。

出所：第5回納税環境整備に関する専門家会合（2021年6月15日）財務省作成資料（記帳水準の向上について）P33を基に作成

電子帳簿保存法のキホン

国税関係帳簿書類（電子帳簿保存法の対象）

「電子計算機を使用して作成する国税関係帳簿書類の保存方法等の特例に関する法律」（以下「電子帳簿保存法」といいます。）は、情報化社会に対応し、国税の納税義務の適正な履行を確保しつつ納税者等の国税関係帳簿書類の保存に係る負担を軽減する等のため、電子計算機を使用して作成する国税関係帳簿書類の保存方法等について、所得税法（昭和40年法律第33号）、法人税法（昭和40年法律第34号）その他の国税に関する法律の特例を定めるもの（電帳法1）として、平成10年に定められました。電子申告の導入が平成16年ですから、それより前の税務手続デジタル化の黎明期に創設されたものです。

この法律は、所得税法や法人税法等の各税法の帳簿書類の備付け又は保存や国税関係書類以外の書類の保存については、他の税法に定めるもののほか、この法律の定めるところによります（電帳法3）。

まず、所得税法や法人税法などの各税法では、総勘定元帳、仕訳帳、現金出納帳などの帳簿を備え付けてその取引を記録するとともに、その「帳簿」と取引等に関して作成又は受領した契約書や領収書などの「書類」を一定期間保存しなければならないこととされています。これらの帳簿、書類の保存方法については、基本的に書面による保存を前提として規定されており、電子帳簿保存法は、その特例として、一定の保存要件の下、電磁的記録いわゆる電子データで保存することができることとするものです。

ここで「電磁的記録」とは、電子的方式、磁気的方式その他の人の知覚によっては認識することができない方式（「電磁的方式」といいます。）で作られる記録であって、電子計算機による情報処理の用に供されるものと定義されていますが（電帳法２三）、この定義は法令全般でほぼ同様の定義がなされており、いわゆる電子データのことを法令上は電子データとは規定できないので、定義を置いて「電磁的記録」と規定しています。少しわかりづらい言葉ですが、電磁的記録といったら電子データのことだと思っていただければ結構です。

電子帳簿保存法は、大別すると、次の４つの制度で構成されています。

1. 国税関係帳簿の電磁的記録による保存制度 (1) 最低限の要件を満たす電子帳簿（電帳法４①） (2) 優良な電子帳簿（電帳法8④）
2. 国税関係書類の電磁的記録による保存制度（電帳法４②）
3. スキャナ保存制度（電帳法４③）
4. 電子取引の取引情報に係る電磁的記録の保存制度（電帳法７）

（注） 電子計算機を使用して作成した帳簿・書類であっても、電子帳簿保存法に定める要件を満たさないものは、単に「電子的に作成した紙の帳簿・書類」であり、その電子データをそのまま保存しても電子帳簿として認められません。電子帳簿保存法の要件を満たさない「電子的に作成した紙の帳簿・書類」は紙の保存に代えることができないことから、紙に出力して保存しなければなりません。

1 国税関係帳簿の電磁的記録による保存制度

保存義務者が、国税関係帳簿の全部又は一部について、自己が最初の記録段階から一貫して電子計算機を使用して作成する場合には、国税関係帳簿に係る電磁的記録の備付け及び保存をもってその国税関係帳簿の「備付け」及び「保存」に代えることができるものです（電帳法４①）。

ここでいう「国税関係帳簿」とは、「国税に関する法律」の規定により備付け及び保存をしなければならないこととされている帳簿をいいます（電帳法２二）。

（注）「国税に関する法律」とは、国税（国が課する税のうち関税、とん税及び特別とん税以外のものをいいます（国税通則法２一）。）に関する法律であり、その意義としては、国税の確定、納付、徴収及び還付等に関する事項を規定した法律をいいます。具体的には、国税通則法のほか、所得税法、法人税法、消費税法、酒税法などの課税実体法やその特例である租税特別措置法等の様々な法律が含まれます（出典：国税通則法精解（平成31年版）167頁（大蔵財務協会）より作成）。

上記の国税関係帳簿は、各税法により保存等しなければならない帳簿のうち、所得税法又は法人税法による帳簿については、正規の簿記の原則

（一般的には複式簿記）に従って記録される帳簿に限られます（電帳規２①）。

国税関係帳簿の電磁的記録による保存制度は、「最低限の要件を満たす電子帳簿」と「優良な電子帳簿」の２種類で構成されます。

Point! 電子帳簿は２本立て

このうち信頼性の高い「優良な電子帳簿」についてはインセンティブを設けることで記帳水準の向上を図ることとし、「最低限の要件を満たす電子帳簿」については、多くの保存義務者が帳簿を電子的に保存することを可能とするものです。

(1) 最低限の要件を満たす電子帳簿

「最低限の要件を満たす電子帳簿」は、次の要件の下で、帳簿を電子により保存することを可能とするものであり、これにより帳簿の電子保存のハードルが一気に下がったといえます（電帳法４①、電帳規２②）。

①　システムの開発関係書類等の備付け（電帳規２②一）

②　見読可能装置の備付け（電帳規２②二）

③　税務調査でダウンロードの求めに応じる（電帳規２②三）

(2) 優良な電子帳簿

「優良な電子帳簿」の保存要件は、過少申告加算税の軽減措置（電帳法８④）の対象となる国税関係帳簿の保存要件（電帳規５⑤一）として定められています。

過少申告加算税の軽減措置制度は、「最低限の要件を満たす電子帳簿」として備付け及び保存に代えている国税関係帳簿であって、修正申告等の起因となる事項に係る所得税、法人税及び消費税に関する帳簿のうち、あらかじめ、これらの帳簿に係る電磁的記録に記録された事項に関し修正申告等があった場合には過少申告加算税の軽減措置の適用を受ける旨の届出書を提出している場合におけるその帳簿に係る電磁的記録の備付け及び保存が、国税の納税義務の適正な履行に資するものとして、次の要件を満たしている場合で、課税期間の初日以後引き続き要件を満たして保存が行われているものに修正申告等があった場合には、過少申告加算税が５%軽減されるものです（電帳法８④、電帳令２、電帳規５①⑤一）。過少申告加算税の軽減措置は、令和４年１月１日以後に法定申告期限が到来する国税について適用されます（令３改正法附則82⑦）。

これらの要件が備わった帳簿を「優良な電子帳簿」と位置付けています。

①　訂正・削除・追加履歴の確保（電帳規５⑤一イ）

②　帳簿間の相互関連性確保（電帳規５⑤一ロ）

③　検索機能の確保（電帳規５⑤一ハ）

令和３年度税制改正の内容については、76頁以下を参照してください。

2　国税関係書類の電磁的記録による保存制度

保存義務者が、国税関係書類の全部又は一部について、自己が一貫して電子計算機を使用して作成する場合には、保存要件に従って保存することにより、当該国税関係書類に係る電磁的記録の保存をもって当該国税関係書類の保存に代えることができます（電帳法４②）。

ここでいう「国税関係書類」とは、国税に関する法律の規定により保存をしなければならないこととされている書類をいいます（電帳法２二）。

「国税関係帳簿」又は「国税関係書類」のことを合わせて「国税関係帳簿書類」といいます（電帳法２二）。

以上の二つの制度は、最初の記録段階から保存義務者自身がパソコン等を使用して作成するものであり、原本が書面ではなく電子というところが、後述するスキャナ保存制度と大きく異なるものです。電子帳簿保存法の制定当初は、この原本が電子である国税関係帳簿書類の電磁的記録による保存制度からスタートしました。

なお、この保存義務者が、最初の記録段階から一貫して電子計算機を使用して作成する国税関係帳簿書類について、その電磁的記録の備付け及びＣＯＭ（電子計算機出力マイクロフィルムをいい、コンピュータを用いて電磁的記録を出力することにより作成するマイクロフィルムをいいます。）（電帳法２六）の保存をもって、その「帳簿」の備付け及び保存に代えることができ、また、そのＣＯＭの保存をもって、その「書類」の保存に代えることができる、いわゆる「国税関係帳簿書類のＣＯＭによる保存制度」があります（電帳法５①②③）。

これらの制度は原本を電子で作成したものについて備付け又は保存するものであり、原本である紙を廃棄してしまうことができるスキャナ保存制度よりは、保存要件がシンプルになっています。

令和３年度税制改正の内容については、95頁以下を参照してください。

▶３　スキャナ保存制度

保存義務者が、国税関係書類（決算関係書類は除かれます。）の全部又は一部について、その国税関係書類に記載されている事項を一定の要件を満たすスキャナ装置（スキャナを使用する電子計算機処理システム）により、電磁的記録に記録する場合には、保存要件に従って保存することにより、当該国税関係書類に係る電磁的記録の保存をもってその国税関係書類の保存に代えることができます（電帳法４③）。

この制度は、取引相手から受け取った書類又は自己が作成して交付した書類の写しが対象となります。原本が書面であること、相手から受け取ったものも対象となることが、国税関係帳簿書類の電磁的記録による保存制度との大きな違いとなります。したがって、保存要件も大きく異なることになり、書面である原本と同等の同一性が担保される必要があります。

令和３年度税制改正の内容については、99頁以下を参照してください。

▶４　電子取引の取引情報に係る電磁的記録の保存制度

所得税（源泉徴収に係る所得税を除きます。）及び法人税の保存義務者は、電子取引を行った場合には、一定の要件の下、その電子取引の取引情報に係る電磁的記録を保存しなければなりません。１から３までの制度では所得税法や法人税法等の各税法の帳簿書類の備付け又は保存を電子で行うことは任意の特例規定であったのに対し、４の制度は保存義務を電子帳簿保存法で新たに創設したところに大きな違いがあります。この制度では電子での保存を選択した者ということではなく、所得税及び法人税の全ての保存義務者に保存義務が課されるものです。

Point!　全ての保存義務者に保存義務

この保存制度で注意すべき点は、これまでは授受した電子データを出力することにより作成した書面等で保存することも可能でしたが（旧電帳法10ただし書）、今回の改正により、この旧電帳法10条ただし書の規定が削除され、紙等に出力しての保存が認められなくなったことが挙げられます。令和4年1月1日以後に行う電子取引の取引情報からは、電子取引に係る電子データを保存要件に従って保存しなければならなくなることに留意する必要があります。

Point!　紙に出力しての保存が認められなくなる。

令和3年度税制改正の内容については、131頁以下を参照してください。

電子帳簿保存法創設の考え方及びその後の改正

電子帳簿保存法は平成10年度の税制改正で創設されましたが、その後、平成16年末にスキャナ保存制度の創設、平成27年度改正でスキャナ保存制度の対象拡大・要件の見直し、平成28年度改正でスキャナ保存制度の要件緩和、令和元年度改正によるスキャナ保存制度の対象拡大とスキャナ保存制度の利用者の利便性向上を図る見直しが続き、令和２年度改正で電子取引の保存要件緩和が行われました。そして、冒頭に触れた令和３年度税制改正では電子帳簿等保存制度全体にわたる抜本的な見直しが行われました。それではこれまでの改正の経緯等を見ていきましょう。

1　電子帳簿等保存制度創設の考え方（平成10年度税制改正）

(1) 背景

社会の高度情報化・ペーパーレス化が進む中、会計処理の分野でもコンピュータを使用した帳簿書類の作成が普及しており、経済界をはじめとする国内外の関係各界等から、帳簿書類の電磁的記録、いわゆる電子データ及びマイクロフィルムによる保存を認めてほしいという強い要望が寄せられていました。

政府においては、こうした要望を受け止め、規制緩和推進計画等の決定、緊急経済対策、市場開放問題苦情処理対策本部決定等において、政府全体として帳簿書類の電子データによる保存措置を平成９年度末までに講ずることを決定していました。

（注）「申請負担軽減対策」（平成９年２月10日閣議決定）において、「法令に基づき民間事業者に保存を義務づけている書類について、原則として平成９年度（1997年度）末までに電子媒体による保存が可能となるようにする。」と閣議決定されました。

このような関係各界からの要望や政府全体としての取組を踏まえ、平成10年度税制改正の一環として、適正公平な課税を確保しつつ納税者等の帳簿保存に係る負担軽減を図る等の観点から、国税関係帳簿書類の電磁的記録等による保存制度等の創設等が行われました。

(2) 政府税調答申による改正の基本的な考え方

政府税制調査会の「平成10年度の税制改正に関する答申（平成9年12月16日)」では、次のような基本的な考え方が示されています。

> 新しい時代の流れに対応し、納税者の帳簿書類の保存の負担軽減を図るために、記録段階からコンピュータ処理によっている帳簿書類については、電子データ等により保存することを認めることが必要であると考えます。
>
> その際には、コンピュータ処理は、痕跡を残さず記録の遡及訂正をすることが容易である、肉眼でみるためには出力装置が必要であるなどの特性を有することから、適正公平な課税の確保に必要な条件整備を行うことが不可欠です。
>
> また、電子データ等による保存を容認するための環境整備として、EDI取引（取引情報のやり取りを電子データの交換により行う取引）に係る電子データの保存を義務づけることが望ましいと考えます。

国税関係帳簿書類の電磁的記録等による保存制度等は、このような政府税制調査会の答申における考え方を踏まえて創設されました。

答申を読むと、改正にあたっての二つの課題が挙げられます。

① 電子データ処理は痕跡を残さず記録の遡及訂正が容易、視認可能な出力装置が必要など、適正公平な課税の確保に必要な保存要件を整備する必要

② 電子取引を行った場合には、その取引情報の保存制度が措置されていない

このような経緯を経て、平成10年度税制改正で電子帳簿保存法（電子計算機を使用して作成する国税関係帳簿書類の保存方法等の特例に関する法律（平成10年法律第25号））が成立しました。

2 スキャナ保存制度創設の考え方（平成 16 年度税制改正）

(1) 背景

法令により義務付けられている紙での保存が、民間の経営活動や業務運営の効率化の阻害要因となっており、日本経団連をはじめとする民間企業等から政府に対して、法令により義務付けられている紙での保存について早期に電子保存が可能となるよう数度にわたり強い要望がなされました。また、情報通信技術の進展により、紙での保存に代えて、電子的に保存することが基本的に可能となっていました。

このような状況を踏まえ、書面の保存等に要する負担軽減を通じて国民の利便性の向上、国民生活の向上及び国民経済の健全な発展に寄与するため、民間事業者等に対して書面の保存が法令上義務付けられている場合について、原則として税務関係書類を含めた全ての書類に係る電磁的記録による保存等を行うことを可能とするため、IT 戦略本部を中心に検討が進められました。

(2) e-文書通則法等の制定

検討の結果、民間の文書保存に係る負担の軽減を図るため、紙での保存を義務付けている多数の法令について、統一的な方針の下に電子保存を容認する措置を講ずることとされ、高度情報通信ネットワーク社会形成基本法に基づき作成された「e-Japan 重点計画—2004」（平成 16 年 6 月 15 日 IT 戦略本部決定）において、民間における文書・帳票の電子的な保存を原則として容認する統一的な法律の制定を行うものとされました。これを受けて、関係法律案が平成 16 年 10 月 12 日に国会へ提出され可決成立し、「民間事業者等が行う書面の保存等における情報通信の技術の利用に関する法律（平成 16 年法律第 149 号）」（以下「e-文書通則法」といいます。）と「民間事業者等が行う書面の保存等における情報通信の技術の利用に関する法律の施行に伴う関係法律の整備等に関する法律（平成 16 年法律第 150 号）」（以下「e-文書整備法」といいます。）が、平成 17 年 4 月 1 日から施行されています。

e-文書通則法は、民間事業者等が電磁的記録による保存等をできるようにするための共通事項を定めたものであり、通則法形式の採用により、約250本の法律による保存義務について、法改正せずに電子保存ができることとなります。また、e-文書整備法は、文書の性質上一定の要件を満たすことを担保するために行政庁の承認等特別の手続が必要である旨の規定等、e-文書通則法のみでは手当てが完全でないもの等について、約70本の個別法の一部改正により、所要の規定を整備しています。

税務関係書類については、適正公平な課税の確保のため、税務署長の事前承認を要件としていたため、e-文書通則法の対象とせず、e-文書整備法において電子帳簿保存法を改正してスキャナ保存制度が創設されました。

対象書類としては、適正公平な課税確保のために特に重要な文書である決算関係書類や帳簿、一部の契約書・領収書を除き、全ての書類を対象とし、真実性・可視性を確保できる要件の下で、スキャナを利用して作成された電磁的記録による保存を認めることとされました。

3 平成27年度以降の改正

i　平成27年度税制改正

平成27年度税制改正では、スキャナ保存制度について、3万円以上の領収書等も対象に追加することにより全ての契約書、領収書等が対象となるなどの以下の改正が行われました。

(1) 対象となる国税関係書類の範囲の拡充

スキャナ保存制度の対象となる国税関係書類について、全ての契約書・領収書等を対象とすることとされました。

(2) スキャナ保存制度の保存要件の緩和

① 業務処理サイクル方式（国税関係書類に係る記録事項の入力を業務の処理に係る通常の期間経過後、速やかに行う方法をいいます。）により行う場合に必要とされる国税関係帳簿に係る「電磁的記録等による保存制度の承認要件」を廃止することとされました。

② 国税関係書類をスキャナで読み取る際の電子署名が不要とされ、こ

れに代え、国税関係書類に係る記録事項の入力を行う者又はこの者を直接監督する者に関する情報を確認できるようにしておくことが要件とされました。

③　国税関係書類の作成又は受領からスキャナでの読み取りまでの各事務について、その適正な実施を確保するために必要なものとして次に掲げる事項に関する規定を定めるとともに、これに基づき処理すること（適正事務処理要件）が要件に加えられました。

イ　相互に関連する各事務について、それぞれ別の者が行う体制

ロ　当該各事務に係る処理の内容を確認するための定期的な検査を行う体制及び手続

ハ　当該各事務に係る処理に不備があると認められた場合において、その報告、原因究明及び改善のための方策の検討を行う体制

(3) スキャナ保存制度の適時入力方式に係る要件の緩和

①　電子計算機処理システムについて、一般書類（資金や物の流れに直結・連動しない書類）をスキャナで読み取った際に必要とされる書類の大きさに関する情報の保存を不要とするとともに、カラー階調を必要とする要件につきグレースケール（いわゆる「白黒」）による読み取りも認めることとされました。

②　国税関係書類をスキャナで読み取る際の電子署名が不要とされたことを踏まえ、タイムスタンプを付すとともに、国税関係書類に係る記録事項の入力を行う者又はこの者を直接監督する者に関する情報を確認できるようにしておくことが要件とされました。

(4) 電子取引の取引情報に係る電磁的記録の保存制度における電子署名要件の廃止

電磁的記録の記録事項に行う電子署名が不要とされ、これに代え、電磁的記録の保存を行う者又はその者を直接監督する者に関する情報を確認できるようにしておくことが要件とされました。

ii　平成 28 年度税制改正

平成 28 年度税制改正では、スキャナ保存制度について、「原稿台と一体

となったもの」に限定していたスキャナ装置の要件が廃止され、スマートフォン等による社外における読取りを可能とする等のスキャナ保存の要件緩和等の以下の改正が行われました。

これは、画質性能の高いカメラを搭載したスマートフォンやクラウドサービス等が発達してきていることから、データによる経理処理を行えるよう、スマートフォン等を使用して社外において経理処理前に国税関係書類の読み取りを行う仕組みの整備が課題とされたことが背景にあります。このような課題に対応し、適切な改ざん防止措置を講じた上で、利用者の更なる利便性の向上を図る観点から、社外における手続も可能とするなどの見直しが行われたものです。

(1) 国税関係書類の読み取りを行う装置に係る要件の緩和

国税関係書類の読み取りを行う装置について、「原稿台と一体となったもの」に限定する要件を廃止することとされました。

(2) 受領者等が読み取りを行う場合の手続の整備

① 国税関係書類の受領者等が読み取りを行う場合には、その国税関係書類に署名した上で、その受領等後、特に速やかにタイムスタンプを付さなければならないこととされました。

② 国税関係書類の受領者等が読み取りを行う場合には、その書類の大きさがＡ４以下である場合に限り、大きさに関する情報の保存を要しないこととされました。

③ 国税関係書類の受領者等が読み取りを行う場合における相互けん制要件については、受領等事務と読み取り事務をそれぞれ別の者が行うこととする要件が不要とされ、これに代え、受領者等以外の別の者により国税関係書類に係る記録事項の確認を行うことが要件とされました。

(3) 相互けん制要件に係る小規模企業者の特例

小規模企業者に該当する保存義務者にあっては、定期的な検査を税務代理人が行うこととしている場合には、相互けん制要件を不要とすることとされました。

iii　令和元年度税制改正

令和元年度税制改正では、まず、電子帳簿・スキャナ保存制度の申請手続の簡素化・柔軟化として、認証を受けたソフトウェアの利用者の承認申請書の記載省略、新規に業務を開始した個人開業者の申請期限の特例の創設が行われ、スキャナ対象書類の範囲の拡充として、一定の要件の下、書類ごとに一回限り、過去の重要書類のスキャナ保存を可能化する改正等の以下の改正が行われました。

(1) 新たに業務を開始した個人の承認申請期限の特例の整備

新たに業務を開始した個人が国税関係帳簿書類の電磁的記録等による保存等の承認を受けようとする場合において、その承認を受けようとする国税関係帳簿書類の全部又は一部が、業務の開始の日から同日以後５月を経過する日までに保存等開始日が到来するものであるときは、その業務の開始の日以後２月を経過する日までに承認申請書を提出することができることとされました。

(2) 過去分重要書類のスキャナ保存の整備

スキャナ保存の承認を受けている保存義務者は、国税関係書類の電磁的記録の保存をもってその国税関係書類の保存に代える日（基準日）前に作成・受領をした重要書類について、あらかじめ、その書類の種類等を記載した適用届出書を税務署長等に提出した場合には、電磁的記録の保存に併せて、その電磁的記録の作成・保存に関する事務の手続を明らかにした書類の備付けを行った上で、一定の要件の下、スキャナ保存を行うことができることとされました。

(3) 一定のソフトウェアを使用する保存義務者の承認申請手続の簡素化

運用上の対応として、市販のソフトウェアのうち公益社団法人日本文書情報マネジメント協会（JIIMA）において電子帳簿保存又はスキャナ保存の要件適合性に係る認証を行ったソフトウェアを使用する保存義務者について、記載事項を簡素化した承認申請書を用いることができるほか、そのソフトウェアに係る書類の添付を省略することができる取扱いとされました。

iv　令和２年度税制改正

令和２年度税制改正では、企業等の生産性向上を促すため、電子取引の要件緩和として、書面の受領者が自由にデータを改変できないシステム等を利用している場合には電子取引に係るタイムスタンプを不要化する等の以下の改正が行われました。

電子取引を行った場合の電磁的記録の保存について、真実性の確保の要件を満たす措置の範囲に、次の措置が追加されました。

⑴　その電磁的記録の記録事項にタイムスタンプが付された後、その取引情報の授受を行うこと。

⑵　次の要件のいずれかを満たす電子計算機処理システムを使用して、その取引情報の授受及びその電磁的記録の保存を行うこと。

①　その電磁的記録の記録事項について訂正又は削除を行った場合には、これらの事実及び内容を確認することができること。

②　その電磁的記録の記録事項について訂正又は削除を行うことができないこと。

電子帳簿等保存制度の対象となる帳簿書類

1　国税関係帳簿書類の電磁的記録による保存制度の対象となる帳簿書類

この保存制度の対象となる帳簿書類は、国税関係帳簿書類（帳簿については、財務省令で定めるものを除きます。）の全部又は一部について、自己が最初の記録段階から一貫して電子計算機を使用して作成する帳簿及び自己が一貫して電子計算機を使用して作成する書類です（電帳法４①②）。

(1)「最低限の要件を満たす電子帳簿」の保存対象帳簿

対象となる国税関係帳簿については、財務省令で定めるものを除いたものを国税関係帳簿と定義付けしており、一定の国税関係帳簿が対象から除外されることとなります（国税関係帳簿については45頁参照）。

■「最低限の要件を満たす電子帳簿」の保存対象

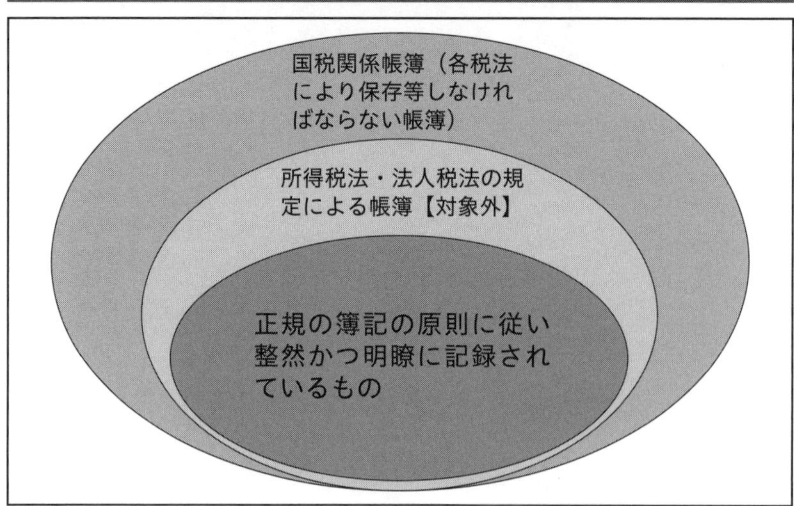

この財務省令で定める国税関係帳簿としては、「所得税法又は法人税法の規定により備付け及び保存をしなければならないこととされている帳簿であって、資産、負債及び資本に影響を及ぼす一切の取引につき、正規の簿記の原則（同法の規定により備付け及び保存しなければならないこととされている帳簿にあっては、複式簿記の原則）に従い、整然と、かつ、明瞭に記録されているもの以外のものとする。」（電帳規２①）と規定されています。したがって、所得税法又は法人税法による帳簿については、正規の簿記の原則等に従って記録される帳簿に限定されています。

Point!	正規の簿記の原則による帳簿に限定

この定義付けは、電子計算機出力マイクロフィルムによる保存（電帳法５①③）、他の国税に関する法律の規定の適用（電帳法８①）及び優良な電子帳簿に関連して過少申告があった場合の過少申告加算税の５％軽減規定（電帳法８④）にも適用され、同様の国税関係帳簿となります。

（参考）帳簿書類の保存の単位

国税関係帳簿書類に係る電磁的記録の備付け及び保存をもって当該国税関係帳簿書類の備付け及び保存に代えることができる国税関係帳簿書類の単位は、電子帳簿保存法４条の規定の適用に当たっては、一部の国税関係帳簿又は国税関係書類について適用することもできることになるので、例えば、保存義務者における次のような国税関係帳簿書類の作成・保存の実態に応じて、それぞれの区分のそれぞれの国税関係帳簿又は国税関係書類ごとに電磁的記録により保存することができることになります（電帳通4-2）。

①　電子帳簿保存法４条１項の規定（国税関係帳簿）を適用する場合

イ　仕訳帳及び総勘定元帳のみを作成している場合

ロ　イに掲げる国税関係帳簿のほか、現金出納帳、売上帳、仕入帳、売掛金元帳、買掛金元帳などの国税関係帳簿を作成している場合

ハ　イ又はロに掲げる国税関係帳簿を本店で作成するほか事業部若しくは事業所ごとに作成している場合

② 電子帳簿保存法４条２項の規定（国税関係書類）を適用する場合

イ　注文書の写しのみを作成している場合

ロ　イに掲げる国税関係書類のほか、領収書の写し、見積書の写し、請求書の写しなどの国税関係書類を作成している場合

ハ　イ又はロに掲げる国税関係書類を本店で作成するほか事業部若しくは事業所ごとに作成している場合

③ 電子帳簿保存法４条３項（スキャナ保存対象の国税関係書類）の規定を適用する場合

イ　作成又は受領した注文書、領収書、見積書、請求書などの国税関係書類を保存している場合

ロ　イに掲げる国税関係書類を本店で保存しているほか事業部若しくは事業所ごとに保存している場合

なお、国税関係帳簿又は国税関係書類の保存等に当たっては、基本的には合理的に区分できる国税関係帳簿又は国税関係書類の種類の単位ごと等、一定の継続性をもって保存等が行われることから、その国税関係帳簿又は国税関係書類に係る電磁的記録の保存等を開始した日（保存等に代える日）及び取りやめた日（保存等に代えることをやめた日）について認識できることが一般的であると考えられることから、当該日について明確にしておく必要があります。

○自己が作成することの意義

電帳法４条１項、２項では、自己が一貫して作成すると規定されていますが、この「自己が」とは、保存義務者が主体となってその責任において行うことをいいます。したがって、保存義務者自身が作成しなければならないものではなく、例えば、国税関係帳簿書類に係る電子計算機処理を会計事務所や記帳代行業者に委託している場合も、これに含まれます（電帳通4-3）。

○最初の記録段階から一貫して電子計算機を使用して作成することの意義

> 電帳法4条1項の国税関係帳簿については、「最初の記録段階から一貫して電子計算機を使用して作成する場合」と規定していますが、これは、帳簿を備え付けて記録を蓄積していく段階の始めから終わりまで電子計算機の使用を貫いて作成する場合をいいます。
>
> なお、帳簿を備え付けて記録を蓄積していく段階の始めとは、帳簿の備付け等開始の日を指しますが、課税期間の定めのある国税に係る帳簿については、原則、課税期間の初日となります（電帳通4-4）。

(2)「優良な電子帳簿」の保存対象帳簿

「優良な電子帳簿」は、過少申告加算税の軽減措置（電帳法8④）の対象となる国税関係帳簿です。具体的には下記①、②の「最低限の要件を満たす電子帳簿」であって（電帳法8④）、以下のイ～ハで定めるものが対象となります（電帳規5①）。

① 電子帳簿保存法4条1項の規定により国税関係帳簿に係る電磁的記録の備付け及び保存をもって当該国税関係帳簿の備付け及び保存に代えている保存義務者の当該国税関係帳簿

② 電子帳簿保存法5条1項又は3項の規定により国税関係帳簿に係る電磁的記録の備付け及び当該電磁的記録の電子計算機出力マイクロフィルムによる保存をもって当該国税関係帳簿の備付け及び保存に代えている保存義務者の当該国税関係帳簿

イ　修正申告等の起因となる事項に係る所規58①（取引に関する帳簿及び記載事項）に規定する帳簿

ロ　修正申告等の起因となる事項に係る法規54（取引に関する帳簿及び記載事項）に規定する帳簿

ハ　修正申告等の起因となる事項に係る消法30⑦（仕入に係る消費税額の控除）、消法38②（売上に係る対価の返還等をした場合の消費税額の控除）、消法38の2②（特定課税仕入に係る対価の返還等を受けた場合の

消費税額の控除)、消法58（帳簿の備付け等）に規定する帳簿

これらの個人・法人の青色申告者及び消費税事業者の備え付ける帳簿を「特例国税関係帳簿」といいます。

過少申告加算税の軽減措置（電帳法８④）の適用を受けようとする場合には、適用を受けようとする税目に係る全ての帳簿を電子帳簿保存法施行規則５条５項の要件に従って保存し、あらかじめこの措置の適用を受ける旨等を記載した届出書を提出する必要があります。

Point！ 税目に係る全ての帳簿を要件に従って保存

なお、総勘定元帳や仕訳帳以外の帳簿は納税者が行う事業の業種や規模によって異なり、保存義務者によって作成している帳簿は区々ですが、例えば、現金出納帳、固定資産台帳、売掛帳、買掛帳、経費帳等の帳簿を作成している場合には、各帳簿について電帳規５⑤の要件に従って保存する必要があります（出所：国税庁　電子帳簿保存法一問一答（電子計算機を使用して作成する帳簿書類関係）問36)。

2 スキャナ保存制度の対象となる書類

この保存制度の対象となる書類は、国税関係書類（決算関係書類は除かれます。）の全部又は一部について、その国税関係書類に記載されている事項を一定の要件を満たすスキャナ装置（スキャナを使用する電子計算機処理システム）により、電磁的記録に記録する書類です（電帳法４③)。

この「スキャナ」とは、書面の国税関係書類を電磁的記録に変換する入力装置をいいます。したがって、例えば、スマートフォンやデジタルカメラ等も、この入力装置に該当すれば、保存対象となる「スキャナ」に含まれることになります（電帳通4-16)。社外でスマートフォンを使用して国税関係書類を読み取り、そのデータにより経理処理ができることになります。なお、平成28年９月30日前に行われた承認申請については、スキャナが原稿台と一体となったものに限られます。

■ 国税関係帳簿書類のスキャナ保存の区分

帳　　簿	仕訳帳 総勘定元帳 一定の取引に関して作成されたその他の帳簿	
計算、整理 又は 決算関係書類	棚卸表 貸借対照表・損益計算書 計算、整理又は決算に関して作成されたその他の書類	スキャナ保存対象外

スキャナ保存対象

書類の名称・内容	書類の性格	書類の重要度（注）		入力
・契約書 ・領収書 及び恒久的施設との間の内部取引に関して外国法人等が作成する書類のうちこれらに相当するもの 並びにこれらの写し	一連の取引過程における開始時点と終了時点の取引内容を明らかにする書類で、取引の中間過程で作成される書類の真実性を補完する書類	資金や物の流れに直結・連動する書類のうち特に重要な書類		速やかに入力 ・ 業務サイクル後速やかに入力
・預り証 ・借用証書 ・預金通帳 ・小切手 ・約束手形 ・有価証券受渡計算書 ・社債申込書 ・契約の申込書（定型的約款無し） ・請求書 ・納品書 ・送り状 ・輸出証明書 及び恒久的施設との間の内部取引に関して外国法人等が作成する書類のうちこれらに相当するもの 並びにこれらの写し	一連の取引の中間過程で作成される書類で、所得金額の計算と直結・連動する書類	資金や物の流れに直結・連動する書類		速やかに入力 ・ 業務サイクル後速やかに入力
・検収書 ・入庫報告書 ・貨物受領証 ・見積書 ・注文書 ・契約の申込書（定型的約款有り） 及びこれらの写し	資金の流れや物の流れに直結・連動しない書類	資金や物の流れに直結・連動しない書類	重要度…低	速やかに入力・業務サイクル後速やかに入力／適時に入力

（注）　重要度が低以外のものがいわゆる重要書類（法第４条第３項に規定する国税関係書類のうち、規則第２条第７項に規定する国税庁長官が定める書類以外の書類）、重要度が低のものが一般書類（規則第２条第７項に規定する国税庁長官が定める書類）です。

出所：国税庁電子帳簿保存法一問一答（スキャナ保存関係）問２

○　スキャナ保存制度の対象となる書類の具体的範囲

国税関係書類のうち、棚卸表、貸借対照表及び損益計算書並びに計算、整理又は決算に関して作成されたその他の書類（電帳規２④）を除く全ての書類が対象となります。除かれている書類は、税額を算出するための最も基本的な書類です。どの書類をスキャナにより保存するかは、保存義務者がその全部又は一部を選択することになります。

Point!　スキャナ保存は決算関係書類を除く

具体的には、取引の相手から受け取った書類や自己で作成して相手方に渡した書類の写しで、契約書、領収書、契約の申込書、請求書、納品書、見積書、注文書などの書類になります。

なお、スキャナ保存により電磁的記録の保存をもって国税関係書類の保存に代える日前に作成又は受領した重要書類については、所轄税務署長等に適用届出書を提出したときは、一定の要件の下、スキャナ保存をすることができます（出所：国税庁　電子帳簿保存法一問一答（スキャナ保存関係）問２）。

3　電子取引の取引情報に係る電磁的記録の保存制度の対象となる情報の範囲

所得税（源泉徴収に係る所得税を除きます。）及び法人税の保存義務者は、電子取引を行った場合には、一定の要件の下、その電子取引の取引情報に係る電磁的記録を保存しなければなりません（電帳法７）。

電子帳簿保存法２条５号《電子取引の意義》に規定する「電子取引」とは、取引情報（取引に関して受領し、又は交付する注文書、契約書、送り状、領収書、見積書その他これらに準ずる書類に通常記載される事項をいいます。）の授受を電磁的方式により行う取引をいいます。

この「電子取引」には、取引情報が電磁的記録の授受によって行われる取引は通信手段を問わず全て該当しますので、例えば、次のような取引も、これに含まれることになります（電帳通2-2）。

イ　いわゆるEDI取引

ロ　インターネット等による取引

ハ　電子メールにより取引情報を授受する取引（添付ファイルによる場合を含みます。）

ニ　インターネット上にサイトを設け、当該サイトを通じて取引情報を授受する取引

関連Q&A

（保存すべき取引情報の留意点）

問　保存すべき取引情報で留意すべき点はありますか。

答

電子取引の取引情報に係る電磁的記録の保存に当たっては、次の点に留意する必要があります（電帳通7-1）。

(1)　暗号化されていないものを保存

電子取引の取引情報に係る電磁的記録は、ディスプレイの画面及び書面に、整然とした形式及び明瞭な状態で出力されることを要しますので、暗号化されたものではなく、受信情報にあってはトランスレータによる変換後、送信情報にあっては変換前のもの等により保存することを要します。

(2)　確定情報のみを保存を容認

取引情報の授受の過程で発生する訂正又は加除の情報を個々に保存することなく、確定情報のみを保存することが認められています。

(3)　単価等のマスター情報を含んで出力

取引情報に係る電磁的記録は、あらかじめ授受されている単価等のマスター情報を含んで出力されることを要します。

(4)　合理的な方法により編集したものを容認

見積りから決済までの取引情報を、取引先、商品単位で一連のものに組み替える、又はそれらの取引情報の重複を排除するなど、合

理的な方法により編集（取引情報の内容を変更することを除きます。）をしたものを保存することが認められています。

（注）いわゆるEDI取引において、電磁的記録により保存すべき取引情報は、一般に「メッセージ」と称される見積書、注文書、納品書及び支払通知書等の書類に相当する単位ごとに、一般に「データ項目」と称される注文番号、注文年月日、注文総額、品名、数量、単価及び金額等の各書類の記載項目に相当する項目となることに留意する必要があります。

（電子メールで受け取った取引情報の保存方法）

問　電子メールを受信した場合、どのように保存すればよいのでしょうか。

答

電子メールにより取引情報を授受する取引（添付ファイルによる場合を含みます。）を行った場合については電子取引に該当します（電帳法２五）。したがって、その取引情報に係る電磁的記録の保存が必要となります（電帳法７）。この電磁的記録の保存とは、電子メール本文に取引情報が記載されている場合は当該電子メールを、電子メールの添付ファイルにより取引情報（領収書等）が授受された場合は当該添付ファイルを、それぞれ、ハードディスク、コンパクトディスク、ＤＶＤ、磁気テープ、クラウド（ストレージ）サービス等に記録・保存する状態にすることをいいます。

出所：国税庁　電子帳簿保存法一問一答（電子取引関係）問３

（保存対象の電子取引）は223頁に掲載しています。

（クラウドサービスを利用した請求書等の取扱い）

問　当社は、取引先からクラウドサービスを利用して請求書等を受領しておりますが、クラウドサービスを利用して受領した場合には、電子取引に該当しますか。

答

クラウドサービスを利用して取引先から請求書等を受領した場合に

も、電子取引に該当します。

請求書等の授受についてクラウドサービスを利用する場合は、取引の相手方と直接取引情報を授受するものでなくても、請求書等のデータをクラウドサービスにアップロードし、そのデータを取引当事者双方で共有するものが一般的ですので、取引当事者双方でデータを共有するものも取引情報の授受にあたり、電子取引に該当します

出所：国税庁　電子帳簿保存法一問一答（電子取引関係）問6

（アプリ提供事業者からの利用明細等の保存の要否）

問　いわゆるスマホアプリによる決済を行いましたが、この際にアプリ提供事業者から利用明細等を受領する行為は、電子取引に該当しますか。

答

アプリ提供事業者から電磁的方式により利用明細等を受領する行為は、電子取引に該当します。そのため、その利用明細等に係る取引データについて保存する必要があります。

いわゆるスマホアプリを利用した際に、アプリ提供事業者から受領する利用明細に係る内容には、通常、支払日時、支払先、支払金額等が記載されていることから、電子帳簿保存法２条５号に規定する取引情報（取引に関して受領し、又は交付する注文書、契約書、送り状、領収書、見積書その他これらに準ずる書類に通常記載される事項）に該当し、その取引情報の授受を電磁的方式より行う場合には、電子取引に該当しますので、取引データを保存する必要があります。

出所：国税庁　電子帳簿保存法一問一答（電子取引関係）問7

（従業員が立替払いで領収書を電子データで受領した場合）

問　従業員が会社の経費等を立て替えた場合において、その従業員が支払先から領収書を電子データで受領した行為は、会社としての電子取引に該当しますか。該当するとした場合には、どのよう

に保存すればよいのでしょうか。

答

従業員が支払先から電子データにより領収書を受領する行為についても、その行為が会社の行為として行われる場合には、会社としての電子取引に該当します。そのため、この電子取引の取引情報に係る電磁的記録については、従業員から集約し、会社として取りまとめて保存し、管理することが望ましいですが、一定の間、従業員のパソコンやスマートフォン等に保存しておきつつ、会社としても日付、金額、取引先の検索条件に紐づく形でその保存状況を管理しておくことも認められます。

なお、この場合においても、電子帳簿保存法施行規則４条１項各号に掲げる措置を行うとともに、税務調査の際には、その従業員が保存する電磁的記録について、税務職員の求めに応じて提出する等の対応ができるような体制を整えておく必要があり、電子データを検索して表示するときは、整然とした形式及び明瞭な状態で、速やかに出力することができるように管理しておく必要があります。

従業員が受領した領収書データの扱い

一定の間は、従業員の PC 等で 領収書データを保存	⇒	会社でその保存状況を 管理することを容認

その後、従業員から領収書等データを集約し、 会社として保存・管理する必要

※いずれの場合も税務職員の求めに応じられる体制を整備

法人税法上、会社業務として従業員が立替払いした場合には、原則、その支払が会社の費用として計上されるべきものであることから、従業員が立替払いで領収書を電子データで受領した行為は、会社の行為として、会社と支払先との電子取引に該当すると考えることができます。そのため、この電子取引の取引情報に係る電磁的記録については、従業員から集約し、会社として保存し、管理する必要がありますが、会社の業務フロー上、打ち出された紙ベースでの業務処理が定着しており、直ちに電子データを集約する体制を構築することが困難な場合も存在することも想定され得ることから、一定の間、従業員のパソコンやスマートフォン等により、請求書データを格納する方法により保存することを認めることが明らかにされています。なお、この場合においても、その電子データの真実性確保の要件等を満たす必要があることから、例えば、正当な理由がない訂正及び削除の防止に関する事務処理規程に従って保存を行う等、電子帳簿保存法施行規則4条の規定に従って保存を行う必要があります。

また、このような場合であっても、本社の経理部等において一定の方法により規則性をもって検索することが可能な体制を構築することが求められるのは、税務調査の際には、税務職員の求めに応じて電磁的記録の提出を行う等の対応が求められることから、円滑に集約が行えるような状態として保存しておく必要があるためです。したがって、結果として、税務調査の際に保存データの検索を行うに当たって特段の措置が取られておらず、整然とした形式及び明瞭な状態で、速やかに出力することができないような場合には、会社として、その電磁的記録を適正に保存していたものとは認められない点に注意する必要があります。

出所：国税庁　電子帳簿保存法一問一答（電子取引関係）問8

（令和4年1月1日前後の保存要件の取扱い）

問　当社の課税期間は、令和3年4月1日から令和4年3月31日までですが、令和4年1月1日以後に行う電子取引の取引情報については、課税期間の途中であっても、令和3年度の税制改正後の要件で保存しなければならないのでしょうか。

答

令和4年1月1日以後に行う電子取引の取引情報については、改正後の保存要件により保存しなければなりません。

令和３年度税制改正における電子帳簿保存法の改正の施行日は令和４年１月１日であり、同日以後に行う電子取引の取引情報については改正後の要件に従って保存を行う必要があります（令３改正法附則82⑥）。したがって、同一課税期間に行う電子取引の取引情報であっても、令和３年12月31日までに行う電子取引と令和４年１月１日以後行う電子取引とではその取引情報の保存要件が異なることとなりますので注意が必要です。

出所：国税庁　電子帳簿保存法一問一答（電子取引関係）問９

電子取引の取引データの保存方法

令和３年12月31日までに行う電子取引	令和４年１月１日以後に行う電子取引
①　電子データをそのまま保存する方法	電子データをそのまま保存する方法
②　電子データを出力した書面を保存する方法	
③　電子データをCOM（電子計算機出力マイクロフィルム）に出力して保存する方法	

（令和４年１月１日前の電子データへの改正後の保存要件の適用の可否）

問　当社の課税期間は、令和３年４月１日から令和４年３月31日までですが、令和４年１月１日以後に保存を行えば、同日前に行った電子取引の取引情報について、令和３年度の税制改正後の保存要件に従って保存することは認められますか。

答

令和４年１月１日前に行った電子取引の取引情報については、改正後の保存要件により保存することは認められません。

令和３年度税制改正における電子帳簿保存法の改正の施行日は令和４年１月１日であり、電子取引の取引情報に係る電磁的記録の保存制度に関する改正は、同日以後に行う電子取引の取引情報について適用することとされています（令３改正法附則82⑥）。そのため、同日以後に行う電子取引の取引情報に係る電磁的記録については、改正後の保存要件により保存を行わなければならないこととされています。一方で、同日前に行った電子取引の取引情報に係る電磁的記録については、改正後の保存要件により保存することは認められませんので、その電磁的記録について、改正前の保存要件（記録項目が限定される等の措置が講じられる前の検索機能の確保の要件等）を満たせないものについては、その電磁的記録を出力した書面等を保存する必要があります（令和４年１月１日以後に行う電子取引の取引情報に係る電磁的記録については、今回の改正が適用され、電磁的記録を出力した書面等を保存する措置は廃止されますので注意が必要です。）。

出所：国税庁　電子帳簿保存法一問一答（電子取引関係）問10

電子取引に係るデータ保存制度の経過措置

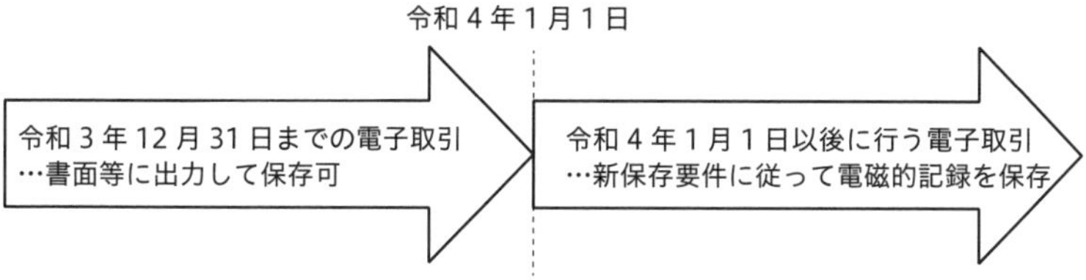

令和４年１月１日

令和３年12月31日までの電子取引
…書面等に出力して保存可

令和４年１月１日以後に行う電子取引
…新保存要件に従って電磁的記録を保存

電子帳簿保存法の各保存制度の保存要件

第２章Ⅰにおいて説明したように、電子帳簿保存法は大別して４つの制度で構成されています。各制度において保存対象となる帳簿書類や情報は異なり、保存要件も異なります。

ここでは、令和３年度税制改正での改正項目の概要を押さえておきましょう。

1　令和３年度税制改正での改正項目の概要

(1) 事前承認制度の廃止

国税関係帳簿書類の電磁的記録等による保存制度の利用に当たっての事務負担を軽減する観点から、その承認制度が廃止されました（旧電帳法６～９、旧電帳規５～７）。これにより、これまで国税関係帳簿書類の電磁的記録等による保存制度の適用に当たって必要とされてきた事前手続が不要となり、国税関係帳簿書類の電磁的記録等による保存要件等を満たすことにより本制度を利用することが可能となりした（電帳法４①②③、５）。

事前承認を受けるハードルが高く、なかなか利用に結びつかなかったところもありましたので、事前承認制度の廃止により、保存要件の大幅な緩和や誰もが利用しやすい電子帳簿保存制度の創設によって、制度を利用するハードルが大きく下がり、飛躍的な利用者の増加が見込まれます。

事前承認制度の廃止

保存要件を満たせばいつでも利用可能に

(2) 電子帳簿保存の対象となる国税関係帳簿の範囲の見直し

今回の改正では、個人事業者の正規の簿記による青色申告を促進する観点から、国税関係帳簿の電磁的記録等による保存等について、対象となる国税関係帳簿が正規の簿記の原則又は複式簿記の原則に従って記録されるものに限定されました。

具体的には、国税関係帳簿の電磁的記録等による保存等について、所得税法又は法人税法の規定により備付け及び保存をしなければならないこととされている帳簿であって、資産、負債及び資本に影響を及ぼす一切の取引につき、正規の簿記の原則（法人税法の規定により備付け及び保存をしなければならないこととされている帳簿にあっては、複式簿記の原則）に従い、整然と、かつ、明瞭に記録されているもの以外のものが、対象となる国税関係帳簿の範囲から除外されました（電帳法４①、電帳規２①）。

これは、所得税法上の青色申告者は正規の簿記の原則に従い記録をしなければならないこと、法人税法上の青色申告法人は複式簿記の原則に従い記録をしなければならないこと、とそれぞれ定められていることを踏まえて（所規57①、法規53)、国税関係帳簿の電磁的記録等による保存等における対象帳簿についても、これらと同様の水準の記録を求めるものです。他方で、所得税法及び法人税法上の帳簿以外の帳簿については、こうした原則に従って記録をしなければならないこととされていないため、全ての帳簿が対象となります。

電子帳簿保存法の保存対象帳簿
⇒ 所得税・法人税の青色申告と同様の記帳水準を求める。

(3)「最低限の要件を満たす電子帳簿」の創設

中小事業者（個人を含む）の実態として、その多くはパソコンを利用して経理事務を行っているものの、電子帳簿保存法の保存要件を満たしていないため、印刷して「電子的に作成された紙の帳簿」として保存しているのが実情である実態を踏まえ、国税関係帳簿の電磁的記録等による保存については、電子計算機処理システムの概要書等を備え付ける等の「最低限の要件を満たす電子帳簿」による保存が可能とされました。

会計ソフト等で帳簿作成するも「電子的に作成された紙の帳簿」としての保存が多いのが実態

モニター、説明書の備付け等の「最低限の要件を満たす電子帳簿」の利用により記帳水準向上

(4)　ダウンロードの求めに応じること

税務調査の適正性・効率性を一定程度確保する観点から、「最低限の要件を満たす電子帳簿」の保存要件として、「国税に関する法律の規定によるその国税関係帳簿書類に係る電磁的記録の提示又は提出の要求に応じることができるようにしておくこと」（いわゆる「ダウンロードの求めに応じること」）が求められることとされました。この「ダウンロードの求めに応じること」とは、具体的には、国税関係帳簿書類の電磁的記録等による保存等を行っている対象帳簿書類のデータについて、税務調査の際、税務当局からの質問検査権の行使として行われるダウンロードの求めに応じることができるようにしておくことです。この求めに応じて税務当局にデータが提供されることにより、税務当局において、必要なデータの検索や訂正・削除・追加の有無等を確認することが可能となり、調査の適正性・効率性が一定程度確保されることとなります。なお、この求めに応じなかった場合や不十分な状態でデータが提供された場合には、保存要件を満たしていないことになり、その電磁的記録等は国税関係帳簿書類として扱われないこととなります（電帳法８①）。

ダウンロードの求めに応じて税務当局に提供されたデータ

税務当局で必要なデータの検索、訂正・削除・追加の有無等を確認

調査の適正性・効率性が一定程度確保

求めに応じなかった場合等には保存要件を満たさないことに

青色申告等の取消事由にも該当

(5) 優良な電子帳簿の場合のダウンロードの求め

優良な電子帳簿の保存等の要件（88頁参照）に従って保存等をしている者、すなわち、電磁的記録の訂正・削除・追加の履歴の確保、帳簿間での記録事項の相互関連制の確保や検索機能の確保といった要件を満たして適正に電子帳簿等保存を行っている者については、税務調査の適正性・効率性は既に一定程度確保されていると考えられることから、「国税関係帳簿書類に係る電磁的記録の提示又は提出の要求に応じること（ダウンロードの求めに応じること）ができるようにしておくこと」との要件は不要とされています（電帳規２②③、３①②）。

また、改正後においては、「最低限の要件を満たす電子帳簿」の要件に従って保存等が行われていないことが青色申告の承認申請却下若しくは承認取消し又は通算予定法人に係る通算承認の承認申請却下の事由に該当することとされており、改正前において求められていた電磁的記録の訂正・削除・追加の履歴の確保や検索機能の確保といった要件に従って保存等が行われていないことは、これらの事由から除外されています（電帳法８③）。

Point!　青色承認取消事由の要件緩和

以下、それぞれの制度ごとに保存要件を確認していきます。

2　国税関係帳簿の電磁的記録による保存の要件

令和３年度改正では、帳簿保存制度は、「最低限の要件を満たす電子帳簿」と「優良な電子帳簿」の２種類の保存制度に構成されることになりますが、このうち信頼性の高い従来の電子帳簿についてはインセンティブを設けることで記帳水準の向上を図ることとし、その保存要件については、電子帳簿保存法８条４項に定める過少申告加算税の軽減措置の対象となる国税関係帳簿の保存要件として、電子帳簿保存法施行規則５条５項１号に定められています。具体的には、「最低限の要件を満たす電子帳簿」の要件により保存を行っている国税関係帳簿で、①訂正・削除・追加履歴の確保、②帳簿間の相互関連性の確保、③検索機能の確保の保存要件を定めています。これらの保存要件は、「国税の納税義務の適正な履行に資するもの」として位置付けています（電帳法８④)。一方、最低限の要件で保存が可能となる「最低限の要件を満たす電子帳簿」については、電子帳簿保存法４条１項の国税関係帳簿の保存要件として定められています。

【令和３年度税制改正による保存要件】

新たな保存要件は下記のようになります。

(1) 最低限の要件を満たす電子帳簿の場合（正規の簿記の原則に従って記録されるものに限ります。）

① 電子計算機処理システムの開発関係書類等の備付け

② 見読可能装置の備付け等

③ 国税庁等の当該職員の質問検査権に基づくその国税関係帳簿書類に係る電磁的記録のダウンロードの求めがある場合には、これに応じることとすること

(2) 優良な電子帳簿の場合

① 電磁的記録の訂正・削除・追加の履歴の確保

② 各帳簿間での記録事項の相互関連性の確保

③ 電子計算機処理システムの開発関係書類等の備付け

④ 見読可能装置の備付け等

⑤ 検索機能の確保（検索項目を取引等の年月日、取引金額及び取引先に限定するとともに、保存義務者が国税庁等の当該職員の質問検査権に基づく電磁的記録のダウンロードの求めに応じることとする場合には、範囲指定及び項目を組み合わせて設定できる機能の確保が不要とされます。）

（加算税軽減措置）

上記の要件の全てを満たし、一定の国税関係帳簿（注）の保存等を行う者でその旨の届出書をあらかじめ提出した者については、その国税関係帳簿に係る電磁的記録に記録された事項に関し所得税、法人税又は消費税に係る修正申告又は更正があった場合（申告漏れについて、隠蔽し、又は仮装された事実がある場合を除きます。）には、その記録された事項に関し生じた申告漏れに課される過少申告加算税の額については、通常課される過少申告加算税の額から当該申告漏れに係る所得税、法人税又は消費税の5％に相当する金額を控除した金額とされます。

（注）「一定の国税関係帳簿」とは、所得税若しくは法人税の青色申告者が保存しなければならないこととされる仕訳帳、総勘定元帳その他必要な帳簿又は消費税の事業者が保存しなければならないこととされる帳簿をいいます。

■ 電子帳簿等保存制度［帳簿］の保存要件（自己が一貫して電子で作成）※改正後は、事前承認制を廃止し、２種類の保存制度に構成!!

最低限の要件を満たす電子帳簿

事前手続なし		
システムの開発関係書類等の備付け	見読可能装置の備付	税務調査でダウンロードの求めに応じる

注；正規の簿記の原則に従って記録されるものに限る。
※令 4.1.1 以後に備付けを開始する帳簿、保存を行う書類から適用。

優良な電子帳簿

事前届出により加算税軽減				
訂正・削除・追加履歴の確保	帳簿間の相互関連性確保	システムの開発関係書類等の備付け	見読可能装置の備付	検索機能の確保（取引年月日、金額、取引先に限定）

注；一定の国税関係帳簿（青色申告者、消費税事業者の備付ける帳簿）の保存を行う者については過少申告加算税を5%軽減する。
※令 4.1.1 以後に法定申告期限等が到来する国税から適用

■ 電子帳簿等保存制度の保存要件

自己がコンピュータを使用して作成する帳簿書類が対象
現行は事前（備付け又は保存開始の３月前）に税務署長の承認が必要

要　　件	改正前		改正後		
	帳簿	書類	優良な電子帳簿	最低限の要件を満たす電子帳簿	書類
電磁的記録の訂正・削除・追加の事実及び内容を確認することができる電子計算機処理システムの使用	○		○		
帳簿間での記録事項の相互関連性の確保	○		○		
システムの開発関係書類等の備付け	○	○	○	○	○
見読可能装置の備付け等	○	○	○	○	○
検索機能の確保	○	○	○		
税務調査でダウンロードの求めに応じる				○	○
税務署長の承認	○	○			

注１：優良な電子帳簿について一定の国税関係帳簿（青色申告者、消費税事業者の備付ける帳簿）の保存を行う者で事前に届出を提出した者については過少申告加算税が5%軽減される。
２：改正後の検索機能は検索項目を取引年月日、金額、取引先に限定。税務調査でダウンロードの求めに応じる場合には範囲指定・項目組合せ機能を不要。
３：最低限の要件を満たす電子帳簿は正規の簿記の原則に従って記録されるものに限る。

参考　所得税の青色申告特別控除について

所得税の青色申告者に対する特典として青色申告特別控除があります。この控除には55万円、65万円、10万円の三種類があり、それぞれ次に掲げる要件が定められています（措法25の2、措規9の6、措通25の2-1)。

1　55万円の青色申告特別控除

次に掲げる要件を満たす場合に控除できます。

(1)　不動産所得又は事業所得を生ずべき事業を営んでいること。

(2)　これらの所得に係る取引を正規の簿記の原則（一般的には複式簿記）により記帳していること。

（注）青色申告者は、「資産、負債及び資本に影響を及ぼす一切の取引を正規の簿記の原則に従い、整然と、かつ、明瞭に記録し、その記録に基づき、貸借対照表及び損益計算書を作成しなければならない。」と記帳方法が規定されています。「正規の簿記」とは、損益計算書と貸借対照表が導き出せる組織的な簿記の方式をいい、一般的には複式簿記をいいます（出所：国税庁「はじめてみませんか？青色申告」)。

(3)　(2)の記帳に基づいて作成した貸借対照表及び損益計算書を確定申告書に添付し、この控除の適用を受ける金額を記載して、法定申告期限内に提出すること。

（注1）現金主義によることを選択している者は受けられません。

（注2）不動産所得の金額又は事業所得の金額の合計額（損益通算前の黒字所得金額の合計額）が55万円より少ない場合には、その合計額が限度となります。

（注3）不動産所得の金額、事業所得の金額から順次控除します。

2　65万円の青色申告特別控除

次に掲げる要件を満たす場合に控除できます。

(1)　上記1の要件に該当していること

(2)　次のいずれかに該当していること

①　その年分の事業に係る仕訳帳及び総勘定元帳について、電子帳簿保存を行っていること。

【令和3年度税制改正】

65万円青色申告特別控除の控除要件となる「電子帳簿保存を行っていること」については、「優良な電子帳簿」と「最低限の要件を満たす電子帳簿」のうち、信頼性の高い優良な電子帳簿についてインセンティブを設けることで記帳水準の向上を図ることとし「優良な電子帳簿」の要件を満たしている場合に限るとされました（新措法25の2④）。
　この改正は、令和４年分から適用することとされています（令３改正法附則34）。

　② その年分の所得税の確定申告書、貸借対照表及び損益計算書等の提出を、確定申告書の提出期限までにe-Taxを使用して行うこと。

3　10万円の青色申告特別控除

　上記１及び２の要件に該当しない青色申告者が控除を受けられます。

（注１）不動産所得の金額、事業所得の金額又は山林所得の金額の合計額（損益通算前の黒字所得金額の合計額）が10万円より少ない場合には、その金額が限度となります。

（注２）不動産所得の金額、事業所得の金額、山林所得の金額から順次控除します。

ⅰ「最低限の要件を満たす電子帳簿」の保存要件

「最低限の要件を満たす電子帳簿」の保存義務者は、自己が最初の記録段階から一貫して電子計算機を使用して国税関係帳簿を作成する場合には、財務省令で定めるところにより、当該国税関係帳簿に係る電磁的記録の備付け及び保存をもって当該国税関係帳簿の備付け及び保存に代えることができますが（電帳法４①）、この財務省令で定める保存要件として、以下のものが定められています（電帳規２②）。

(1) 電子計算機処理システムの開発関係書類等の備付け（電帳規２②一イ～ニ）

国税関係帳簿に係る電磁的記録の備付け及び保存に併せて、次に掲げる書類の備付けを行うことが要件となります。

ただし、国税関係帳簿に係る電子計算機処理に保存義務者が開発したプログラム（電子計算機に対する指令であって、一の結果を得ることができるように組み合わされているものをいう。）以外のプログラムを使用する場合には①及び②に掲げる書類は除かれ、国税関係帳簿に係る電子計算機処理を他の者（当該電子計算機処理に当該保存義務者が開発したプログラムを使用する者を除きます。）に委託している場合には③に掲げる書類は除かれます。

① 当該国税関係帳簿に係る電子計算機処理システムの概要を記載した

書類

② 当該国税関係帳簿に係る電子計算機処理システムの開発に際して作成した書類

③ 当該国税関係帳簿に係る電子計算機処理システムの操作説明書

④ 当該国税関係帳簿に係る電子計算機処理並びに当該国税関係帳簿に係る電磁的記録の備付け及び保存に関する事務手続を明らかにした書類（当該電子計算機処理を他の者に委託している場合には、その委託に係る契約書並びに当該国税関係帳簿に係る電磁的記録の備付け及び保存に関する事務手続を明らかにした書類）

関連 Q&A

（オンラインマニュアル等の操作説明書の備付けとしての取扱い）

問 いわゆるオンラインマニュアルやオンラインヘルプ機能に操作説明書と同等の内容が組み込まれている場合、操作説明書が備え付けられているものと考えてもよいでしょうか。

答

上記⑴のシステム関係書類等については、書面以外の方法により備え付けることもできることとされています（電帳通４－６本文なお書）ので、いわゆるオンラインマニュアルやオンラインヘルプ機能に操作説明書と同等の内容が組み込まれている場合には、それが整然とした形式及び明瞭な状態で画面及び書面に、速やかに出力することができるものであれば、操作説明書が備え付けられているものとして取り扱って差し支えないこととされています。

出所：国税庁　電子帳簿保存法一問一答（電子計算機を使用して作成する帳簿書類関係）問８

（備付けを要する事務手続関係書類の内容）

問 上記④の備え付けておくべき「国税関係帳簿に係る電子計算機処理に関する事務手続を明らかにした書類」とは、具体的にどのような内容を記載したものが必要となりますか。

答

備付けを要する事務手続関係書類（電帳規２②一ニ）については、電帳通4-6でこれに記載すべき事項が示されていますが、この備付けを要する事務手続関係書類に記載すべき事項のうち、入出力処理（記録事項の訂正又は削除及び追加をするための入出力処理を含みます。）の手順、日程及び担当部署などについて概要を示すと、例えば、次のような内容を記載したものが必要となります。また、電子計算機処理を他の者に委託している場合には、これらの書類に代えて委託契約書等を備え付けておく必要があります。

国税関係帳簿に係る電子計算機処理に関する事務手続を明らかにした書類（概要）

（入力担当者）

1　仕訳データ入出力は、所定の手続を経て承認された証票書類に基づき、入力担当者が行う。

（仕訳データの入出力処理の手順）

2　入力担当者は、次の期日までに仕訳データの入力を行う。

⑴　現金、預金、手形に関するもの取引日の翌日（営業日）

⑵　売掛金に関するもの請求書の発行日の翌日（営業日）

⑶　仕入、外注費に関するもの検収日の翌日（営業日）

⑷　その他の勘定科目に関するもの取引に関する書類を確認してから１週間以内

（仕訳データの入力内容の確認）

3　入力担当者は、仕訳データを入力した日に入力内容の確認を行い、入力誤りがある場合は、これを速やかに訂正する。

（管理責任者の確認）

4　入力担当者は、業務終了時に入力データに関するデータをサーバに転送する。管理責任者はこのデータの確認を速やかに行う。

（管理責任者の確認後の訂正又は削除の処理）

5　管理責任者の確認後、仕訳データに誤り等を発見した場合には、入力担当者は、管理責任者の承認を得た上でその訂正又は削除の処理を行う。

（訂正又は削除記録の保存）

6　5の場合は、管理責任者は訂正又は削除の処理を承認した旨の記録を残す。

出所：国税庁　電子帳簿保存法一問一答（電子計算機を使用して作成する帳簿書類関係）問９

⑵　見読可能装置の備付け等（電帳規２②二）

国税関係帳簿に係る電磁的記録の備付け及び保存をする場所にその電磁的記録の電子計算機処理の用に供することができる電子計算機、プログラム、ディスプレイ及びプリンタ並びにこれらの操作説明書を備え付け、その電磁的記録をディスプレイの画面及び書面に、整然とした形式及び明瞭な状態で、速やかに出力することができるようにしておくことが要件となります。

関連 Q&A

（整然とした形式及び明瞭な状態）

問　整然とした形式及び明瞭な状態とはどのような状態なのですか。

答

「整然とした形式及び明瞭な状態」とは、書面により作成される場合の帳簿書類に準じた規則性を有する形式で出力され、かつ、出力される文字を容易に識別することができる状態をいいます（電帳通4-8）。

（クラウドサービス等を利用した場合の保存すべき場所）

問　クラウドサービスの利用や海外サーバでの保存は、保存すべき場所に保存したことになるのでしょうか。

答

電帳規２条２項２号に規定する保存をする場所（以下「保存場所」といいます。）に備え付けられている電子計算機とサーバとが通信回線で接続されているなどにより、保存場所において電磁的記録をディスプレイの画面及び書面に、同号に規定する「整然とした形式及び明瞭な状態で、速やかに出力することができる」ときは、クラウドサービスを利用する場合や、サーバを海外に置いている場合であっても、当該電磁的記録は保存場所に保存等がされているものとして取り扱われます。

Point! 海外サーバ等でも保存すべき場所に保存したことに

近年、コンピュータのネットワーク化が進展する中、通信回線のデータ送信の高速化も進み、コンピュータ間でデータの送受信が瞬時にできる状況となっていますが、電子帳簿保存法創設の趣旨（電帳法1）を踏まえ、保存場所に備え付けられている電子計算機と国税関係帳簿書類の作成に使用する電子計算機とが通信回線で接続されていることなどにより、保存場所において電磁的記録をディスプレイの画面及び書面に、それぞれの要件に従って、速やかに出力することができるときは、当該電磁的記録は保存場所に保存等がされているものとして取り扱われています（電帳通4-7注書）。

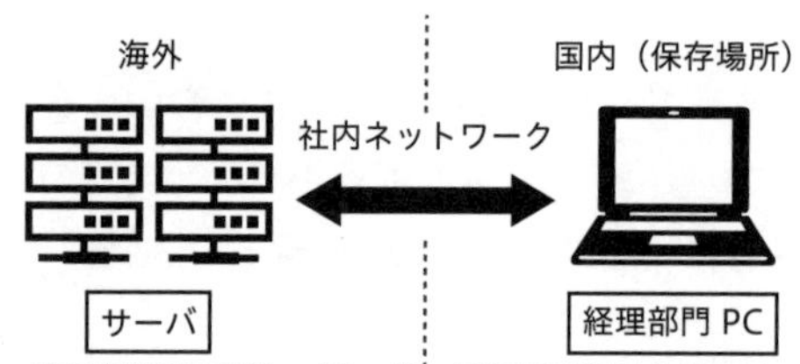

出所：国税庁　電子帳簿保存法一問一答（電子計算機を使用して作成する帳簿書類関係）問13

(3) 税務調査でのダウンロードの求め（電帳規2②三）

国税に関する法律の規定よる国税関係帳簿に係る電磁的記録の提示又は提出の要求に応じることができるようにしておくことが要件となります。ただし、保存義務者が「優良な電子帳簿」の要件（電帳規5⑤一）に従ってその電磁的記録の備付け及び保存を行っている場合には、このダウンロードの求めに応じる要件は除かれます（電帳規2②かっこ書）。

関連 Q&A

（税務調査におけるダウンロードの求めへの対応方法）

問　税務調査でのダウンロードの求めには、具体的にどのように応じる必要があるのですか。

答

（ダウンロードの求めの全てに応じる必要）

「国税に関する法律の規定よる当該国税関係帳簿に係る電磁的記録の提示又は提出の要求に応じることができるようにしておくこと。」とは、法の定めるところにより備付け及び保存が行われている国税関係帳簿又は保存が行われている国税関係書類若しくは電子取引の取引情報に係る電磁的記録について、税務職員から提示又は提出の要求（いわゆる「ダウンロードの求め」）があった場合に、そのダウンロードの求めに応じられる状態で電磁的記録の保存等を行い、かつ、実際にそのダウンロードの求めがあった場合には、その求めに応じることをいいます。この規定の解釈は、電子帳簿保存法施行規則２条２項３号の「最低限の要件を満たす電子帳簿」を始め、同施行規則２条６項の「スキャナ保存」、同施行規則４条１項（電子取引の取引情報の保存）及び同施行規則５条５項（優良な電子帳簿）の同様の規定でも適用されます。

また、「その要求に応じること」とは、当該職員の求めの全てに応じた場合をいうのであって、その求めに一部でも応じない場合はこれらの規定の適用（電子帳簿等保存制度の適用・検索機能の確保の要件の緩和）は受けられないことになります。

Point!　**ダウンロードの求めに一部でも応じなければ要件に従った保存が行われていないことに**

したがって、その求めに一部でも応じず、かつ、電子帳簿保存法施行規則２条６項６号に掲げる要件（検索機能の確保に関する要件の全て）又は同施行規則５条５項に定める要件（優良な電子帳簿に関する要件。なお、国税関係書類については、これに相当する要件）が備わっていなかった場合には、電子帳簿保存法施行規則２条２項、３項、６項、３条、４条１項の規定の適用に当たって、要件に従って保存等が行われていないこととなるから、その保存等がされている電磁的記録又は電子計算機出力マイクロフィルムは国税関係帳簿又は国税関係書類（電子取引の取引情報に係る電磁的記録については国税関係書類以外の書類）とはみなされないこととなります。

（ダウンロードの対象範囲・提供形態）

また、ダウンロードの求めの対象については、法の定めるところにより備付け及び保存が行われている国税関係帳簿又は保存が行われている国税関係書類若しくは電子取引の取引情報に係る電磁的記録が対象となり、ダウンロードの求めに応じて行われる当該電磁的記録の提出については、税務職員の求めた状態で提出される必要があります（電帳通4-14）。

このダウンロードの求めについては、当該電磁的記録が対象となることから、例えば、当該電磁的記録に関する履歴データ等のほか、当該電磁的記録を補完するための取引先コード表等も含まれることとなります。加えて、その提供形態については、その電磁的記録において通常出力が可能な範囲で、求めに応じた方法（例えば出力形式の指定等）により提供される必要があるため、例えば、ＣＳＶ出力が可能であって、税務職員がＣＳＶ出力形式でダウンロードを求めたにもかかわらず、検索性等に劣るそれ以外の形式で提出された場合は、当該ダウンロードの求めに応じたことにはなりません。

Point!　**税務職員の求めた状態で提出しなければ、求めに応じたことにならない**

（税務調査における国税関係帳簿書類以外の電磁的記録の提示等の要求）

ダウンロードの求めに応じる本規定の適用（検索機能の確保の要件の緩和）要件の対象とはなりませんが、税務調査においては、質問検査権の規定に基づき、税務職員が、当該国税関係帳簿書類以外の電磁的記録、例えば、その他パソコンに存在する取引に関するメールやメモデータといった電磁的記録についても提示又は提出を求める対象となることに留意する必要があります。

出所：電帳通4-14より作成

Point！	保存義務対象外の電子データも質問検査権の対象（222頁参照）

（税務調査のダウンロードの求めにおける通則法以外の質問検査権の行使）

問　税務調査でのダウンロードの求めは、国税通則法以外の規定による質問検査権の行使はあるのですか。

答

国税通則法74条の2から74条の6までの規定による質問検査権の行使に基づく提示又は提出の要求のほか、以下のものが対象となります。

(1) 国税通則法の規定を準用する租税特別措置法、東日本大震災からの復興のための施策を実施するために必要な財源の確保に関する特別措置法（復興特別所得税・復興特別法人税）及び一般会計における債務の承継等に伴い必要な財源の確保に係る特別措置に関する法律（たばこ特別税）の規定による質問検査権の行使に基づくもの（措法87の6⑪等、復興財確法32①、62①、財源確保法19①）

(2) 非居住者の内部取引に係る課税の特例、国外所得金額の計算の特例等に係る同種の事業を営む者等に対する質問検査権の行使に基づくもの（措法40の3の3、措法41の19の5等）

(3) 国外財産調書・財産債務調書を提出する義務がある者に対する質問検査権の行使に基づくもの（国送法7②）

(4) 支払調書等の提出に関する質問検査権の行使に基づくもの（措法9の4の2等）

(5) 相手国等から情報の提供要請があった場合の質問検査権の行使に基づくもの（実特法９①）
(6) 報告事項の提供に係る質問検査権の行使に基づくもの（実特法10の９①等）

出所：電帳通 4-13 より作成

ⅱ　「優良な電子帳簿」の保存要件

「優良な電子帳簿」の保存要件は、電帳法８条４項に定める過少申告加算税の軽減措置の対象となる国税関係帳簿の保存要件として、電帳規５条５項１号イ～ハに定められています。具体的な保存要件は、「最低限の要件を満たす電子帳簿」の要件により保存を行っている国税関係帳簿で、①訂正・削除・追加履歴の確保、②帳簿間の相互関連性の確保、③検索機能の確保となっています。これらの保存要件は、「国税の納税義務の適正な履行に資するもの」として位置付けています（電帳法８④）。

[国税の納税義務の適正な履行に資するものとする保存要件]

上記の国税関係帳簿に係る電磁的記録の備付け及び保存又はその電磁的記録の備付け及びその電磁的記録の電子計算機出力マイクロフィルムによる保存が、国税の納税義務の適正な履行に資するものとして以下に掲げる要件を満たしている場合とされています。

(1) 電磁的記録の訂正・削除・追加の履歴の確保（電帳規５⑤一イ⑴⑵）

国税関係帳簿に係る電子計算機処理に、次に掲げる要件を満たす電子計算機処理システム（「電子計算機処理に関するシステム」をいいます。以下同じ。）を使用すること。

① 国税関係帳簿に係る電磁的記録の記録事項について訂正又は削除を行った場合には、これらの事実及び内容を確認することができること。
② 国税関係帳簿に係る記録事項の入力をその業務の処理に係る通常の期間を経過した後に行った場合には、その事実を確認することができること。

関連 Q&A

（電磁的記録の訂正又は削除）

問　電磁的記録の訂正又は削除とはどういうことをいうのですか。

答

この「訂正又は削除」とは、電子計算機処理によって、特例国税関係帳簿（165 頁参照）に係る電磁的記録の該当の記録事項を直接に変更することのみをいうのではなく、該当の記録事項を直接に変更した場合と同様の効果を生じさせる新たな記録事項（いわゆる反対仕訳）を追加することもこれに含まれます（電帳通 8-7）。

（訂正削除の履歴の確保の方法）

問　訂正削除の履歴の確保はどのような方法でするのですか。

答

例えば、次に掲げるシステム等によることとしている場合には、当該規定の要件を満たすものとして取り扱うこととされます（電帳通 8-8）。

(1) 電磁的記録の記録事項を直接に訂正し又は削除することができるシステムで、かつ、訂正前若しくは削除前の記録事項及び訂正若しくは削除の内容がその電磁的記録又はその電磁的記録とは別の電磁的記録に自動的に記録されるシステム

(2) 電磁的記録の記録事項を直接に訂正し又は削除することができないシステムを使用し、かつ、その記録事項を訂正し又は削除する必要が生じた場合には、これを直接に訂正し又は削除した場合と同様の効果を生じさせる新たな記録事項（当初の記録事項を特定するための情報が付加されたものに限る。）を記録する方法（いわゆる反対仕訳による方法）

（訂正削除の履歴の確保の特例）

問　訂正削除の履歴の確保の特例とはどのようなものですか。

答

電磁的記録の記録事項の誤りを是正するための期間を設け、その期間がその電磁的記録の記録事項を入力した日から１週間を超えない場合であって、その期間内に記録事項を訂正し又は削除したものについて、その訂正又は削除の事実及び内容に係る記録を残さないシステムを使用し、電子帳簿保存法施行規則２条２項１号ニ《電磁的記録の保存等に関する事務手続を明らかにした書類の備付け》に掲げる書類に当該期間に関する定めがあるときは、要件を充足するものとして取り扱われます（電帳通 8-9）。

Point !　**１週間以内の訂正削除履歴は残さないことも可能**

一定の期間について訂正削除の履歴を残さないシステムとしては、例えば、次の訂正又は削除の方法の区分に応じ、次のようなものが考えられます（国税庁　電子帳簿保存法一問一答（電子計算機を使用して作成する帳簿書類関係）問 24）。

①　記録事項を直接に訂正し又は削除する方法

電磁的記録の記録事項に係る当初の入力日から訂正又は削除をすることができる期間を自動的に判定し、当該期間内における訂正又は削除については履歴を残さないこととしているシステム

②　いわゆる反対仕訳により訂正し又は削除する方法

電磁的記録の記録事項に係る当初の入力日から訂正又は削除をすることができる期間を自動的に判定し、当該期間が経過するまでは記録事項を直接に訂正し又は削除することができるが、当該期間が経過した後においては反対仕訳の方法によってしか記録事項を訂正し又は削除することができないシステム

（その業務の処理に係る通常の期間）

問　「その業務の処理に係る通常の期間」とは、具体的にどの程度の期間ですか。

答

電子計算機に係る業務処理サイクルとしてデータの入出力を行う、日次、週次及び月次の期間をいいます。

電子計算機を利用している企業においては、データ入力又は入力データの更新（確定）処理などを一定の業務処理サイクル（日次、週次及び月次）で行うことが通例であり、また、その場合には、適正な入力を担保するために、その業務処理サイクルを事務処理規程等で定めることが通例であると考えられます。電子帳簿保存法施行規則５条５項１号イ⑵に規定する「その業務の処理に係る通常の期間」とは、このような各企業において事務処理規程等に定められている業務処理サイクルとしての入力を行う期間のことをいいます。

なお、電子帳簿保存法では、国税関係帳簿に係る電磁的記録は、原則として課税期間の開始の日に備え付けられ、順次これに取引内容が記録されていくことを前提としており、１年間分がまとめて課税期間終了後に記録されるといったケースを予定しているものではありませんが、外部委託やバッチ処理の場合など、業務処理サイクルとして多少長い期間を要するケースもあることから、最長２か月までの業務処理サイクルであれば、通常の期間として取り扱うこととしています。

Point！	最長２ヵ月までなら通常の業務処理期間

出所：国税庁　電子帳簿保存法一問一答（電子計算機を使用して作成する帳簿書類関係）問26

（2）各帳簿間での記録事項の相互関連性の確保（電帳規５⑤一ロ）

国税関係帳簿に係る電磁的記録の記録事項とその国税関係帳簿に関連する国税関係帳簿（「関連国税関係帳簿」といいます。）の記録事項との間において、相互にその関連性を確認することができるようにしておくことが必要となります。

なお、その関連国税関係帳簿が、

イ　電子帳簿保存法４条１項の規定によりその関連国税関係帳簿に係る電磁的記録の備付け及び保存をもってその関連国税関係帳簿の備付け及び保存に代えられているもの

ロ　電子帳簿保存法５条１項又は３項の規定によりその電磁的記録の備付け及びその電磁的記録の電子計算機出力マイクロフィルムによる保存をもって、その関連国税関係帳簿の備付け及び保存に代えられているもの

である場合には、その電磁的記録又は電子計算機マイクロフィルムの記録事項との間において、相互にその関連性を確認することができるようにしておくことが必要となります。

（注）　改正前の国税関係帳簿書類の電磁的記録等による保存制度の承認を受けている関連国税関係帳簿に係る電磁的記録又は電子計算機出力マイクロフィルムの記録事項は、上記の関連国税関係帳簿の記録事項とみなすこととされています（電帳法改正規附則２③）。

関連 Q&A

（帳簿間の関連性の確保の方法）

問　帳簿間の関連性の確保はどのような方法で行うのですか。

答

例えば、次に掲げる場合の区分に応じ、それぞれ次に掲げる情報が記録事項として記録されるときは、上記⑵の要件を満たすものとして取り扱うことになります（電帳通 8-11）。

⑴　一方の国税関係帳簿に係る記録事項（個々の記録事項を合計したものを含みます。）が他方の国税関係帳簿に係る記録事項として個別転記される場合⇒相互の記録事項が同一の取引に係る記録事項であることを明確にするための一連番号等の情報

⑵　一方の国税関係帳簿に係る個々の記録事項が集計されて他方の国税関係帳簿に係る記録事項として転記される場合（⑴に該当する

場合を除きます。）⇒一方の国税関係帳簿に係るどの記録事項を集計したかを明らかにする情報

(3) 検索機能の確保（電帳規５⑤一ハ(1)〜(3)）

国税関係帳簿に係る電磁的記録の記録事項の検索をすることができる、次の①〜③を満たす機能を確保しておくことが要件となります。

① 取引年月日、取引金額及び取引先（「記録項目」という。）を検索の条件として設定することができること。

② 日付又は金額に係る記録項目については、その範囲を指定して条件を設定することができること。

③ 二以上の任意の記録項目を組み合わせて条件を設定することができること。

なお、保存義務者が国税に関する法律の規定よる国税関係帳簿に係る電磁的記録の提示又は提出の要求に応じることができるようにしている場合には、上記の②及び③の要件は保存要件から除かれます（電帳規５⑤一柱書）。

関連 Q&A

（検索機能）

問　検索機能とはどのようなものをいうのですか。

答

蓄積された記録事項から設定した条件に該当する記録事項を探し出すことができ、かつ、検索により探し出された記録事項のみが、ディスプレイの画面及び書面に、整然とした形式及び明瞭な状態で出力される機能をいいます。この場合、検索項目について記録事項がない電磁的記録を検索できる機能を含みます(電帳通8-12)。

（検索機能における記録項目）

問　検索機能における記録項目とはどのようなものですか。

答

上記①の「取引年月日、取引金額及び取引先」の意義は、それぞれ次のとおりです。

イ　取引年月日＝特例国税関係帳簿に記録すべき日付（取引年月日、記載年月日、約定年月日、受入年月日等）をいいます。

ロ　取引金額＝特例国税関係帳簿に記録すべき取引の金額又は資産の譲渡等の対価の額等をいい、単価及び残高を含みません。

ハ　取引先＝特例国税関係帳簿に記録すべき事項のうち、取引の相手方をいいます。

この考え方に基づいて、「取引年月日、取引金額及び取引先」の具体的な記録項目を例示すると、次に掲げる特例国税関係帳簿の区分に応じ、それぞれ次に定めるものがこれに該当します（電帳通8-13）。

(1) 仕訳帳⇒取引年月日及び取引金額

(2) 総勘定元帳⇒記載年月日及び取引金額

(3) 現金出納帳、売上帳及び仕入帳などの補助記入帳⇒取引年月日、取引金額及び取引先名称

(4) 売掛金元帳、買掛金元帳などの補助元帳⇒記録又は取引の年月日、取引金額及び取引先名称

(5) 固定資産台帳、有価証券台帳及び給与台帳など資産名や社員名で区分して記録している帳簿⇒資産名又は社員名

（注）　一連番号等により帳簿間の関連性の確保の要件を確保することとしている場合には、その一連番号等により特定国税関係帳簿の記録事項を検索することができるときについても要件を充足するものとして取り扱うこととされています。

（範囲を指定して条件設定を行う検索）

問　範囲を指定して条件を設定することができるとはどのような検索をいうのですか。

答

課税期間ごとに、日付又は金額の任意の範囲を指定して条件設定を行い検索ができることをいいます（電帳通 8-14）。

（2 以上の任意の記録項目の組合せの設定）

問　2 以上の任意の記録項目を組み合わせて条件を設定するとは、どのようなものですか。

答

個々の国税関係帳簿に係る電磁的記録の記録事項を検索するに当たり、その国税関係帳簿に係る検索の条件として設定した記録項目（取引年月日、取引金額及び取引先）から少なくとも 2 の記録項目を任意に選択して、これを検索の条件とする場合に、いずれの 2 の記録項目の組合せによっても条件を設定することができることをいいます（電帳通 8-15）。

3　国税関係書類の電磁的記録による保存の要件

【令和 3 年度税制改正による保存要件】

新たな保存要件は下記のようになります。

⑴　電子計算機処理システムの開発関係書類等の備付け

⑵　見読可能装置の備付け等

⑶　国税庁等の当該職員の質問検査権に基づくその国税関係書類に係る電磁的記録のダウンロードの求めがある場合には、これに応じることとすること

保存義務者は、国税関係書類の全部又は一部について、自己が一貫して電子計算機を使用して作成する場合には、財務省令で定めるところにより、その国税関係書類に係る電磁的記録の保存をもって当該国税関係書類

の保存に代えることができるとされており（電帳法4②）、電子帳簿保存法施行規則2条3項に保存要件が規定されています。

財務省令では、「最低限の要件を満たす電子帳簿」の保存要件である電帳規2条2項の規定を準用することされています（電帳規2③）。

(1) 電子計算機処理システムの開発関係書類等の備付け（電帳規2③による準用後の電帳規2②一イ～ニ）

国税関係書類に係る電磁的記録の備付け及び保存に併せて、次に掲げる書類の備付けを行うことが要件となります。

ただし、国税関係書類に係る電子計算機処理に保存義務者が開発したプログラム（電子計算機に対する指令であって、一の結果を得ることができるように組み合わされたものをいう。）以外のプログラムを使用する場合には①及び②に掲げる書類は除かれ、国税関係書類に係る電子計算機処理を他の者（当該電子計算機処理に当該保存義務者が開発したプログラムを使用する者を除きます。）に委託している場合には③に掲げる書類は除かれます。

① 当該国税関係書類に係る電子計算機処理システムの概要を記載した書類

② 当該国税関係書類に係る電子計算機処理システムの開発に際して作成した書類

③ 当該国税関係書類に係る電子計算機処理システムの操作説明書

④ 当該国税関係書類に係る電子計算機処理並びに当該国税関係書類に係る電磁的記録の備付け及び保存に関する事務手続を明らかにした書類（当該電子計算機処理を他の者に委託している場合には、その委託に係る契約書並びに当該国税関係書類に係る電磁的記録の備付け及び保存に関する事務手続を明らかにした書類）

(2) 見読可能装置の備付け等（電帳規2③による準用後の電帳規2②二）

国税関係書類に係る電磁的記録の備付け及び保存をする場所にその電磁的記録の電子計算機処理の用に供することができる電子計算機、プログラム、ディスプレイ及びプリンタ並びにこれらの操作説明書を備え付け、その電磁的記録をディスプレイの画面及び書面に、整然とした形式及び明瞭な状態で、速やかに出力することができるようにしておくことが要件となります。

(3) 税務調査でのダウンロードの求め（電帳規２③による準用後の電帳規２②三）

国税に関する法律の規定よる国税関係書類に係る電磁的記録の提示又は提出の要求に応じることができるようにしておくことが要件となります。

ただし、保存義務者が検索機能として、取引年月日その他の日付を検索の条件として設定すること及びその範囲を指定して条件を設定することができる機能を確保して電磁的記録の保存を行っている場合には、(3)の税務調査でダウンロードの求めに応じる要件は除かれます（電帳規２③後段による電帳規２②柱書のかっこ書の読替え）。

4 国税関係帳簿書類のＣＯＭによる保存制度

保存義務者が、最初の記録段階から一貫して電子計算機を使用して作成する国税関係帳簿書類について、その電磁的記録の備付け及びＣＯＭ（電子計算機出力マイクロフィルム）の保存をもってその帳簿・書類の備付け及び保存に代えることができる「国税関係帳簿書類のＣＯＭによる保存制度」の保存要件概要は次のとおりです（電帳法５①②③）。

(1) 国税関係帳簿のＣＯＭによる保存等

保存義務者は、国税関係帳簿の全部又は一部について、自己が最初の記録段階から一貫して電子計算機を使用して作成する場合には、上記ⅰの最低限の要件を満たす電子帳簿の保存要件に加えて、次に掲げる要件により、その電磁的記録の備付け及びＣＯＭの保存をもってその帳簿の備付け及び保存に代えることができます（電帳法５①、電帳規３①）。

①　ＣＯＭの作成過程等に関する書類の備付け（電帳規３①一イ・ロ）

②　マイクロフィルムリーダプリンタ等の備付け（電帳規３①二）

(2) 国税関係書類のＣＯＭによる保存

保存義務者は、国税関係書類の全部又は一部について、自己が一貫して電子計算機を使用して作成する場合には、上記ⅰの最低限の要件を満たす電子帳簿の保存要件（見読可能装置の備付け等の要件は除きます。）及び上記

(1)①②の要件の下、そのＣＯＭの保存をもってその書類の保存に代えることができます（電帳法５②、電帳規３②）。

(3) 国税関係帳簿又は国税関係書類の電磁的記録による保存からＣＯＭによる保存への移行

電子帳簿保存法４条１項により国税関係帳簿に係る電磁的記録の備付け及び保存をもってその国税関係帳簿の備付け及び保存に代えている保存義務者、同法４条２項により国税関係書類に係る電磁的記録の保存をもってその国税関係書類の保存に代えている保存義務者は、一定の場合には、その国税関係帳簿又はその国税関係書類の全部又は一部について、上記(1)又は(2)に相当する要件の下、そのＣＯＭの保存をもってこれらの電磁的記録の保存に代えることができます（電帳法５③、電帳規３④）。

上記の「一定の場合」とは、その国税関係帳簿又は国税関係書類の全部又は一部について、その保存期間の全期間（ＣＯＭの保存をもってこれらの電磁的記録の保存に代えようとする日以後の期間に限ります。）につきＣＯＭの保存をもってこれらの電磁的記録の保存に代えようとする場合とされています（電帳規３③）。したがって、電磁的記録による保存からＣＯＭによる保存への移行は、保存要件を満たすことによりいつでも可能ですが、ＣＯＭによる保存から電磁的記録による保存への移行は認められません。

(4) 優良な電子帳簿のＣＯＭによる保存制度

上記(1)の国税関係帳簿に係る電磁的記録の備付け及びＣＯＭの保存をもってその国税関係帳簿の備付け及び保存に代えている保存義務者については、対象となる優良な電子帳簿のCOMへの保存等の要件は、次に掲げるものとなります。

①　優良な電子帳簿の「国税の納税義務の適正な履行に資するものとする保存要件」（電帳規５⑤二イ）

②　電磁的記録の訂正・削除・追加の履歴の確保に関する事項を含む備付書類の記載要件（電帳規５⑤二ロ）

③　索引簿の備付け（電帳規５⑤二ハ）

④　ＣＯＭへの索引の出力（ＣＯＭごとの記録事項の索引をその索引に係るＣＯＭに出力）（電帳規５⑤二ニ）

⑤　当初３年間におけるＣＯＭの記録事項の検索機能の確保（国税関係帳簿の保存期間の当初３年間について、次のイ又はロのいずれかの措置を講じておくこととされています。）（電帳規５⑤二ホ）

イ　ＣＯＭの保存に併せ、見読可能装置の備付け等及び検索機能の確保の要件に従って、そのＣＯＭに係る電磁的記録の保存を行うこと。

ロ　ＣＯＭの記録事項の検索をすることができる機能を確保しておくこと。

5　国税関係書類のスキャナ保存制度の保存要件

保存義務者は、財務省令で定めるところにより、国税関係書類の保存に代えることができることとされており（電帳法４③)、電子帳簿保存法施行規則２条６項に保存要件が規定されています。

【令和３年度税制改正による保存要件】

新たな保存要件は下記のようになります。

⑴　入力期間の制限

⑵　一定水準以上の解像度及びカラー画像による読み取り

⑶　タイムスタンプの付与（改正後では、付与期間（改正前：３日以内）を記録事項の入力期間（最長約２月以内）と同様とするとともに、受領者等がスキャナで読み取る際に行う国税関係書類への自署を不要とするほか、電磁的記録について訂正又は削除を行った事実及び内容を確認することができるシステム（訂正又は削除を行うことができないシステムを含みます。）において、その電磁的記録の保存を行うことをもって、タイムスタンプの付与に代えることができることとされました。）

⑷　読み取った解像度等及び大きさ情報の保存

⑸　ヴァージョン管理

⑹　入力者等情報の確認

(7)　スキャン文書と帳簿との相互関連性の保持

(8)　見読可能装置の備付け

(9)　検索機能の確保（改正後では、検索項目を取引等の年月日、取引金額及び取引先に限定するとともに、保存義務者が国税庁等の当該職員の質問検査権に基づく電磁的記録のダウンロードの求めに応じることとする場合には、範囲指定及び項目を組み合わせて設定できる機能の確保が不要とされました。）

(10)　システムの開発関係書類等の備付け

また、スキャナ保存制度の電磁的記録の適正な保存を担保するため、①保存義務者のその電磁的記録に記録された事項に関し、隠蔽し、又は仮装された事実に基づき期限後申告若しくは修正申告又は更正若しくは決定等があった場合には、その記録された事項に関し生じた申告漏れ等に課される重加算税の額については、通常課される重加算税の額に当該申告漏れ等に係る本税の10％に相当する金額を加算した金額とされ、令和４年１月１日以後に法定申告期限等が到来する国税から適用されます。②改正後の要件を含めた保存要件を満たさない電磁的記録についても、保存しなければならないこととされました。

スキャナ保存制度の主な保存要件の一覧を示すと下図のとおりです。

■ 国税関係書類のスキャナ保存制度の保存要件

取引相手から受け取った書類又は自己が作成して交付した書類の写しが対象

	要件	重要書類	一般書類	改正後
①	入力期間の制限（書類の受領等後又は業務の処理に係る通常の期間を経過した後、速やかに入力）	○		同　左
②	一定水準以上の解像度及びカラー画像による読み取り（一般書類はグレースケール可）	○	○	同　左
③	タイムスタンプの付与（書類の受領者がスキャナする場合は署名のうえ3日以内）	○	○	署名廃止、付与は2月以内に（注1）
④	読み取った解像度等及び大きさ情報の保存（大きさ情報は一般書類は不要）	○	○	同　左
⑤	ヴァージョン管理（訂正又は削除の事実及び内容の確認）	○	○	「訂正又は削除ができないこと」を追加
⑥	入力者等情報の確認	○	○	同　左
⑦	スキャン文書と帳簿との相互関連性の保持	○	○	同　左
⑧	見読可能装置の備付け（一般書類はグレースケール可）	○	○	同　左
⑨	検索機能の確保	○	○	取引年月日、金額、取引先に限定（注2）
⑩	システムの開発関係書類等の備付け	○	○	同　左
⑪	適正事務処理要件（相互牽制、定期的な検査、再発防止）	○		廃　止
⑫	税務署長の承認	○	○	廃　止

改正後注1：タイムスタンプ要件に代えて、データの訂正削除を行った場合にその記録が残るシステム又は訂正削除ができないシステムの利用を要件とすることができる。

改正後注2：検索要件について、税務調査でダウンロードの求めに応じる場合には範囲指定・項目組合せ機能を不要。

※令4.1.1以後に保存を行う書類から適用。

■スキャナ保存・電子取引に係るデータ保存制度の適正な保存を担保するための措置

保存された電子データに関し申告漏れ等により**重加算税**が課される場合には **10%加算**（※令 4.1.1 以後に法定申告期限等が到来する国税から適用）		
スキャナ保存義務者は改正後の要件を含めた**保存要件を満たさない電子データについても保存義務**（※令 4.1.1 以後に保存を行う書類から適用）	電子取引情報の保存義務者が**出力書面の保存をもって電子データの保存に代える措置は廃止**（※令 4.1.1 以後に行う電子取引の取引情報から適用。）	改正後の要件を含めた保存要件を満たさない電子データについては**国税関係書類等と扱わない**。災害等の場合の宥恕規定有

保存義務者は、国税関係書類（決算関係書類として財務省令で定めるものが除かれます。）の全部又は一部について、その国税関係書類に記載されている事項を財務省令で定める装置（スキャナ）により電磁的記録に記録する場合には、財務省令で定めるところにより、その国税関係書類に係る電磁的記録の保存をもって当該国税関係書類の保存に代えることができることとされています（電帳法4③前段）。

また、スキャナ保存が財務省令で定めるところに従って行われていないときは、その保存義務者は、その電磁的記録を保存すべき期間その他の財務省令で定める要件を満たしてその電磁的記録を保存しなければならないこととされました（電帳法4③後段）。

Point!　保存要件を満たさない電子データも保存義務

ただし、書面でその国税関係書類の保存が行われている場合は、原本が保存されていることから、電磁的記録の保存義務の対象から外されています。

上記の財務省令で定める書類は、国税関係書類のうち、棚卸表、貸借対照表及び損益計算書並びに計算、整理又は決算に関して作成されたその他の書類とされ、これらはスキャナ保存の対象書類とはなりません（電帳規2④）。

上記の財務省令で定める装置は、スキャナとされています（電帳規2⑤）。

電子帳簿保存法施行規則２条６項以下の規定に定める保存要件は次のとおりです。

(1) 入力期間の制限（電帳規２⑥一イ、ロ）

次に掲げる方法のいずれかにより入力すること。

イ　早期入力方式

国税関係書類に係る記録事項の入力をその作成又は受領後、速やかに行うこと。

ロ　業務処理サイクル方式

国税関係書類に係る記録事項の入力をその業務の処理に係る通常の期間を経過した後、速やかに行うこと（国税関係書類の作成又は受領から入力までの各事務の処理に関する規程を定めている場合に限ります。）。

関連 Q&A

（速やかに行うこと）

問　「速やかに行うこと」とは具体的にどのようにすればよいのですか。

答

早期入力方式の「速やかに」の適用に当たって、国税関係書類の作成又は受領後おおむね７営業日以内に入力している場合には、速やかに行っているものとして取り扱われます。

なお、業務処理サイクル方式の「速やかに」の適用に当たり、その業務の処理に係る通常の期間を経過した後、おおむね７営業日以内に入力している場合には同様に取り扱われます。

また、タイムスタンプを付す場合の期限である、スキャナ保存に係るタイムスタンプの付与（電帳規２⑥二ロ）及び電子取引に係るタイムスタンプの付与（電帳規４①二）の「速やかに」の規定の適用についても同様に扱われます（電帳通 4-17）。

（業務の処理に係る通常の期間）

問　「業務の処理に係る通常の期間」とはどれくらいの期間ですか。

答

業務処理サイクル方式及びタイムスタンプを付す場合の期限であるスキャナ保存に係るタイムスタンプの付与（電帳規２⑥ニロ）の「その業務の処理に係る通常の期間」とは、国税関係書類の作成又は受領からスキャナで読み取り可能となるまでの業務処理サイクルの期間をいいます。

なお、月をまたいで処理することも通常行われている業務処理サイクルと認められることから、最長２か月の業務処理サイクルであれば、「その業務の処理に係る通常の期間」として取り扱うこととされています。

また、電子取引の取引情報に係る電磁的記録の保存の要件であるタイムスタンプに係るタイムスタンプの付与（電帳規４①ニロ）の「その業務の処理に係る通常の期間」の適用に当たっても、同様に取り扱われます（電帳通4-18）。

(2) 一定水準以上の解像度及びカラー画像による読み取り（電帳規２⑥ニイ⑴⑵）

①　解像度が、200dpi（日本産業規格Ｚ六〇一六附属書ＡのＡ・一・二に規定する一般文書のスキャニング時の解像度である25.4㎜当たり200ドット）以上で読み取るものであること。

②　赤色、緑色及び青色の階調がそれぞれ256階調以上で読み取るものであること。

(3) タイムスタンプの付与（電帳規２⑥ニロ⑴⑵）

①　タイムスタンプ付与の要件

次に掲げるいずれかによりタイムスタンプを付すことが要件となります（電帳規２⑥ニロ）。

イ　早期タイムスタンプ付与方式

国税関係書類の作成又は受領後、速やかに一の入力単位ごとの電磁的記録の記録事項に一般財団法人日本データ通信協会が認定する業務に係る一定の要件を満たすタイムスタンプを付すこと。

ロ　業務処理サイクルタイムスタンプ付与方式

国税関係書類の作成又は受領からタイムスタンプを付すまでの各事務の処理に関する規程を定めている場合には、その業務の処理に係る通常の期間を経過した後、速やかにその記録事項にタイムスタンプを付すこと。

上記イ、ロの「速やかに」及び「その業務の処理に係る通常の期間」の具体的な期間については、入力期間の制限の際の期間と同様に扱うこととされています（103・104頁参照、電帳通4-17、4-18）。

上記のタイプスタンプは次に掲げる要件を満たすものに限られます（電帳規2⑥二ロ(1)(2)）。

ハ　保存期間中の変更の有無の確認

記録事項が変更されていないことについて、国税関係書類の保存期間を通じ、その業務を行う者に対して確認する方法その他の方法により確認することができること。

ニ　任意の期間の一括検証

課税期間中の任意の期間を指定し、当該期間内に付したタイムスタンプについて、一括して検証することができること。

参考　タイムスタンプとは？

タイムスタンプとは、タイムビジネスの信頼性向上を目的として、一般財団法人日本データ通信協会が定める基準を満たすものとして認定された時刻認証業務によって付与され、その有効性が証明されるものです。この民間の任意の認定制度に係るタイムスタンプとは別に、時刻認証業務を国が認定する制度が置かれています(令和3年4月1日から指定の申請を受付)。

具体的には、確実かつ安定的にタイムスタンプを発行する時刻認証業務（認定時刻認証業務）を総務大臣が認定して奨励することにより、情報の信頼性を担保しながらその電磁的流通を振興することを目的として、「時刻認証業務の認定に関する規程」（令和３年総務省告示 146 号）が公布されたものです。

また、総務省による令和４年度税制改正要望において、この規程に基づき総務大臣が認定する業務に関するタイムスタンプについて、上記のスキャナ保存の要件として位置付けることが記されています。

この要望の目的としては、スキャナ保存による国税関係書類の電子化等を推進し、新型コロナウイルス感染防止に資するテレワーク等の推進を可能とする社会全体のデジタル化を進め、実空間とサイバー空間が高度に融合する Society5.0 の実現に寄与することが挙げられます。

この認定制度によりタイムスタンプの利用料が軽減される場合があるという意見もあります。この認定を受けた認定事業者の業務に係るタイムスタンプがスキャナ保存で利用されることになれば、データの存在証明を行うタイムスタンプは、政府が推し進める包括的データ戦略に基づき、トラストを担保する基盤の一つとして、社会実装が進められると考えられます。

②　タイムスタンプ付与不要の特例

スキャナ保存を行う際の入力期間までにタイムスタンプを付す場合には、その時刻証明機能によりそのタイムスタンプを付した後の電子データについて改ざんの有無を確認することが可能となっていますが、保存義務者がその入力期間までにその国税関係書類に係る記録事項を入力したことを確認することができる場合には、その入力後の電子データについて更なる入力による改ざんの有無の確認が可能であることから、このタイムスタンプは不要とされました（電帳規２⑥二柱書）。

なお、この「その入力期間までにその国税関係書類に係る記録事項を入力したことを確認することができる場合」については、その入力をした時点を確認することができる場合を指し、例えば、他者が提供・管理するクラウドサーバーにより保存を行い、その入力期限内に入力されたことの確認ができるようにその保存時刻の証明が客観的に担保されている場合等がこれに該当するものと考えられます。

（注）　一般書類の適時入力方式によるスキャナ保存や過去分重要書類のスキャナ保存については、スキャナによる入力要件は不要とされているため、入力した時点にかかわらず、その国税関係書類に係る記録事項を入力したことを確認することができる場合にはタイムスタンプは不要とされます（電帳規２⑦⑨、財務省「令和３年度税制改正の解説」p977）。

関連 Q&A

(タイムスタンプ付与の代替要件)

問　タイムスタンプは不要となる保存義務者がその入力期間までにその国税関係書類に係る記録事項を入力したことを確認することができる場合とはどのような場合ですか。

答

例えば、他者が提供するクラウドサーバ（電帳規２⑥ニニ（ヴァージョン管理システム）に掲げる電子計算機処理システムの要件を満たすものに限られます。）により保存を行い、そのクラウドサーバがNTP（Network Time Protocol）サーバと同期するなどにより、その国税関係書類に係る記録事項の入力がその作成又は受領後、速やかに行われたこと（その国税関係書類の作成又は受領から当該入力までの各事務の処理に関する規程を定めている場合にあってはその国税関係書類に係る記録事項の入力がその業務の処理に係る通常の期間を経過した後、速やかに行われたこと）の確認ができるようにその保存日時の証明が客観的に担保されている場合が該当します（電帳通4-28）。

この取扱いは、タイムスタンプ付与の代替要件として認められていることから、例えば、他者が提供するSaaS型のクラウドサービスが稼働するサーバ（自社システムによる時刻の改ざん可能性を排除したシステム）がNTPサーバ（ネットワーク上で現在時刻を配信するためのサーバ）と同期しており、かつ、スキャナデータが保存された時刻の記録及びその時刻が変更されていないことを確認できるなど、客観的にそのデータ保存の正確性を担保することができる場合がこれに該当することを明らかにしています。

また、スキャナデータを異なるシステムやサーバに移行する際には、スキャナデータだけでなくデータを保存した時刻と、それ以降に改変されていないことの証明に必要な情報も引き継ぐ必要があります。

出所：国税庁　電子帳簿保存法一問一答（スキャナ保存関係）問30

（廃止された「特に速やかに」付するタイムスタンプ付与）

問　令和３年度税制改正で廃止された「特に速やかに」付するタイムスタンプ付与とはどのような制度ですか。

答

改正前は、国税関係書類の作成又は受領をする者がその国税関係書類をスキャナで読み取る場合には、その作成又は受領後その者が署名した当該国税関係書類について特に速やかにタイムスタンプを付さなければならないこととされ（旧電帳規３⑤二ロ）、この「特に速やかに」について、その作成又は受領後おおむね３営業日以内とされていましたが（旧電帳通4-23）、この規定が削除され、上記のとおりタイムスタンプは作成又は受領後、速やかに付すこととされ、作成又は受領からタイムスタンプを付すまでの各事務の処理に関する規程を定めている場合には、その業務の処理に係る通常の期間を経過した後、速やかにその記録事項にタイムスタンプを付すこととされました。

これは、タイムスタンプを付すまでに故意に行われる改ざんまでも防止できるものではなく、その効果は限定的であること等を踏まえ、こうした改ざんに対しては、新たな担保措置（重加算税の加重措置）を講ずることで対応することとした上で、スキャナ保存を行う際の入力期間までにタイムスタンプを付すことで足りることとされたものです。この改正に併せて、受領者等が読み取る際に行う国税関係書類への署名は不要とされました（電帳規２⑥二ロ、財務省「令和３年度税制改正の解説」p977）。

（タイムスタンプの「一の入力単位」）

問　タイムスタンプを付す「一の入力単位」とはどのようなことをいうのですか。

答

「一の入力単位」とは、複数枚で構成される国税関係書類は、その全てのページをいい、台紙に複数枚の国税関係書類（レシート等）を貼付した文書は、台紙ごとをいいます（電帳通 4-19）。

例えば、３枚で構成される請求書の場合には、意味として関連付けられたものとして、３枚で一つの国税関係書類を構成しているため、一度に読み取る３枚が一の入力単位となります。また、台紙に小さなレシートなどを複数枚貼付した場合は、物理的に関連付けられたものとして、複数の国税関係書類を一回のスキャニング作業で電子化することとなるため、台紙が一の入力単位となることを明らかにしています。

したがって、ここにいう入力単位とは、意味として関連付けられたもの又は物理的に関連付けられたものをいいますので、お互いに関係を持たない複数の国税関係書類を一度にスキャニングしたからといって、それをもって一の入力単位とできるいうことにはなりません。

なお、複数枚の国税関係書類を台紙に貼付してスキャニングした場合、それぞれの国税関係書類ごとに関連する帳簿の記録事項との関連性が明らかにされ、適切に検索できる必要があります。

（タイムスタンプと電磁的記録の関連性）

問　タイムスタンプと電磁的記録の関連性はどのように確保する必要がありますか。

答

タイムスタンプを付した国税関係書類に係る電磁的記録の記録事項の訂正又は削除を行った場合には、そのタイムスタンプを検証することによってこれらの事実を確認することができるものでなければなりません（電帳通 4-20）。

（タイムスタンプの保存期間中の変更の有無の確認における「その他の方法」）

問　タイムスタンプの要件である上記ハの保存期間中の変更の有無の確認（電帳規２⑥二ロ⑴）における「保存期間を通じてその業

務を行う者に対して確認する方法その他の方法により確認することができること」の「その他の方法」とは、どのような方法ですか。

答

この「その他の方法」とは、国税関係書類に係る電磁的記録に付したタイムスタンプがそのタイムスタンプを付した時と同じ状態にあることを当該国税関係書類の保存期間を通じて確認できる措置をいいます（電帳通4-21）。

例えば、タイムスタンプの有効期間等が過ぎる前に、タイムスタンプを付した記録事項に再度タイムスタンプを付すなどして、変更されていないことを確認することができる状態でその情報を保存する方法がこれに該当します。また、変更されていないことを確認するためにタイムスタンプを使用する場合、そのために使用するタイムスタンプは、パソコンのタイマーで作成したタイムスタンプなどではなく、信頼のおけるタイムスタンプでなければなりませんが、電子帳簿保存法施行規則２条６項２号ロに規定するタイムスタンプについては信頼のおけるものと認められることとなります。

なお、有効期限を超えたタイムスタンプについても、保存期間の満了までの期間が短期間で、かつ、次のａからｃまでの状態が確認できる場合には、保存期間満了まではその信頼性が維持されているものであり、有効性が保持されているものと認められます。

ａ　タイムスタンプの検証プログラムで、有効期限が切れていることを除いて、タイムスタンプが改ざんされていないことを検証し、対象記録事項のハッシュ値と改ざんされていないタイムスタンプに含まれる対象記録事項のハッシュ値が一致すること。

ｂ　タイムスタンプが、一般財団法人日本データ通信協会により認定された事業者から発行されたものであること。

ｃ　タイムスタンプに用いた暗号アルゴリズムが危殆化していないこと。

(4) 読み取った解像度等及び大きさ情報の保存（電帳規２⑥二ハ⑴⑵）

国税関係書類をスキャナで読み取った際の次に掲げる情報を保存することが要件となります。

① 解像度及び階調に関する情報

② 国税関係書類の大きさに関する情報

ただし、国税関係書類の作成又は受領をする者がその国税関係書類をスキャナで読み取る場合に、その国税関係書類の大きさがＡ４以下であるときは、①に掲げる情報に限られます（電帳規２⑥二ハかっこ書）。

(5) ヴァージョン管理（訂正又は削除の事実及び内容の確認）（電帳規２⑥二ニ⑴⑵）

国税関係書類に係る電磁的記録の記録事項について、次に掲げる要件のいずれかを満たす電子計算機処理システムであることが要件となります（令和３年度税制改正で②が追加されました。）。

① 国税関係書類に係る電磁的記録の記録事項について訂正又は削除を行った場合には、これらの事実及び内容を確認することができること。

② 国税関係書類に係る電磁的記録の記録事項について訂正又は削除ができないこと。

関連 Q&A

（訂正又は削除を行った場合）

問 訂正又は削除を行った場合とはどのような場合をいうのですか。

答

既に保存されている電磁的記録を訂正又は削除した場合をいうので、例えば、受領した国税関係書類の書面に記載された事項の訂正のため、相手方から新たに国税関係書類を受領しスキャナで読み取った場合などは、新たな電磁的記録として保存しなければなりません（電帳通4-25）。

（訂正又は削除を行った場合の履歴確保の特例）

問　訂正又は削除を行った場合の履歴確保の特例が適用されるのは、どのような場合をいうのですか。

答

スキャナで読み取った国税関係書類の書面の情報の訂正又は削除を行った場合をいいますが、書面の情報（書面の訂正の痕や修正液の痕等を含みます。）を損なうことのない画像の情報の訂正は含まれません（電帳通 4-26）。

（これらの事実及び内容を確認することができるの意義）

問　「これらの事実及び内容を確認することができる」とはどういうことをいうのですか。

答

「これらの事実及び内容を確認することができる」とは、電磁的記録を訂正した場合は、例えば、上書き保存されず、訂正した後の電磁的記録が新たに保存されること、又は電磁的記録を削除しようとした場合は、例えば、当該電磁的記録は削除されずに削除したという情報が新たに保存されることをいいます。

したがって、スキャナで読み取った最初のデータと保存されている最新のデータが異なっている場合は、その訂正又は削除の履歴及び内容の全てを確認することができる必要があります。

なお、削除の内容の全てを確認することができるとは、例えば、削除したという情報が記録された電磁的記録を抽出し、内容を確認することができることをいいます（電帳通 4-27）。

(6) 入力者等情報の確認（電帳規2⑥三）

国税関係書類に係る記録事項の入力を行う者又はその者を直接監督する者に関する情報を確認することができるようにしておくことが要件となります。

関連 Q&A

（入力を行う者等）

問 「入力を行う者」と「その者を直接監督する者」とはどのような者ですか。

答

「入力を行う者」とは、スキャナで読み取った画像がその国税関係書類と同等であることを確認する入力作業をした者をいい、また、「その者を直接監督する者」とは、その入力作業を直接に監督する責任のある者をいいます。例えば、企業内での最終決裁権者ではあるが、入力作業を直接に監督する責任のない管理職の者（経理部長等）はこれに当たりません。

また、入力作業を外部の者に委託した場合には、委託先における入力を行う者又はその者を直接監督する者の情報を確認することができる必要があります（電帳通4-29）。

（入力を行う者等に関する情報の確認方法）

問 入力を行う者等に関する情報はどのように確認するのですか。

答

「入力を行う者又はその者を直接監督する者に関する情報を確認することができるようにしておくこと」とは、これらの者を特定できるような事業者名、役職名、所属部署名及び氏名などの身分を明らかにするものの電磁的記録又は書面により、確認することができるようにしておくことです（電帳通4-30）。

(7) スキャン文書と帳簿との相互関連性の保持（電帳規2⑥四）

国税関係書類に係る電磁的記録の記録事項とその国税関係書類に関連する国税関係帳簿（電帳法2二に規定するもの）の記録事項との間において、相互にその関連性を確認することができるようにしておくことが要件となります。

その関連する国税関係帳簿が、

① 電子帳簿保存法4条1項の規定によりその国税関係帳簿に係る電磁的記録の備付け及び保存をもってその国税関係帳簿の備付け及び保存に代えられているもの

② 電子帳簿保存法5条1項又は3項の規定によりその電磁的記録の備付け及びその電磁的記録の電子計算機出力マイクロフィルムによる保存をもってその国税関係帳簿の備付け及び保存に代えられているもの

である場合には、その電磁的記録又は電子計算機出力マイクロフィルムの記録事項との間において、相互にその関連性を確認することができるようにしておくことが要件となります。

関連 Q&A

（帳簿書類間の関連性の確認方法）

問　帳簿書類間の関連性はどのように確認するのですか。

答

「関連性を確認することができる」とは、例えば、相互に関連する書類及び帳簿の双方に伝票番号、取引案件番号、工事番号等を付して、その番号を指定することで、書類又は国税関係帳簿の記録事項がいずれも確認できるようにする方法等によって、原則として全ての国税関係書類に係る電磁的記録の記録事項と国税関係帳簿の記録事項との関連性を確認することができることをいいます。

この場合、関連性を確保するための番号等が帳簿に記載されていない場合であっても、他の書類を確認すること等によって帳簿に記載すべきその番号等が確認でき、かつ、関連する書類が確認できる場合には帳簿との関連性が確認できるものとして取り扱われます（電帳通

4-31)。

(注)　結果的に取引に至らなかった見積書など、帳簿との関連性がない書類についても、帳簿と関連性を持たない書類であるということを確認することができる必要があります。

(関連する国税関係帳簿)

問　関連する国税関係帳簿とはどのようなものが該当しますか。

答

「関連する国税関係帳簿（電帳法２二に規定するもの）」には、例えば、次に掲げる国税関係書類の種類に応じ、それぞれ次に定める国税関係帳簿がこれに該当します（電帳通4-32）。

(1) 契約書⇒契約に基づいて行われた取引に関連する帳簿（例：売上の場合は売掛金元帳等）等

(2) 領収書⇒経費帳、現金出納帳等

(3) 請求書⇒買掛金元帳、仕入帳、経費帳等

(4) 納品書⇒買掛金元帳、仕入帳等

(5) 領収書控⇒売上帳、現金出納帳等

(6) 請求書控⇒売掛金元帳、売上帳、得意先元帳等

(8) 見読可能装置の備付け（一般書類はグレースケール可）((電帳規２⑥五)

国税関係書類に係る電磁的記録の保存をする場所にその電磁的記録の電子計算機処理の用に供することができる電子計算機、プログラム、映像面の最大径が35㎝以上のカラーディスプレイ及びカラープリンタ並びにこれらの操作説明書を備え付け、その電磁的記録をカラーディスプレイの画面及び書面に、次のような状態で速やかに出力することができるようにしておくことが要件となります。

① 整然とした形式であること。

② 当該国税関係書類と同程度に明瞭であること。

③ 拡大又は縮小して出力することが可能であること。

④ 国税庁長官が定めるところにより日本産業規格Ｚ八三〇五に規定す

る４ポイントの大きさの文字を認識することができること。

関連 Q&A

（拡大又は縮小して出力することが可能であることの意義）

問　「拡大又は縮小して出力することが可能であること」とは、Ａ４サイズの書類をＡ３サイズで出力できなければならないのでしょうか。

答

読み取った書類と同じ用紙サイズの範囲で拡大、縮小できれば構いません。

「拡大又は縮小して出力することが可能であること」とは、ディスプレイ及び書面に書類の一部分を拡大して出力することができればよく、拡大することに伴い、用紙のサイズを大きくして記録事項の全てを表示する必要はありません。また、小さな書類（レシート等）を出力する場合にはプリンタ及び用紙サイズの許す範囲で拡大し、又は大きな書類であれば縮小して記録事項の全てを出力することができれば構いません。

その他、例えば入力した書類がＡ３サイズであればＡ４用紙で２枚などに分かれることなく整然とした形式であること、保存されている電磁的記録の情報が適切に再現されるよう読み取った書類と同程度に明瞭であることなどが必要となります（出所：国税庁　電子帳簿保存法一問一答（スキャナ保存関係）問37）。

（４ポイントの文字が認識できることの意義）

問　「４ポイントの文字が認識できること」とはどのように行うのですか。

答

上記 **(8)** ④の要件は、全ての国税関係書類に係る電磁的記録に適用されますので、日本産業規格 X6933 又は国際標準化機構の規格 12653-3 に準拠したテストチャートを電子計算機処理システムで入力し、カラーディスプレイの画面及びカラープリンタで出力した書面でこれらのテストチャートの画像を確認して、4 ポイントの文字が認識できる場合のその電子計算機処理システム等を構成する各種機器等の設定等で全ての国税関係書類を入力し保存を行うことをいいます。

なお、これらのテストチャートの文字が認識できるか否かの判断に当たっては、拡大した画面又は書面で行っても差し支えありません（電帳通 4-33）。

（スキャン文書の圧縮保存）

問　スキャン文書について圧縮して保存することは認められないのでしょうか。

答

200dpi 以上の解像度及び赤・緑・青それぞれ 256 階調以上で JIS X6933 又は ISO 12653-3 のテストチャートの画像を読み取り、ディスプレイ及びプリンタで出力した書面で 4 ポイントの文字が認識できるような状態であれば、圧縮して保存して差し支えありません。

なお、スキャナ保存を行う国税関係書類に 4 ポイントの文字が使用されていない場合であっても、上記の方法によって 4 ポイントの文字が認識できる各種機器等の設定等で全ての国税関係書類をスキャナで読み取り、保存しなければなりませんが、スマートフォンやデジタルカメラ等を使用して読み取った画像の場合、機器によって縦横比が異なることから、圧縮して保持する際には、読み取った書類の縦横それぞれが、解像度の要件を満たす必要があることに注意してください（出所：国税庁　電子帳簿保存法一問一答（スキャナ保存関係）問 38）。

（規定の解像度等の設定が困難な場合）

問　4 ポイントの大きさの文字を認識することが困難である場合

に、解像度等はどのように設定して入力すればよいのでしょうか。

答

JIS X6933又はISO 12653-3のテストチャートが手元にないなどの理由で４ポイントの大きさの文字が認識できる解像度等の設定が困難である場合には、読取り解像度が200dpi以上かつ赤・緑・青それぞれ256階調以上及び非圧縮（又は可逆圧縮）で入力していれば、４ポイントの大きさの文字が認識できるものとして取り扱われます（出所：国税庁　電子帳簿保存法一問一答（スキャナ保存関係）問39)。

（注）電帳規２⑦に規定する一般書類の場合は、いわゆるグレースケールでの保存でも可能です。

(9) 検索機能の確保（電帳規２⑥六イロハ）

国税関係書類に係る電磁的記録の記録事項の検索をすることができる次に掲げる要件を満たす機能を確保しておくことが要件となります。改正前は、国税関係帳簿の保存要件であった検索機能の確保の規定を準用していましたが、電子帳簿保存法４条１項による保存要件から削除されて電子帳簿保存法施行規則２条６項６号に規定され、検索項目が下記のものに限定されました。

① 取引年月日その他の日付、取引金額及び取引先（「記録項目」という。）を検索の条件として設定することができること。

② 日付又は金額に係る記録項目については、その範囲を指定して条件を設定することができること。

③ ２以上の任意の記録項目を組み合わせて条件を設定することができること。

なお、保存義務者が国税に関する法律の規定よる国税関係書類に係る電磁的記録の提示又は提出の要求に応じることができるようにしている場合には、上記の②及び③の要件は保存要件から除かれます（電帳規２⑥柱書）。

これは、その保存義務者から電子データが提供され、税務当局において必要な検索をできるような状態を整えておく場合には、検索主体は相違するものの、検索機能の確保の要件に相当する状態が一定程度確保されていると考えられることから、検索機能として最低限必要な上記①の要件以外の上記②及び③の要件の代替要件として位置付けられたものです（財務省「令和3年度税制改正の解説」p979）。

関連Q&A

（検索機能の確保）

問　検索をすることができる機能を確保しておくこととは、どのような場合ですか。

答

システム上検索機能を有している場合のほか、次に掲げる方法により検索できる状態であるときは、当該要件を満たしているものとして取り扱われます（電帳通4-12）。

(1)　国税関係書類に係る電磁的記録のファイル名に、規則性を有して記録項目を入力することにより電子的に検索できる状態にしておく方法

(2)　当該電磁的記録を検索するために別途、索引簿等を作成し、当該索引簿を用いて電子的に検索できる状態にしておく方法

更に具体的には、保存システムに検索機能を有するものに限らず、例えば次のような方法により、検索対象となる記録事項を含んだファイルを抽出できる機能を確保している場合には、検索機能を確保しているものとして取り扱うことが明らかにされています。

イ　当該電磁的記録のファイル名に、規則性を持った形で記録項目を入力（例えば、取引年月日その他の日付（西暦）、取引金額、取引先の順で統一）して一覧性をもって管理することにより、フォルダ内の検索機能を使用して検索できる状態にしておく方法

ロ　エクセル等の表計算ソフトにより索引簿等を作成し、当該エクセル等の検索機能を使用して当該電磁的記録を検索できる状態にしておく方法

参考：国税庁　電子帳簿保存法一問一答（電子取引関係）問33

（スキャナ保存の検索機能における記録項目）

問　スキャナ保存の検索機能における記録項目とはどのようなものが該当するのですか。

答

例えば、次に掲げる国税関係書類の区分に応じ、それぞれ次に定める記録項目がこれに該当します（電帳通4-34）。

(1) 領収書⇒領収年月日、領収金額及び取引先名称

(2) 請求書⇒請求年月日、請求金額及び取引先名称

(3) 納品書⇒納品年月日及び取引先名称

(4) 注文書⇒注文年月日、注文金額及び取引先名称

(5) 見積書⇒見積年月日、見積金額及び取引先名称

（注）一連番号等を国税関係帳簿書類に記載又は記録することにより電帳規2⑥四（帳簿書類間の関連性の確保）の要件を確保することとしている場合には、その一連番号等により国税関係帳簿（電帳法4①又は5①を適用しているものに限ります。）の記録事項及び国税関係書類（電帳法4③を適用しているものに限ります。）を検索することができる機能が必要となります。

検索項目である「取引年月日その他の日付、取引金額及び取引先」の意義は、それぞれ、次のとおりであり、この考え方に基づいて、主な国税関係書類の種類ごとに上記(1)～(5)の具体的記録項目を例示したものです。

イ　取引年月日その他の日付⇒国税関係書類に記載すべき日付をいいます。

ロ　取引金額⇒国税関係書類に記載すべき取引の金額又は資産の譲渡等の対価の額等をいい、単価及び残高を含みません。

ハ　取引先⇒取引先名称（国税関係書類に記載すべき取引先名称）をいいます。なお、取引先名称は必ずしも名称でなく、取引先コードが定められ、当該コード表が備え付けられている場合には、当該コードによる記録でも差し支えありません。

（テキスト化できない画像データへの取引年月日等の検索条件の設定）

問　スキャナで読み取った画像データをテキスト化することができない場合でも、検索の条件として取引年月日その他の日付、取引金額及び取引先を設定することができなければならないのでしょうか。

答

この検索機能は、①取引年月日その他の日付、取引金額及び取引先を検索の条件として設定することができること、②日付又は金額に係る記録項目についてはその範囲を指定して条件を設定することができること、③二以上の任意の記録項目を組み合わせて条件を設定することができることが要件となります。

したがって、スキャナで読み取った画像データをテキスト化して保存することができる機能などが備わっていない場合であっても、スキャナで読み取った国税関係書類に係る取引年月日その他の日付、取引金額及び取引先を手入力するなどして、検索の条件として設定することができるようにする必要があります。

なお、税務職員による質問検査権に基づくデータのダウンロードの求めに応じることができるようにしている場合には、上記②及び③の機能の確保は不要となります（出所：国税庁　電子帳簿保存法一問一答（スキャナ保存関係）問 42）。

（10）システムの開発関係書類等の備付け（電帳規 2⑥七）

上記ⅰ（1）の最低限の要件を満たす電子帳簿の保存要件であるシステムの開発関係書類等の備付けの規定（電帳規 2②一）が準用されていますので、同様の内容になります。

国税関係書類に係る電磁的記録の備付け及び保存に併せて、次に掲げる書類の備付けを行うことが要件となります。

ただし、国税関係書類に係る電子計算機処理に保存義務者が開発したプログラム（電子計算機に対する指令であって、一の結果を得ることができるように組み合わされているものをいう。）以外のプログラムを使用する場合には①及び②に掲げる書類は除かれ、国税関係書類に係る電子計算機処理を他の者（当該電子計算機処理に当該保存義務者が開発したプログラムを使用する者を除きます。）に委託している場合には③に掲げる書類は除かれます。

① 当該国税関係書類に係る電子計算機処理システムの概要を記載した書類
② 当該国税関係書類に係る電子計算機処理システムの開発に際して作成した書類
③ 当該国税関係書類に係る電子計算機処理システムの操作説明書
④ 当該国税関係書類に係る電子計算機処理並びに当該国税関係書類に係る電磁的記録の備付け及び保存に関する事務手続を明らかにした書類（当該電子計算機処理を他の者に委託している場合には、その委託に係る契約書並びに当該国税関係書類に係る電磁的記録の備付け及び保存に関する事務手続を明らかにした書類）

(11) 一般書類に係るスキャナ保存制度の適時入力方式（電帳規２⑦）

保存義務者は、決算関係書類を除く国税関係書類のうち国税庁長官が定める資金やモノの流れに直結・連動しない書類である「一般書類」に記載されている事項を電磁的記録に記録する場合には、入力期間の制限及び大きさに関する情報の保存要件以外の要件を満たして、電磁的記録の保存に併せて、その電磁的記録の作成及び保存に関する事務の手続を明らかにした書類で、事務の責任者が定められているものの備付けを行うことにより、適時の入力によるスキャナによる保存を行うことができます。この保存を行う場合には、カラー階調を必要とする要件については、グレースケールつまり白黒での読取りも認められています。

この「一般書類」は、決算関係書類を除く国税関係書類のうち平成17年国税庁長官告示４号に定められている書類（重要書類）以外の書類とされています。

関連 Q&A

（適時に入力する方法が可能な一般書類）

問　適時に入力する方法が可能な一般書類とは、具体的にどのような書類が対象となるのでしょうか。

答

国税関係書類のうち国税庁長官の定める書類（一般書類）については、入力期間の制限なく入力することができることとされており、その書類については平成 17 年国税庁告示４号により告示されています。

この告示により、例えば、次のような書類が入力期間の制限なく適時に入力することができます。

イ　保険契約申込書、電話加入契約申込書、クレジットカード発行申込書のように別途定型的な約款があらかじめ定められている契約申込書

ロ　口座振替依頼書

ハ　棚卸資産を購入した者が作成する検収書、商品受取書

ニ　注文書、見積書及びそれらの写し

ホ　自己が作成した納品書の写し

出所：国税庁　電子帳簿保存法一問一答（スキャナ保存関係）問 43

（過去に受領等した書類のスキャナ保存の可否）

問　一般書類であれば、過去に遡って保存されている書類をスキャナ保存に代えてもいいのでしょうか。

答

資金や物の流れに直結・連動しない書類（平成 17 年国税庁告示４号に定めるもの）（一般書類）で、要件に沿って保存することが可能であれば、過去に受領等した書類についてもスキャナ保存ができます。

スキャナ保存が可能か否かについては、要件に沿った保存が可能か否かで判断することとなります。電子帳簿保存法施行規則２条６項１号イ・ロでは、国税関係書類を受領等してから入力するまでの期間

制限が規定されていますが、平成17年国税庁告示４号に定める一般書類については電子帳簿保存法施行規則２条７項により、この期間の制限がなく適時に入力できることから、これらの書類については、他の要件を満たす限り、過去において受領等した書類についてもスキャナ保存することが可能となります。

Point！　**一般書類は過去に遡ってスキャナ保存可能**

出所：国税庁　電子帳簿保存法一問一答（スキャナ保存関係）問44

（一般書類のタイムスタンプ付与の時期）

問　一般書類について、タイムスタンプはいつまでに付せばいいのでしょうか。

答

一般書類へのタイムスタンプについては、次のいずれかにより付すこととなります。

①　作成又は受領後、おおむね７営業日以内（事務処理規程を定めている場合には、その業務の処理に係る通常の期間（最長２か月）を経過した後おおむね７営業日以内）に付す。

②　（①の期間を過ぎたものについては）正しく読み取られていることを確認した都度付す。

一般書類に係るタイムスタンプについては、「①作成若しくは受領後、速やかに又は②当該国税関係書類をスキャナで読み取る際に」付すこととされています（電帳規２⑦後段の読み替え規定により②を追加)。したがって、作成又は受領後、通常のスキャナ保存と同様の入力期間内に入力した後タイムスタンプを付与するか、その期間経過後に入力する場合には、「スキャナで読み取る際に」すなわち、正しく読み取られていることを確認した都度タイムスタンプを付す必要があります。

出所：国税庁　電子帳簿保存法一問一答（スキャナ保存関係）問45

（過去分重要書類のスキャナ保存の入力期間の制限）

問　当社は過去分重要書類のスキャナ保存に当たって、対象となる書類が膨大にあるのですが、数か月間にわたってスキャナ保存の作業を行うことも可能でしょうか。

答

過去分重要書類のスキャナ保存については入力期間の制限はありませんので、数か月間にわたってスキャナ保存の作業を行うことも可能です。

令和元年度の税制改正により、スキャナ保存の承認を受けている保存義務者は、その承認を受けて保存を開始する日前に作成又は受領した重要書類（過去分重要書類）について、所轄税務署長等に適用届出書を提出したときは、一定の要件の下、スキャナ保存をすることができることとなりました（令和元年９月30日以後に提出する適用届出書に係る過去分重要書類から適用されます。）。適用届出書を提出した後は、その後の入力期間について制限はありません。これは、スキャナ保存の承認以前に作成・受領した書類が膨大であり、入力に相当の期間を要することが想定されるため、制限を設けないこととされたものです。そのため、例えば、数か月間にわたってスキャナ保存の作業を行うことも可能です。

Point！	**過去分重要書類は適用届出書提出後入力期間の制限なく適時入力可能**

ただし、適用届出書は従前において同一種類の過去分重要書類に係る適用届出書を提出している場合は提出することができません。これは、電磁的記録による保存等を断続的に行い、取りやめの都度、適用届出書の提出を繰り返し行うことにより、過去分重要書類について、その作成・受領後に「速やか」に行うことなく、継続的にスキャナ保存を可能とする潜脱行為を防止する観点から措置されたものとされています。

なお、一般書類については、入力期間の制限なく適時に入力することができますので、適用届出書の提出は必要ありません。

出所：国税庁　電子帳簿保存法一問一答（スキャナ保存関係）問50

（一般書類及び過去分重要書類の保存におけるタイムスタンプ付与の不要措置）

問　一般書類及び過去分重要書類の保存におけるタイムスタンプ付与の不要措置は受けられるのでしょうか。

答

「一般書類」及び「過去分重要書類」のスキャナ保存について、「国税関係書類に係る記録事項を入力したことを確認することができる場合」（電帳規２⑥二柱書）には、タイムスタンプの付与の要件（電帳規２⑥二ロ）に代えることができます。

なお、この「国税関係書類に係る記録事項を入力したことを確認することができる場合」とは、電子帳簿保存法取扱通達4-28の方法により確認できる場合がこれに該当します。また、通常のスキャナ保存の場合と異なり、その国税関係書類に係る記録事項の入力が、電帳規２⑥一イ又はロに掲げる方法によりされていることの確認は不要であり、入力した時点にかかわらず、入力した事実を確認できれば足りることになります。

■ 国税関係書類のスキャナ保存制度の保存要件一覧

要　　件	重　要 書　類 (注 1)	一般 書類 (注 2)	過 去 分 重要書類 (注 3)
入力期間の制限（書類の受領等後又は業務の処理に係る通常の期間を経過した後、速やかに入力）（規 2⑥一イ、ロ）	○		
一定水準以上の解像度（200dpi 以上）による読み取り（規 2 ⑥二イ⑴）	○	○	○
カラー画像による読み取り（赤・緑・青それぞれ 256 階調（約 1677 万色）以上）（規 2 ⑥二イ⑵）	○	※ 1	○
タイムスタンプの付与（規 2 ⑥二ロ）	○※ 2	○※ 3	○※ 3
解像度及び階調情報の保存（規 2 ⑥二ハ⑴）	○	○	○
大きさ情報の保存（規 2 ⑥二ハ⑵）	○※ 4		○
ヴァージョン管理（訂正又は削除の事実及び内容の確認等）（規 2 ⑥二ニ）	○	○	○
入力者等情報の確認（規 2 ⑥三）	○	○	○
スキャン文書と帳簿との相互関連性の保持（規 2 ⑥四）	○	○	○
見読可能装置（14 インチ以上のカラーディスプレイ、4 ポイント文字の認識等）の備付け（規 2 ⑥五）	○	※ 1	○
整然・明瞭出力（規 2 ⑥五イ～ニ）	○	○	○
電子計算機処理システムの開発関係書類等の備付け（規 2 ⑥七、同 2 ②一）	○	○	○
検索機能の確保（規 2 ⑥六）	○	○	○
その他			※ 5、※ 6

（注）1　決算関係書類以外の国税関係書類（一般書類を除く）をいう。

2　資金や物の流れに直結・連動しない書類として規則第 2 条第 7 項に規定する国税庁長官が定めるものをいう。

3　スキャナ保存制度により国税関係書類に係る電磁的記録の保存をもって当該国税関係書類の保存に代えている保存義務者であって、その当該国税関係書類の保存に代える日前に作成又は受領した重要書類をいう。

4　※ 1　一般書類の場合、カラー画像ではなくグレースケールでの保存可。

※ 2　入力事項を規則第 2 条第 6 項第 1 号イ又はロに掲げる方法により当該国税関係書類に係る記録事項を入力したことを確認することができる場合には、その確認をもってタイムスタンプの付与に代えることができる。

※ 3　当該国税関係書類に係る記録事項を入力したことを確認することができる場合には、タイムスタンプの付与に代えることができる。

※ 4　受領者等が読み取る場合、A4 以下の書類の大きさに関する情報は保存不要。

※ 5　過去分重要書類については当該電磁的記録の保存に併せて、当該電磁的記録の作成及び保存に関する事務の手続を明らかにした書類（当該事務の責任者が定められているものに限られます。）の備付けが必要。

※ 6　過去分重要書類については所轄税務署長等宛に適用届出書の提出が必要。

出所：国税庁電子帳簿保存法一問一答（スキャナ保存関係）問 10

適正事務処理要件の廃止について（相互けん制、定期的な検査、再発防止）（旧電帳規３⑤四イロハ）

(1)　要件廃止の考え方

令和３年度税制改正において、適正事務処理要件が廃止されました。この適正事務処理要件は、スキャナによる読み取り前の紙段階で行われる改ざん等の不正を防止する観点から設けられていたものですが、組織ぐるみで故意に不正を企図した場合等までも防止できるものではなく、その効果は限定的であるとともに、定期的な検査まで紙原本を保存する必要が生じる等、事業者におけるペーパーレス化に十分に寄与していない状況にありました。

今回の改正においては、こうした状況を踏まえ、事業者におけるペーパーレス化を一層促進する観点から、改ざん防止のための新たな担保措置（重加算税の加重措置）を講ずることとした上で、この適正事務処理要件が廃止されたものです。これにより、スキャナ保存制度の利用者は、原本の即時廃棄が可能となり、制度利用上のメリットを十分に享受できることとなると考えられます（財務省「令和３年度税制改正の解説」p978）。

しかしながら、事前承認制の廃止により、保存要件が順守されているかを当初の保存段階からしっかりと自己責任で管理する必要性が増したと言えます。税務調査の際に、保存要件に従った保存でないと認定された場合には、税法上の保存書類とはみなされなくなります。

今後は、日頃から保存要件に従った保存がなされているかをチェックができる適正な事務処理体制の確保やその運用体制、内部統制をしっかり行っていく必要があります。

そういった運用体制、内部統制の構築の参考に資するため、廃止された適正事務処理要件の概要を記します。

[適正事務処理要件の概要]

国税関係書類の作成又は受領から当該国税関係書類に係る記録事項の入力までの各事務について、その適正な実施を確保するために必要なものとして次に掲げる事項に関する規程を定めるとともに、これに基づき当該各事務を処理すること。

①　相互けん制

相互に関連する各事務について、それぞれ別の者が行う体制ただし、国税関係書類の作成又は受領をする者がその国税関係書類をスキャナで読み取る場合には、その作成又は受領に関する事務と読み取り事務の相互けん制は不要とされ、これに代え、受領者等以外の別の者が国税関係書類に係る電磁的記録の記録事項の確認を行うことが必要とされています。

② 定期的な検査

各事務に係る処理の内容を確認するための定期的な検査を行う体制及び手続

③ 再発防止体制

各事務に係る処理に不備があると認められた場合において、その報告、原因究明及び改善のための方策の検討を行う体制

(2) 要件廃止に伴って課された電磁的記録の保存義務

スキャナ保存が財務省令で定めるところに従って行われていないときは、その保存義務者は、その電磁的記録を保存すべき期間その他の財務省令で定める要件を満たしてその電磁的記録を保存しなければならないこととされていますが（電帳法4③後段）、この財務省令で定める要件として、その国税関係書類に係る電磁的記録について、当該国税関係書類の保存場所に、国税に関する法律の規定により当該国税関係書類の保存をしなければならないこととされている期間、保存が行われることとするとされています（電帳規2⑫）。

今回の改正では紙原本の保存を一定期間必要とする適正事務処理要件は廃止することとされたことから、スキャナ保存を行う場合においては、スキャナ保存後、原本の即時廃棄が可能となります。そのため、税務調査において、スキャナ保存が要件に従って行われておらず、かつ、国税関係書類（紙原本）は廃棄されて存在せずに確認がもはやできない状況に円滑に対処する観点から、要件に従ってスキャナ保存が行われていない場合の国税関係書類に係る電磁的記録の保存措置が整備されたものです。

具体的には、国税関係書類に係る電磁的記録のスキャナ保存が保存要件に従って行われていない場合（その国税関係書類（紙原本）の保存が行われている場合を除きます。）には、保存義務者は、その国税関係書類の保存場所（その国税関係書類を紙原本として保存する場合の保存場所）に、その国税関係書類の保存をしなければならないこととされている期間（その国税関係書類を紙原本として保存する場合の保存期間）、その電磁的記録を保存しなければならないこととされました（電帳法4③後段、電帳規2⑫、財務省「令和3年度税制改正の解説」p979）。

（注1） 国税関係書類に係る電磁的記録のスキャナ保存が保存要件に従って行われていない場合であっても、その国税関係書類（紙原本）の保存が適正に行わ

れているときは、各税法の規定に基づく保存義務を履行しているものと考えられるため、その電磁的記録の保存が求められるものではありません（電帳法４③）。

（注２）　要件に従ってスキャナ保存が行われていない場合の国税関係書類に係る電磁的記録の保存が行われたときは、その電磁的記録は国税関係書類とはみなされません（電帳法８①）。なお、そのスキャナ保存は要件に従って行われていることにはならないため、青色申告の承認申請却下若しくは承認取消し又は通算予定法人の承認申請却下の事由に該当し得ることとなります（電帳法８③）。

（注３）　今回の改正により整備された電磁的記録に係る重加算税の加重措置との関係でも、この保存措置により、保存要件に従ってスキャナ保存が行われていない場合であっても、この加重措置の適用の実効性が確保されることとなります（電帳法８⑤）。

6 電子取引の取引情報に係る電磁的記録の保存制度の保存要件

【令和３年度税制改正による保存要件】
新たな保存要件は下記のようになります。

電子取引の取引情報に係る電磁的記録の保存制度の保存要件の概要
（所得税・法人税の保存義務者が電子取引を行った場合）

必須的保存要件（電帳規４①柱書、②） 次の(1)から(3)に掲げる要件に従って保存	選択的保存要件 次のいずれかの措置を行う。
(1)　自社開発のプログラムを使用する場合には、電子計算機処理システムの概要を記載した書類の備付け	①　タイムスタンプが付された後の授受（電帳規４①一）
(2)　見読可能装置の備付け等 電子計算機、プログラム、ディスプレイ及びプリンタ並びにこれらの操作説明書を備え付け、電磁的記録をディスプレイの画面及び書面に、整然とした形式及び明瞭な状態で、速やかに出力することができるようにしておく	②　次のいずれかによりタイムスタンプを付すとともに、その電磁的記録の保存を行う者又はその者を直接監督する者に関する情報を確認することができるようにしておくこと（電帳規４①二）。 ⓐ　授受後、速やかに（7営業日以内）行う ⓑ　業務の処理に係る通常の期間（最長２か月）を経過した後、速やか（7営業日以内）に行う（取引情報の授受からその記録事項にタイムスタンプを付すまでの各事務の処理に関する規程を定めている場合に限る。）

⑶　検索機能の確保 ⓐ　取引年月日、金額、取引先を検索項目として設定 ⓑ　日付又は金額について範囲を指定して条件を設定 ⓒ　２以上の任意の記録項目を組み合わせて条件を設定	③　次のいずれかを満たすシステムを使用（電帳規４①三） ⓐ　訂正又は削除を行った場合にはその事実及び内容を確認することができること。 ⓑ　訂正又は削除を行うことができないこと。
☞税務調査でダウンロードの求めに応じる場合には範囲指定・項目組合せ機能が不要 ☞前々事業年度等の売上高1,000万円以下の者で税務調査においてダウンロードの求めに応じる場合には全ての検索要件不要	④　正当な理由がない訂正及び削除の防止に関する事務処理の規程を定めて運用を行い、その事務処理規程の備付けを行うこと(電帳規４①四)。

電子取引に係るデータ保存制度の令和３年度の改正前後の比較

電子取引に係るデータ保存制度の概要	改正前の制度の概要	令和３年度税制改正
保存義務の内容	所得税（源泉徴収に係る所得税を除きます。）及び法人税に係る保存義務者は、電子取引を行った場合には、財務省令で定めるところにより、その電子取引の取引情報に係る電磁的記録を保存しなければならない（旧電帳法10)。	存置（電帳法７)。

書面又は電子計算機出力マイクロフィルムでの保存を容認（旧電帳法10条但書）	電磁的記録を出力することにより作成した書面又は電子計算機出力マイクロフィルムを、財務省令で定めるところにより保存する場合は、電子取引の取引情報に係る電磁的記録の保存を要しない。	旧電帳法10条のただし書を削除し、電子取引の取引情報に係る電磁的記録を保存要件に従って保存しなければならないこととした。
他の国税に関する法律の規定の適用	旧電帳法10条の規定により保存が行われている電子データ又は電子計算機出力マイクロフィルムについては、国税関係書類以外の書類とみなす（旧電帳法11②）。	財務省令で定めるところに従って保存が行われている電子データについては、国税関係書類以外の書類とみなす（電帳法8②）。
適正な保存を担保するための措置（電帳法8⑤）	無	スキャナ保存・電子取引情報保存制度の適正な保存を担保するための措置として、保存された電子データに関し申告漏れ等により重加算税が課される場合には10%加算

源泉徴収に係る所得税を除く所得税及び法人税に係る保存義務者は、電子取引を行った場合には、財務省令で定めるところにより、その電子取引の取引情報に係る電磁的記録を保存しなければならないこととされています（電帳法7）。電子取引の取引情報に係る電磁的記録の保存について規定した旧電子帳簿保存法10条では、ただし書として、財務省令で定めるところにより、当該電磁的記録を出力することにより作成した書面又は電子計算機出力マイクロフィルムを保存する場合は、電子取引の取引情報に係る電磁的記録の保存を要しないとされていましたが、税務手続の電子化を進める上での電子取引の重要性に鑑み、他者から受領した電子データとの

同一性が十分に確保されないことから、このただし書が削除され、その電磁的記録を保存しなければならないこととされました（電帳法７）。

Point! 書面等へ出力して保存することが認められなくなりました。

上記の財務省令で定めるところに従って保存が行われている電子データに対する他の国税に関する法律の規定の適用については、その電子データを国税関係書類以外の書類とみなすとされています（電帳法８②）。

Point! 保存要件に従った保存のみ書類とみなす

また、令和３年度税制改正では、スキャナ保存・電子取引情報保存制度の重加算税の加重措置が創設されました。これは、スキャナ保存・電子取引情報保存制度の適正な保存を担保するための措置として、保存された電子データに関し申告漏れ等により重加算税が課される場合には10％加算することとされました（電帳法８⑤）。

Point! 重加算税の加重措置を創設

保存義務者は、電子取引を行った場合には、その電子取引の取引情報に係る電磁的記録を、その取引情報の受領が書面により行われたとした場合又はその取引情報の送付が書面により行われその写しが作成されたとした場合に、国税に関する法律の規定により、その書面を保存すべきこととなる場所に、その書面を保存すべきこととなる期間、次に掲げる**ⅰ必須的保存要件**及び**ⅱ選択的保存要件**に従って保存しなければなりません。

ⅰ　必須的保存要件

次の（1）から（3）に掲げる要件に従って保存しなければなりません。

(1) 電子計算機処理システムの概要を記載した書類の備付け

自社開発のプログラムを使用する場合には、電子取引の取引情報に係る電磁的記録の保存に併せて、その電磁的記録に係る電子計算機処理システムの概要を記載した書類の備付けを行うこととなります（電帳規４条１項柱書による電帳規２条６項７号において準用する同条２項１号（イに係る部分に限ります。）の要件）。

他の者が開発したプログラムを使用する場合には、この書類の備付けは必要ありません。

(2) 見読可能装置の備付け等

電磁的記録の保存をする場所にその電磁的記録の電子計算機処理の用に供することができる電子計算機、プログラム、ディスプレイ及びプリンタ並びにこれらの操作説明書を備え付け、当該電磁的記録をディスプレイの画面及び書面に、整然とした形式及び明瞭な状態で、速やかに出力することができるようにしておくこと（電帳規４条１項柱書きによる電帳規２条２項２号の要件）。

(3) 検索機能の確保

当該国税関係書類に係る電磁的記録の記録事項の検索をすることができる機能（次に掲げる要件を満たすものに限ります。）を確保しておくこと（電帳規４条１項柱書きによる電帳規２条６項６号の要件）。

イ　取引年月日その他の日付、取引金額及び取引先（ロ及びハにおいて「記録項目」という。）を検索の条件として設定することができること。

（注１）　令和３年度税制改正においては、検索機能の確保の要件について、電帳規２条６項６号の規定を準用していることから、検索項目が、「取引年月日、その他の日付、取引金額その他の国税関係書類の種類に応じた主要な記録項目」（改正前）から「取引年月日その他の日付、取引金額及び取引先」（改正後）に限定されました。

ロ　日付又は金額に係る記録項目については、その範囲を指定して条件を設定することができること。

ハ　２以上の任意の記録項目を組み合わせて条件を設定することができること。

（注２）　令和３年度税制改正においては、検索機能の確保の要件について、次の改正が行われています。

①　保存義務者が国税に関する法律の規定による電磁的記録の提示又は提出の要求に応じることができるようにしている場合には、範囲指定・項目組合せ機能の確保が不要とされました（電帳規４①柱書）。

②　保存義務者がその判定期間に係る基準期間における売上高が1,000万円以下である事業者である場合であって（例えば前々事業年度の売上高が1,000万円以下の事業者）、保存義務者が国税に関する法律の規定による電磁的記録の提示又は

提出の要求に応じることができるようにしている場合には、検索要件全体が不要とされました（電帳規4①柱書、②）。

ii　選択的保存要件

次の①から④に掲げる措置のいずれかを行って、保存しなければなりません。

① 電磁的記録の記録事項にタイムスタンプが付された後、その取引情報の授受を行うこと（電帳規4①一）。

② 次に掲げる方法のいずれかにより、当該電磁的記録の記録事項にタイムスタンプを付すとともに、その電磁的記録の保存を行う者又はその者を直接監督する者に関する情報を確認することができるようにしておくこと（電帳規4①二）。

イ　当該電磁的記録の記録事項にタイムスタンプを付すことを当該取引情報の授受後、速やかに行うこと。

ロ　当該電磁的記録の記録事項にタイムスタンプを付すことをその業務の処理に係る通常の期間を経過した後、速やかに行うこと（当該取引情報の授受から当該記録事項にタイムスタンプを付すまでの各事務の処理に関する規程を定めている場合に限ります。）。

(注)　令和3年度税制改正においては、選択的保存要件の一つである、当該取引情報の授受後遅滞なく、当該電磁的記録の記録事項にタイムスタンプを付すとともに、当該電磁的記録の保存を行う者又はその者を直接監督する者に関する情報を確認することができるようにしておくことという要件について、タイムスタンプの付与期間である「遅滞なく」が見直され、上記のいずれかによることとされました（電帳規4①二）。

電帳規4①二による「速やかに」はおおむね7営業日以内、最長2か月の業務サイクルであれば「業務の処理に係る通常の期間」として取り扱うとされています（電帳通7-2、7-3）。

③ 次に掲げる要件のいずれかを満たす電子計算機処理システムを使用して当該取引情報の授受及び当該電磁的記録の保存を行うこと（電帳規4①三）。

イ　当該電磁的記録の記録事項について訂正又は削除を行った場合には、これらの事実及び内容を確認することができること。

ロ　当該電磁的記録の記録事項について訂正又は削除を行うことができないこと。

④　当該電磁的記録の記録事項について正当な理由がない訂正及び削除の防止に関する事務処理の規程を定め、当該規程に沿った運用を行い、当該電磁的記録の保存に併せて当該規程の備付けを行うこと（電帳規4①四）。

関連 Q&A

（改正前後の電子取引の保存方法）

問　電子取引の取引情報に係る電磁的記録の保存方法を教えてください。

答

令和４年１月１日以後に行う電子取引の取引データの保存方法としては、保存要件に従って、電子データをそのまま保存する方法により保存しなければなりません。

令和３年末までの電子取引の取引データの保存方法としては、保存要件に従って、以下の３通りの方法があります。これらの方法に関しては、各保存義務者が任意に選択できますが、規則性及び継続性なく保存方法が混在することは認められていませんので、ご注意ください。

令和３年末までの電子取引の取引データの保存方法

①電子データを改正前の保存要件に従って保存する方法
②電子データを出力した書面を保存する方法
③電子データをＣＯＭ（電子計算機出力マイクロフィルム）に出力して保存する方法

（書面等に出力して保存する方法）

問　電子取引に係るデータ保存制度の対象となる電子データを、旧電子帳簿保存法により書面等に出力して保存する場合、どのような方法で保存すればいいのですか。

答

旧電子帳簿保存法10条ただし書により、書面又は電子計算機出力マイクロフィルムに電子データを出力したものを保存する場合、以下の方法により保存しなければならないこととされています。

保存義務者は、その書面を、国税に関する法律の規定により、その書面を保存すべきこととなる場所に、その書面を保存すべきこととなる期間、整理して保存しなければならないこととされており、その書面は、整然とした形式及び明瞭な状態で出力しなければならないこととされています（旧電帳規８②）。

書面等による保存が認められなくなるのは、令和４年１月１日以後に行う電子取引の取引情報からですので、令和３年12月31日までに行う電子取引については、上記の方法により電磁的記録を出力することにより作成した書面又は電子計算機出力マイクロフィルムによる保存をすることができます。

保存の態様別保存方法

保存の態様	保存方法
電子取引の取引情報に係る電磁的記録を出力した書面の保存（旧電帳規８②）	国税に関する法律の規定により、その書面を保存すべきこととなる場所に、その書面を保存すべきこととなる期間、整理して保存しなければならない。 その書面は、整然とした形式及び明瞭な状態で出力しなければならない。

電子取引の取引情報に係る電磁的記録を出力した電子計算機出力マイクロフィルムの保存（旧電帳規８③（旧電帳規４②において準用する旧電帳規４①１号（同号ロに係る部分に限る。）から４号までに掲げる要件））	国税に関する法律の規定により、その書面を保存すべきこととなる場所に、その書面を保存すべきこととなる期間、マイクロフィルムの保存要件である①保存義務者等の氏名等の記載、②特定の取引情報を探し出すための索引簿の備付け、③マイクロフィルムごとの記録事項の索引の出力、④マイクロフィルムリーダプリンタ及びその操作説明書を備え付け、その電子計算機出力マイクロフィルムの内容をマイクロフィルムリーダプリンタの画面及び書面に、整然とした形式及び明瞭な状態で、速やかに出力することができるようにしておかなければならない。

（電子取引の種類に応じた保存方法）

問　電子取引を行った場合において、取引情報をデータとして保存する場合、どのような保存方法が認められるでしょうか。

答

電子取引を行った場合には、取引情報を保存することとなりますが、例えば次に掲げる電子取引の種類に応じて保存することが認められます。

1　電子メールに請求書等が添付された場合

(1) 請求書等が添付された電子メールそのもの（電子メール本文に取引情報が記載されたものを含みます。）をサーバ等（運用委託しているものを含みます。以下同じです。）自社システムに保存する。

(2) 添付された請求書等をサーバ等に保存する。

2　発行者のウェブサイトで領収書等をダウンロードする場合

(1)　ＰＤＦ等をダウンロードできる場合

①　ウェブサイトに領収書等を保存する。

②　ウェブサイトから領収書等をダウンロードしてサーバ等に保存する。

(2)　ＨＴＭＬデータで表示される場合

①　ウェブサイト上に領収書を保存する。

②　ウェブサイト上に表示される領収書をスクリーンショットし、サーバ等に保存する。

③　ウェブサイト上に表示されたＨＴＭＬデータを領収書の形式に変換（ＰＤＦ等）し、サーバ等に保存する。

3　第三者等が管理するクラウドサービスを利用し領収書等を授受する場合

(1)　クラウドサービスに領収書等を保存する。

(2)　クラウドサービスから領収書等をダウンロードして、サーバ等に保存する。

4　従業員がスマートフォン等のアプリを利用して、経費を立て替えた場合

従業員のスマートフォン等に表示される領収書データを電子メールにより送信させて、自社システムに保存する。

この場合にはいわゆるスクリーンショットによる領収書の画像データでも構いません。

なお、これらのデータを保存するサーバ等は可視性及び真実性の要件を満たす必要があります。

出所：国税庁　電子帳簿保存法一問一答（電子取引関係）問27

(クラウドサービスで取引を行った場合)

問　取引相手と直接電子データを授受することのないクラウドサービスでも電子取引に当たると言われましたがなぜですか。

答

取引相手と直接電子データを授受することのないクラウドサービスでも、これを利用して取引先から請求書等を受領した場合には、電子取引に該当します。

請求書等の授受についてクラウドサービスを利用する場合は、取引の相手方と直接取引情報を授受するものでなくても、請求書等のデータをクラウドサービスにアップロードし、そのデータを取引当事者双方で共有するものが一般的ですので、取引当事者双方でデータを共有するものも取引情報の授受にあたり、電子取引に該当します。取引先と直接電子データの授受をするかどうかで電子取引か否かを判断するわけではないことになります。

例えば、クラウド上で一時的に保存されたデータをダウンロードして保存するようなシステムの場合には、データの訂正削除が可能と考えられますので、受領したデータに電子帳簿保存法施行規則４条１項１号のタイムスタンプの付与が行われていない場合には、受領者側で同規則４条１項２号のタイムスタンプを付与すること又は同項４号に定める事務処理規程に基づき、適切にデータを管理することが必要です。

電子計算機を使用して請求書を作成して、クラウドサービスを利用して取引先に電磁的な請求書を発行する場合に、その請求書を書面にも出力して、郵送等により取引先に対して発行する場合には、その請求書（控）を紙で保存する必要があります。

保存義務者が一貫して電子計算機を使用してこの請求書を作成する場合には、「国税関係書類の電磁的記録による保存」として、保存要件に従って、その請求書に係る電磁的記録の保存をもって、その書面の保存に代えることができることになります（電帳法４②）。

出所：国税庁　電子帳簿保存法一問一答（電子取引関係）問 4、6

（スマホアプリを使って取引を行った場合）

問　スマホアプリを使って決済を行い、アプリ提供事業者から利用明細書をもらいましたが、これは電子取引になるのですか。

答

アプリ提供事業者から電子データで利用明細等を受領する行為は、電子取引に該当します。そのため、当該利用明細等に係る取引データについて保存する必要があります。

いわゆるスマホアプリを利用した際に、アプリ提供事業者から受領する利用明細に係る内容には、通常、支払日時、支払先、支払金額等が記載されていることから、電子帳簿保存法２条５号に規定する取引情報に該当します。そして、その取引情報の授受を電磁的方式より行う場合には、電子取引に該当することになります。

この取引情報の保存にあたっては、アプリ提供事業者から提供された利用明細等の利用方法が、クラウド上で一時的に保存されたデータをダウンロードして保存するようなシステムの場合には、一般的に受領者側におけるデータの訂正削除が可能と考えられますので、受領したデータに電子帳簿保存法施行規則４条１項１号のタイムスタンプの付与が行われていない場合には、受領者側でタイムスタンプを付与すること又は同規則４条１項４号に定める事務処理規程に基づき、適切にデータを管理することが必要です。また、対象となるデータは原則、検索できる状態で保存することが必要ですので、このデータが添付された電子メールについて、当該メールソフト上で閲覧できるだけでは十分とは言えません。検索要件が不要となる場合にはこの限りではありません（電帳規４①柱書、②）。

出所：国税庁　電子帳簿保存法一問一答（電子取引関係）問4、7

(同一の請求書をクラウドと電子メールの２通りの方法で電子により受領した場合)

問　取引先との間で、同一の請求書をクラウドサービスと電子メールで２つ受領した場合、２つとも保存する必要がありますか。

答

請求書をクラウドサービスにより受領したものと電子メールにより受領したものがある場合のように、同一の請求書を２つの電子取引により受領したときについては、それが同一のものであるのであれば、いずれか一つの電子取引に係る請求書を保存しておけばよいこととなります。

電子取引の取引データについて、２つの電子取引により同一の取引データを受領した場合には、いずれの取引データを保存する必要があるのか問題となりますが、それらの取引データが同一の内容であれば同一の請求書を重複して保存することとなるため、いずれかの電子取引に係る請求書を保存しておけばよいこととなります。

なお、取引データから出力した書面を任意に保存することは問題ありませんが、保存要件に基づいて、受領した取引データを保存しなければなりません。

出所：国税庁　電子帳簿保存法一問一答（電子取引関係）問26

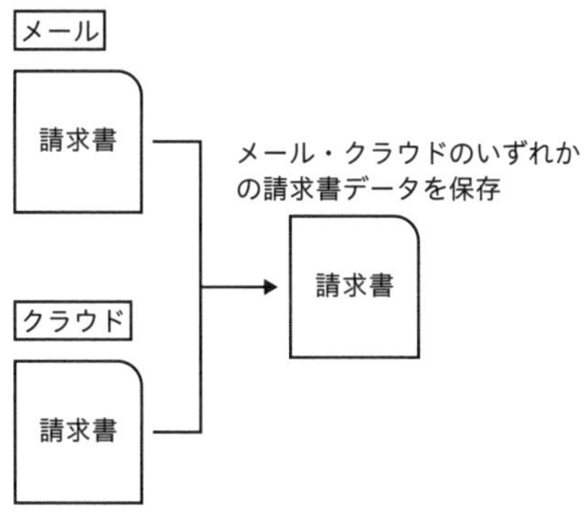

（検索機能の確保とは何が必要か）

問　電子取引の取引情報に係る電磁的記録の保存に当たり、どのような検索機能を有していればいいのですか。

答

電子取引の取引情報に係る電磁的記録の保存に当たり、以下の要件を満たす検索機能を確保する必要があります。

(1) 取引年月日その他の日付、取引金額及び取引先を検索の条件として設定することができること。

(2) 日付又は金額に係る記録項目については、その範囲を指定して条件を設定することができること。

(3) 二以上の任意の記録項目を組み合わせて条件を設定することができること。

取引情報の保存については、サーバ等に保存する場合や、クラウドサービス等を利用する場合が考えられますが、その保存方法にかかわらず、保存義務者は上記の要件を満たして検索をすることができる必要があります。

なお、税務職員による質問検査権に基づくダウンロードの求めに応じることができるようにしている場合には、(2) 及び (3) の要件は不要、一定の小規模事業者については、全ての検索機能の確保の要件が不要となります。

また、ダウンロードの求めに応じられる状態で電磁的記録の保存を行い、税務調査で実際にダウンロードの求めがあった場合に、一部でもその求めに応じなかった場合には、検索要件の緩和の規定の適用は受けられません。

出所：国税庁　電子帳簿保存法一問一答（電子取引関係）問 31、電帳通 7-7

（記録項目を組み合わせた条件設定）

問　「二以上の任意の記録項目を組み合わせて条件を設定することができること」には、「ＡかつＢ」のほか「Ａ又はＢ」といった組合せも含まれますか。

答

「Ａ又はＢ」の組合せは必要ありません。

二の記録項目の組合せとしては、「ＡかつＢ」と「Ａ又はＢ」とが考えられますが、このうち、「Ａ又はＢ」の組合せについては、それぞれの記録項目により二度検索するのと実質的に変わらない（当該組合せを求める意味がない）ことから、これを求めないこととしています。

出所：国税庁　電子帳簿保存法一問一答（電子取引関係）問32

（段階的な検索ができるもの）

問　一の記録項目により検索をし、それにより探し出された記録事項を対象として、別の記録項目により絞り込みの検索をする方式は、要件を満たすこととなりますか。

答

段階的な検索ができるものも要件を満たすこととなります。

「二以上の任意の記録項目を組み合わせて条件を設定することができること」とは、必ずしも「ＡかつＢ」という組合せで検索できることのみをいうのではなく、一の記録項目（例えば「Ａ」）により検索をし、それにより探し出された記録事項を対象として、別の記録項目（例えば「Ｂ」）により再度検索をする方式も結果は同じであることから要件を満たすこととなります。

出所：国税庁　電子帳簿保存法一問一答（電子取引関係）問32

（検索要件が不要となる場合）

問　電子取引を行った場合で、検索要件が不要となる場合があると聞いたのですが、どのような場合ですか。

答

電子取引の取引情報に係る電磁的記録の検索要件については、保存義務者がその判定期間に係る基準期間における売上高が1,000万円以下である事業者である場合に、その保存義務者が国税に関する法律の規定による電磁的記録の提示又は提出の要求に応じることができる、いわゆる税務調査でダウンロードの求めに応じることができるようにしている場合には、電帳規2条6項6号の検索要件の全てが不要とされています（電帳規4①柱書）。

なお、ダウンロードの求めに応じられる状態で電磁的記録の保存を行い、税務調査で実際にダウンロードの求めがあった場合に、一部でも求めに応じなかった場合には、検索要件は不要とはならず、検索機能を確保する必要があります。さらに検索機能が確保できなかった場合には、保存要件に従って保存が行われていないこととなり、国税関係書類以外の書類とみなされません（電帳通7-7、電帳法8②）。

電子取引を行った場合で検索要件が不要となる場合

事業者 （電帳規4②一）	個人事業者（業務を行う個人をいいます。）	法人
判定期間 （電帳規4②二）	電子取引を行った日の属する年の1月1日から12月31日までの期間	電子取引を行った日の属する事業年度（法人税法13条及び14条（事業年度）に規定する事業年度）
基準期間 （電帳規4②三）	その年の前々年	その事業年度の前々事業年度（当該前々事業年度が1年未満である法人については、その事業年度開始の日の2年前の日

		の前日から同日以後１年を経過する日までの間に開始した各事業年度を合わせた期間）
保存義務者がその判定期間に係る基準期間における売上高が 1,000 万円以下である事業者である場合⇒税務調査でダウンロードの求めに応じることができるようにしている場合には、検索要件の全てが不要		

（注）　売上高が 1,000 万円を超えるかどうかの判断基準については、消費税法９条の小規模事業者に係る納税義務の免除の課税期間に係る基準期間における課税売上高の判断基準の例によりますが、例えば、判定期間に係る基準期間がない新規開業者、新設法人の初年（度）、翌年（度）の課税期間などについては、検索機能の確保の要件が不要となります。

出所：国税庁　電子帳簿保存法一問一答（電子取引関係）問 34

（検索機能を有するシステムを有しない場合の検索）

問　電子取引の取引データを保存するシステムを有しない場合、どのようにすれば検索機能の確保の要件を満たすこととなりますか。

答

例えば、エクセル等の表計算ソフトにより、取引データに係る取引年月日その他の日付、取引金額、取引先の情報を入力して一覧表を作成することにより、そのエクセル等の機能により、入力された項目間で範囲指定、二以上の任意の記録項目を組み合わせて条件設定をすることが可能な状態であれば、検索機能の確保の要件を満たすものと考えられます。

Point!　システムを導入しなくても検索機能を確保する方法

また、保存すべき取引データについて、税務職員のダウンロードの求めに応じることができるようにしておき、当該取引データのファイル名を「取引年月日その他の日付」、「取引金額」、「取引先」を含み、統一した順序で入力しておくことで、取引年月日その他の日付、取引金額、取引先を検索の条件として設定することができるため、検索機能の確保の要件を満たすものと考えられます。

(1) 一覧表の作成により検索機能を満たそうとする例

ファイル名には①、②、・・・と通し番号を入力する。エクセル等により以下の表を作成する。

〈索引簿（サンプル）〉

連番	日付	金額	取引先	備考
①	20210131	110,000	㈱霞商店	請求書
②	20210210	330,000	国税工務店㈱	注文書
③	20210228	330,000	国税工務店㈱	領収書
④				

（注）索引簿のサンプルについては、国税庁 HP からダウンロードできます（https://www.nta.go.jp/law/joho-zeikaisyaku/sonota/jirei/0021006-031.htm）。

(2) ファイル名の入力により検索機能を満たそうとする例

2022年（令和４年）11月30日付の株式会社霞商事からの20,000円の請求書データの場合　⇒「20221130_㈱霞商事_20,000」

※　取引年月日その他の日付は和暦でも西暦でも構いませんが、混在は抽出機能の妨げとなることから、どちらかに統一して入力する必要があります。

出所：国税庁　電子帳簿保存法一問一答（電子取引関係）問33

電子取引の取引情報に係る電磁的記録を保存するにあたって、上記により検索機能を確保したとするならば、電帳規４条１項４号に定める事務処理規程に基づき、適切にデータを管理していれば、タイムスタンプ等の設備投資を行うことなく、保存要件を満たすことができると考えられます。

※　事務処理規程のサンプルについては、151頁を参照。

	保存要件
○	自社開発のプログラム使用でなければ電子計算機処理システムの概要の備付け不要（電帳規４①柱書）
○	見読可能装置の備付け等（電帳規４①柱書）
○	検索機能の確保（電帳規４①柱書）
○	正当な理由がない訂正及び削除の防止に関する事務処理の規程を定めて運用を行い、その事務処理規程を備え付ける（電帳規４①四）

（訂正又は削除の履歴の確保の要件）

問　訂正又は削除の履歴の確保の要件を満たすためには、具体的どのようなシステムであればよいのですか。

答

訂正又は削除の履歴の確保の要件を満たしたシステムとは、例えば、

(1) 電磁的記録の記録事項に係る訂正・削除について、物理的にできない仕様とされているシステム

(2) 電磁的記録の記録事項を直接に訂正又は削除を行った場合には、訂正・削除前の電磁的記録の記録事項に係る訂正・削除の内容について、記録・保存を行うとともに、事後に検索・閲覧・出力ができるシステム

等が該当するものと考えられます。

具体的には、例えば、他者であるクラウド事業者が提供するクラウドサービスにおいて取引情報をやりとり・保存し、利用者側では訂正削除できない、又は訂正削除の履歴（ヴァージョン管理）が全て残るクラウドシステムであれば、通常、この電子計算機処理システムの要件を満たしているものと考えられます。

出所：国税庁　電子帳簿保存法一問一答（電子取引関係）問30

（正当な理由がない訂正及び削除の防止に関する事務処理の規程とは）

問　「正当な理由がない訂正及び削除の防止に関する事務処理の規程」とはどのようなものを設ければいいのですか。

答

電子取引の取引情報に係る電磁的記録の選択的保存要件としては、タイムスタンプを用いたもの、一定の要件を満たすシステムを使用したものと、この事務処理規程の備付けを行うこととされています。前二者は設備投資が必要ですが、事務処理規程の備付けは運用上の規程を定めてこれをしっかり運用することにより保存要件を満たすことになりますので、設備投資が難しい保存義務者にとっては、採用しやすい要件と考えられます。

この「正当な理由がない訂正及び削除の防止に関する事務処理の規程」とは、例えば、次に掲げる区分に応じ、それぞれ次に定める内容を含む規程がこれに該当します（電帳通 7-5）。

（1）自らの規程のみによって防止する場合
①　データの訂正削除を原則禁止 ②　業務処理上の都合により、データを訂正又は削除する場合（例えば、取引相手方からの依頼により、入力漏れとなった取引年月日を追記する等）の事務処理手続（訂正削除日、訂正削除理由、訂正削除内容、処理担当者の氏名の記録及び保存） ③　データ管理責任者及び処理責任者の明確化
（2）取引相手との契約によって防止する場合
①　取引相手とデータ訂正等の防止に関する条項を含む契約を行うこと。 ②　事前に上記契約を行うこと。 ③　電子取引の種類を問わないこと。

（正当な理由がない訂正及び削除の防止に関する事務処理の規程のサンプル）

問　「正当な理由がない訂正及び削除の防止に関する事務処理の規程」を定めて運用する措置を行うことを考えていますが、具体的にはどのような規程を設ければいいですか。

答

「正当な理由がない訂正及び削除の防止に関する事務処理の規程」は、この規程によって電子取引の取引情報に係る電磁的記録の真実性を確保する観点から必要な措置として要件とされたものです。

この規程については、どこまで整備すればデータ改ざん等の不正を防ぐことができるのかについて、事業規模等を踏まえて個々に検討する必要がありますが、必要となる事項を定めた規程としては、例えば、次に掲げるようなものが考えられます。

なお、規程に沿った運用を行うに当たっては、業務ソフトに内蔵されたワークフロー機能で運用することとしても差し支えありません。

「電子取引データの訂正及び削除の防止に関する事務処理規程」のサンプルについては、こちらの国税庁HPからダウンロードできます

（法人の例）https://www.nta.go.jp/law/joho-zeikaishaku/sonota/jirei/word/0021006-031_d.docx

（個人事業者の例）https://www.nta.go.jp/law/joho-zeikaishaku/sonota/jirei/word/0021006-031_e.docx

出所：国税庁　電子帳簿保存法一問一答（電子取引関係）問24

（保存要件の判定方法）

問　自社で使用する電子取引用のソフト等について、電子帳簿保存法の保存要件を満たしているかは、どのようにして判定すればいいですか。

答

まずは、そのソフトウェアの取扱説明書等で電子帳簿保存法の要件

を満たしているか確認することになります。

また、公益社団法人日本文書情報マネジメント協会（以下「JIIMA」といいます。）において、市販のソフトウェア及びソフトウェアサービス（以下「ソフトフェア等」といいます。）を対象に、電子帳簿保存法における要件適合性の確認（認証）を行っており、JIIMAが確認（認証）したソフトウェア等については、そちらでも確認することができます。

従前は、使用する電子取引用のソフト等が電子帳簿保存法の要件に適合しているかについて、商品の表示等のみに頼っている状況でしたが、こうした状況を踏まえ、保存義務者の予見可能性を向上させる観点から、JIIMAがソフトウェア等の法的要件認証制度を開始しました。国税庁ではこれを事前承認の審査に活用することとしていました。

なお、電子帳簿保存法の保存等の要件には、事務手続関係書類の備付けに関する事項等、機能に関する事項以外の要件も満たす必要がありますので注意が必要です。

出所：国税庁　電子帳簿保存法一問一答（電子取引関係）問38

(電子取引ソフト法的要件認証制度)

問　JIIMAにより、電子取引ソフト等が電子帳簿保存法の要件を充足することを認証する制度があると聞きましたがどのような制度なのですか。

答

JIIMAでは、国税関係書類をコンピュータで作成し電子的にやり取りする場合のその取引情報の保存を行う市販ソフトウェア及びソフトウェアサービスが、電子帳簿保存法の要件を満たしているかをチェックし、法的要件を満たしていると判断したものを認証する「電子取引ソフト法的要件認証制度」をスタートさせました。

JIIMAでは、電子取引の取引情報を保存する電子帳簿保存法対応ソフトウェアの機能仕様をチェックし、JIIMA が法的要件を満たしていると判断したものを認証しています。これにより、そのソフトウェアを導入する企業は、電子帳簿保存法及びその他の税法が要求している要件を個々にチェックする必要がなく、安心して導入することができます。

ソフトウェアの認証に当たっては、そのソフトウェアのマニュアル、取扱説明書などで公開されている機能をベースに、公正な第三者機関でチェックし、必要な機能を全て備えていることを確認したうえで認証審査委員会で審議し、認証を行っています。また、認証した製品の一覧は、JIIMA のホームページで公表するとともに、国税庁に対して認証製品リスト等が提出されます。

国税庁 HP では、JIIMA 認証情報リストが掲載されています（ホーム / 法令等 / その他法令解釈に関する情報 /JIIMA 認証情報リスト https://www.nta.go.jp/law/joho-zeikaishaku/sonota/jirei/11.htm）。

令和 3 年 10 月 7 日現在の「JIIMA 認証情報リスト（電子取引ソフト）」では 13 件が掲載されています。

電子帳簿保存法の法的要件を満足しているとして認証した製品には、ロゴの表示を認めていますので、ユーザー側の企業はこの認証マークを見れば保存要件を充足するソフトであることがすぐにわかる仕組みになっています。

出所：国税庁　電子帳簿保存法一問一答（電子取引関係）問 39、JIIMA ホームページより

他の国税に関する法律の規定の適用

1　国税関係帳簿書類に係る電磁的記録等に対する各税法の規定の適用

電子帳簿保存法4条1項、2項若しくは3項前段又は5条各項のいずれかに規定する保存要件に従って備付け及び保存が行われている国税関係帳簿又は保存が行われている国税関係書類に係る電磁的記録又は電子計算機出力マイクロフィルムに対する各税法の適用については、その電磁的記録又は電子計算機出力マイクロフィルムを当該国税関係帳簿又は当該国税関係書類とみなすとされています（電帳法8①）。

この電磁的記録若しくは電子計算機出力マイクロフィルムによる保存等を行った場合には、電子帳簿保存法4条、5条により国税関係帳簿書類の保存等に代えることができるとされていますので、保存要件等に従って保存等を行っていれば、国税関係帳簿書類の保存等の義務は履行されたことになりますが、これらの規定だけでは国税関係帳簿書類とみなされているわけではありませんので、各税法の適用にあたっては、その国税関係帳簿書類とみなして適用することとしているものです。

Point!　保存要件に従って保存していれば国税関係帳簿書類とみなされる。

令和3年度税制改正前においては、国税関係帳簿書類の電磁的記録等による保存等の承認を受けているその国税関係帳簿書類に係る電磁的記録又は電子計算機出力マイクロフィルムをその国税関係帳簿書類とみなすこととされており、事前承認制度を前提として、一部の保存要件を満たさなくなった場合であったとしても、承認を受けて保存等が行われている限りにおいては、その電磁的記録等を国税関係帳簿書類とみなすこととされていました。今回の事前承認制度の廃止に伴って、その保存要件に従って保存が行われていない電磁的記録は、原則として、国税関係帳簿又は国税関係書類とみなされないこととされました。

これにより、例えば、仕入れに係る消費税額の控除を適用する場合には、その控除に係る帳簿及び請求書等の保存が必要とされていますが（消法30⑦）、請求書等のスキャナ保存が保存要件に従って行われていない場合には、その控除の適用が否認され得ることとなります。

関連Q&A

（保存要件に従った保存でなくなった場合）

問　保存期間の途中で電磁的記録による保存をとりやめ、保存要件に従った保存でなくなった場合にはどのようにすればいいのですか。

答

国税関係帳簿書類の電磁的記録による保存等の適用を受けている国税関係帳簿書類について、その保存期間の途中で電磁的記録による保存等を取りやめることとした場合には、その取りやめることとした国税関係帳簿については、取りやめることとした日において保存等をしている電磁的記録及び保存している電子計算機出力マイクロフィルムの内容を書面に出力して保存等をしなければなりません。

これは、電磁的記録による保存等を取りやめることとした国税関係帳簿又は国税関係書類については、取りやめることとした日以後の新たな記録分等について書面で保存等をしなければなりませんが、同日において保存等をしている電磁的記録及び保存している電子計算機出力マイクロフィルムの内容を書面に出力して、残りの保存期間、保存等をしなければならないことを明らかにしたものです。

また、スキャナ保存が行われている国税関係書類に係る電磁的記録について、その保存期間の途中でその保存要件に従った電磁的記録による保存を取りやめることとした場合には、その電磁的記録の基となった国税関係書類を保存しているときはその国税関係書類を、廃棄している場合には、その取りやめることとした日において適法に保存している電磁的記録を、それぞれの要件に従って保存しなければなりません（電帳通 4-39)。

令和３年度税制改正前においても、国税関係帳簿書類の電磁的記録等による保存等の承認取りやめの届出書を提出した場合には、その承認取りやめ届出書に記載された国税関係帳簿書類については、その届出書を提出した日において保存等をしている電磁的記録及び電子計算機出力マイクロフィルムの内容を書面に出力して保存等をしなければならない取扱いとされていましたが（旧電帳通 7-1)、事前承認制が廃止されたため、同様の取扱いとすることとされたものです。

2 電子取引の取引情報に係る電磁的記録等に対する各税法の規定の適用

電子帳簿保存法７条の規定により保存要件に従って保存が行われている電子取引の取引情報に係る電磁的記録に対する各税法の適用については、その電磁的記録を国税関係書類以外の書類とみなすこととされました（電帳法８②)。

これは、電子取引の取引情報は電子帳簿保存法７条により創設的に保存義務を課したものであり、各税法に基づいて保存義務が課されたものではないため、国税関係書類以外の書類とみなすこととされたものです。

Point !　保存要件に従って保存していれば国税関係書類以外の書類とみなされる。

したがって、保存要件に従って保存が行われていない電磁的記録については、他者から受領した電子データとの同一性が担保されないことから、保存書類と扱わないこととし、保存要件に従って保存が行われている電磁的記録のみ「国税関係書類以外の書類」とみなすこととされています。

この「国税関係書類以外の書類」とみなされる電磁的記録については、所得税法及び法人税法における保存書類とみなされるものではありませんが、申告内容を確認するための書類となり得ることとなります。

なお、保存要件に従って保存が行われていない電磁的記録については、「国税関係書類以外の書類」とみなされないことから、申告内容を確認するためのものとして扱われるためには、納税者における追加的な説明や資料提出が必要となるものと考えられます。

3 災害その他やむを得ない事情に係る宥恕措置の整備

(1) スキャナ保存に係る宥恕規定

スキャナ保存に係る保存義務者が、災害その他やむを得ない事情により、保存要件に従って国税関係書類に係る電磁的記録のスキャナ保存をすることができなかったことを証明した場合には、その保存要件にかかわらず、その電磁的記録の保存をすることができることとされています（電帳規２⑧）。ただし、その事情が生じなかったとした場合において、その保存要件に従ってその電磁的記録の保存をすることができなかったと認められるときは、この限りでないこととされています（電帳規２⑧ただし書）。

また、災害その他やむを得ない事情が生じる前に過去分重要書類のスキャナ保存を行っている保存義務者についても、その事情により保存要件に従ってその過去分重要書類に係る電磁的記録の保存をすることができないこととなったことを証明した場合には宥恕措置が適用されます（電帳規２⑪）。この措置は、既に適用届出書を提出し、過去分重要書類の保存を行っている者がその保存要件を充足できないこととなった場合が対象であり、その事情が生じた場合であっても、適用届出書を提出せずに過去分重要書類の保存を行うことができるものではありません（電帳通4-37）。

この宥恕措置は、保存要件に従って国税関係書類に係る電磁的記録のスキャナ保存が行われていない場合において、その原本である国税関係書類が廃棄されているときは、各税法の規定に基づく保存義務が履行されていないものとして扱われることとなり、また、青色申告の承認取消し等の事由にも該当し得ることになる点を踏まえて、災害等の保存義務者の責めに帰すことができない状況において、保存要件を満たすことが困難となった場合には、それを保存義務者において証明することにより、その保存要件にかかわらずその電磁的記録の保存を行うことができることとされたものです。

なお、災害等の事情が生じる前に作成又は受領した国税関係書類について、災害等の事情が生じた時点で既にスキャナ保存を行う際の入力期間を経過しているなど保存要件を満たしていなかった場合等については、「その事情が生じなかったとした場合において、その保存要件に従ってその電磁的記録の保存をすることができなかったと認められるとき」に該当するため、本措置の適用はないことになります。

災害等の場合の宥恕規定

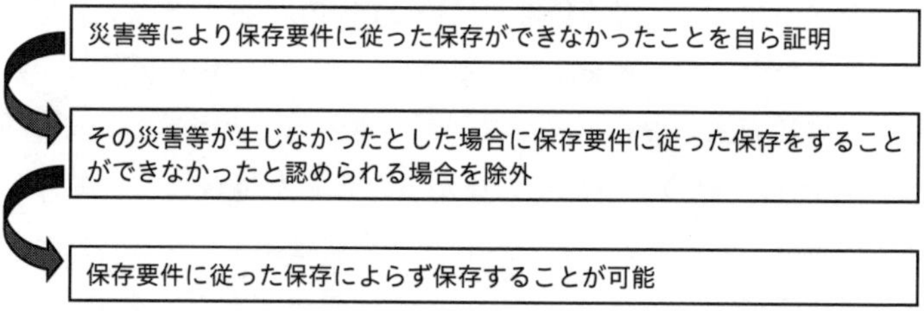

災害等により保存要件に従った保存ができなかったことを自ら証明

↓

その災害等が生じなかったとした場合に保存要件に従った保存をすることができなかったと認められる場合を除外

↓

保存要件に従った保存によらず保存することが可能

(2) 電子取引に係る宥恕規定

電子取引の取引情報に係る電磁的記録について、令和３年度税制改正において電磁的記録の出力書面等による保存措置が廃止されたため、保存要件に従ってその電磁的記録の保存が行われていない場合には、「国税関係書類以外の書類」とみなされず、また、青色申告の承認取消し等の事由にも該当し得ることから、保存義務者の責めに帰すことができない状況における保存要件充足の困難性を考慮し、スキャナ保存の場合と同様の宥恕措置が設けられています（電帳規４③）。

(3) 国税関係帳簿書類の電磁的記録等の扱い

国税関係帳簿書類の電磁的記録等による保存等が保存要件に従って行われていない場合には、その電磁的記録等の内容を出力した書面を保存する取扱いとされていることから（電帳通4-39、155頁参照）、保存要件に従って保存が行われない場合における電磁的記録の保存等の措置及びこれに伴う上記の宥恕措置はその必要性が乏しいと考えられるため、設けられていません。

(4)「災害その他やむを得ない事情」の意義

電子帳簿保存法に設けられた宥恕規定と同様の規定は、消費税法30条7項ただし書等にもあります。「災害その他やむを得ない事情」とは一般的にはどのようなものをいうのかについては消費税法基本通達11-2-22（同通達8-1-4による）において、次に掲げるところによるとされています。

①「災害」とは、震災、風水害、雪害、凍害、落雷、雪崩、がけ崩れ、地滑り、火山の噴火等の天災又は火災その他の人為的災害で自己の責任によらないものに基因する災害をいう。

②「やむを得ない事情」とは、①に規定する災害に準ずるような状況又は当該事業者の責めに帰することができない状況にある事態をいう。

これと同様の規定が電帳通4-37、7-9においても規定されています。この「災害その他やむを得ない事情」の意義は、スキャナ保存（電帳規2⑧）、過去分重要書類（電帳規2⑪）及び電子取引（電帳規4③）の宥恕規定でも同様です。

4　青色申告等の承認取消しに関する規定の適用

保存義務者の帳簿書類の備付け、記録又は保存が、電磁的記録による保存等（電帳法4①②）若しくはスキャナによる保存（電帳法4③前段）、電子計算機出力マイクロフィルムによる保存（電帳法5各項）又は電子取引の取引情報に係る電磁的記録の保存（電帳法7）を行っている場合に、その保存義務者が青色申告者である個人若しくは法人又は連結法人であり、それぞれの電磁的記録等に係る保存要件に違反している場合には、青色申告又は連結納税の承認申請却下又は承認取消事由に該当することになります（グループ通算制度移行後においては、通算予定法人に係る通算承認の承認申請却下事由（法法64の9③三ロ）となります。）（電帳法8③）。

これらの保存要件違反を承認申請却下又は承認取消事由としたのは、青色申告者又は連結法人が国税関係帳簿書類をこれらの電磁的記録等により保存する場合において、その帳簿書類の保存目的を達成するためには、保存場所、保存年数等の要件だけではなく、電子帳簿保存法に基づく保存要件も充足する必要があることが考慮されたものです。

Point! 帳簿書類の保存目的達成のためには電帳法の保存要件充足も必要

なお、例えば、法人の青色申告の承認の取消しは、法人税法127条１項各号に掲げる事実及びその程度、記帳状況、改善可能性等を総合勘案の上、真に青色申告書を提出するにふさわしくない場合について行うこととされています（「法人の青色申告の承認の取消しについて」（事務運営指針））。

参考 電帳法８条３項４号の規定による読み替え後の法人税法127条１項１号

（青色申告の承認の取消し）

第127条　第121条第１項（青色申告）の承認を受けた内国法人につき次の各号のいずれかに該当する事実がある場合には、納税地の所轄税務署長は、当該各号に定める事業年度まで遡つて、その承認を取り消すことができる。この場合において、その取消しがあつたときは、当該事業年度開始の日以後その内国法人が提出したその承認に係る青色申告書（納付すべき義務が同日前に成立した法人税に係るものを除く。）は、青色申告書以外の申告書とみなす。

一　その事業年度に係る帳簿書類の備付け、記録又は保存が前条第１項又は電子計算機を使用して作成する国税関係帳簿書類の保存方法等の特例に関する法律第４条第１項、第２項若しくは第３項前段（国税関係帳簿書類の電磁的記録による保存等）、第５条各項（国税関係帳簿書類の電子計算機出力マイクロフィルムによる保存等）若しくは第７条（電子取引の取引情報に係る電磁的記録の保存）のいずれかに規定する財務省令で定めるところに従つて行われていないこと　当該事業年度

二～四　省略

（下線部分が読み替えにより追加した条文）

5 民間事業者等が行う書面の保存等における情報通信の技術の利用に関する法律の適用除外

国税関係帳簿書類については、e-文書通則法３条（電磁的記録による保存）及び４条（電磁的記録による作成）の規定は、適用しないこととされて

います（電帳法6）。

e-文書通則法3条及び4条においては、民間事業者等は、法令の規定により書面により行わなければならないこととされている作成又は保存について、その法令の規定にかかわらず、主務省令で定めるところにより、書面等の作成又は保存に代えてその書面等に係る電磁的記録の作成又は保存を行うことができるとされています。

このe-文書通則法の書面の作成又は保存は、民間事業者等が納税者の立場で行わなければならないものも含まれることになります。

しかしながら、国税関係帳簿書類の作成又は保存については、適正公平な課税の確保の観点から、電子帳簿保存法に規定する要件の下で行わなければならないことから、国税関係帳簿書類については、e-文書通則法3条（電磁的記録による保存）及び4条（電磁的記録による作成）の規定は、適用しないこととされているものです（電帳法6）。

参考　e-文書通則法

（電磁的記録による保存）

第3条　民間事業者等は、保存のうち当該保存に関する他の法令の規定により書面により行わなければならないとされているもの（主務省令で定めるものに限る。）については、当該法令の規定にかかわらず、主務省令で定めるところにより、書面の保存に代えて当該書面に係る電磁的記録の保存を行うことができる。

2　前項の規定により行われた保存については、当該保存を書面により行わなければならないとした保存に関する法令の規定に規定する書面により行われたものとみなして、当該保存に関する法令の規定を適用する。

（電磁的記録による作成）

第4条　民間事業者等は、作成のうち当該作成に関する他の法令の規定により書面により行わなければならないとされているもの（当該作成に係る書面又はその原本、謄本、抄本若しくは写しが法令の規定により保存をしなければならないとされているものであって、主務省令で定めるものに限る。）については、当該他の法令の規定にかかわらず、主務省令で定めるところにより、書面の作成に代えて当該書面に係る電磁的記録の作成を行うことができる。

2　前項の規定により行われた作成については、当該作成を書面により行わなければならないとした作成に関する法令の規定に規定する書面により行われたものとみなして、当該作成に関する法令の規定を適用する。

3　第１項の場合において、民間事業者等は、当該作成に関する他の法令の規定により署名等をしなければならないとされているものについては、当該法令の規定にかかわらず、氏名又は名称を明らかにする措置であって主務省令で定めるものをもって当該署名等に代えることができる。

VI 優良な電子帳簿に係る過少申告加算税の軽減措置

1 制度導入の理由

これまでは電子帳簿保存制度を利用するに当たってはハードルが高く、なかなか利用に結びつかなかったところもありました。そのため、令和3年度税制改正において国税関係帳簿書類の電磁的記録等による保存等の要件が大幅に緩和されました。また、誰もが利用しやすい電子帳簿保存制度を創設することによって、制度を利用するハードルが大きく下がったため、飛躍的に利用者が増加することが考えられます。

一方で、記帳水準の向上に資するという観点からは、事後検証可能性の高い改正前の電子帳簿保存法の要件を満たす電子帳簿については、いわば経理誤りを是正しやすい環境を自ら整えているものといえるため、最低限の要件を満たす電子帳簿との差別化を図り、その普及を進めていく必要があります。そのため、その改正前の電子帳簿保存法の要件に相当する要件を満たした電子帳簿については、「優良な電子帳簿」と位置付けて、その電子帳簿に記録された事項に関して修正申告書の提出又は更正（以下「修正申告等」といいます。）があった場合でも、その申告漏れについて課される過少申告加算税の額を軽減するインセンティブ措置が設けられました。

2 軽減措置の概要

具体的には、一定の国税関係帳簿に係る電磁的記録の備付け及び保存又はその電磁的記録の備付け及び電子計算機出力マイクロフィルムの保存が、国税の納税義務の適正な履行に資するものとして一定の要件を満たしている場合におけるその電磁的記録又は電子計算機出力マイクロフィルム（課税期間の初日以後引き続きその要件を満たして備付け及び保存が行われているものに限ります。）に記録された事項に関し修正申告等があった場合の過少申告加算税の額については、通常課される過少申告加算税の金額からその修正申告等に係る過少申告加算税の額の計算の基礎となるべき税額の5%に相当する金額を控除した金額とすることとされました（電帳法８④、電帳令２、３、電帳規５①～⑤）。この措置の適用がある場合には、過少申告加算税に係る「賦課決定通知書」にその旨が付記されます（電帳規５⑧）。

なお、過少申告加算税の額の計算の基礎となるべき税額に、電磁的記録等に記録された事項に係るもの以外の事実に基づく税額があるときは、これを控除した税額が基礎となるべき税額となります。

この措置は、「優良な電子帳簿」を促進するためのインセンティブ措置であるため、その税額の計算の基礎となるべき事実で隠蔽し、又は仮装されたものがあるときは、適用しないこととされています（電帳法８④ただし書）。

■ 優良な電子帳簿に係る過少申告加算税の軽減措置

優良な電子帳簿について、あらかじめその旨の届出書を提出した一定の国税関係帳簿（個人・法人の青色申告者、消費税事業者の備付ける帳簿）の保存を行う者については、過少申告加算税を 5%軽減することが新たに規定された（新法 8④）。

「最低限の要件を満たす電子帳簿」として備付け及び保存に代えている国税関係帳簿（新法 8④）

であって、

修正申告等の起因となる事項に係る所得税、法人税及び消費税に関する帳簿（新規則 5①）

のうち

あらかじめ、これらの帳簿に係る電磁的記録に記録された事項に関し修正申告等があった場合には新法 8④の適用を受ける旨の届出書を提出している場合におけるその帳簿（新規則 5①）

上記の帳簿に係る電磁的記録の備付け及び保存が、

国税の納税義務の適正な履行に資するものとして、訂正・削除・追加履歴の確保、帳簿間の相互関連性確保、検索機能の確保の保存要件を満たしている場合で（新規則 5⑤一）

課税期間の初日以後（政令 2）引き続き要件を満たして保存が行われているものに修正申告等があった場合　⇒　過少申告加算税を 5%軽減

3　軽減措置の対象となる帳簿

軽減措置の対象となる「一定の国税関係帳簿」とは、次の(1)、(2)の規定により保存等を行っている国税関係帳簿（最低限の要件を満たす電子帳簿）であって（電帳法8④一・二)、

(1)　電子帳簿保存法4条1項の規定により国税関係帳簿に係る電磁的記録の備付け及び保存をもって当該国税関係帳簿の備付け及び保存に代えている保存義務者の当該国税関係帳簿

(2)　電子帳簿保存法5条1項、3項の規定により国税関係帳簿に係る電磁的記録の備付け及び当該電磁的記録の電子計算機出力マイクロフィルムによる保存をもって当該国税関係帳簿の備付け及び保存に代えている保存義務者の当該国税関係帳簿

修正申告等の基因となる事項に係る次のイ～ハの帳簿（以下「**特例国税関係帳簿**」といいます。）をいうこととされています（電帳規5①)。

イ　所得税法上の青色申告者が保存しなければならないこととされる仕訳帳、総勘定元帳その他必要な帳簿（所規58①、63①)

ロ　法人税法上の青色申告法人が保存しなければならないこととされる仕訳帳、総勘定元帳その他必要な帳簿（法規54、59①)

ハ　消費税法上の事業者が保存しなければならないこととされる次の帳簿

(イ)　課税仕入れの税額の控除に係る帳簿（消法30⑦⑧一)

(ロ)　特定課税仕入れの税額の控除に係る帳簿（消法30⑦⑧二)

(ハ)　課税貨物の引取りの税額の控除に係る帳簿（消法30⑦⑧三)

(ニ)　売上対価の返還等に係る帳簿（消法38②)

(ホ)　特定課税仕入れの対価の返還等に係る帳簿（消法38の2②)

(ヘ)　資産の譲渡等又は課税仕入れ若しくは課税貨物の保税地域からの引取りに関する事項に係る帳簿（消法58)

(注)　課税貨物の保税地域からの引取りを行う事業者については、上記(ハ)及び(ヘ)（課税貨物の保税地域からの引取りに関する事項に係るものに限ります。）が対象帳簿となります。また、資産の譲渡等又は課税仕入れを行う事業者は、

それ以外の帳簿が対象となります。

過少申告加算税の軽減措置（電帳法8④）の適用を受けようとする場合には、適用を受けようとする税目に係る全ての帳簿を電子帳簿保存法施行規則5条5項の要件に従って保存し、あらかじめこの措置の適用を受ける旨等を記載した届出書を提出する必要があります。

Point!　税目に係る全ての帳簿を要件に従って保存

なお、総勘定元帳や仕訳帳以外の帳簿は納税者が行う事業の業種や規模によって異なり、保存義務者によって作成している帳簿は区々ですが、例えば、現金出納帳、固定資産台帳、売掛帳、買掛帳、経費帳等の帳簿を作成している場合には、各帳簿について電帳規5⑤の要件に従って保存する必要があります（出所：国税庁　電子帳簿保存法一問一答（電子計算機を使用して作成する帳簿書類関係）問36）。

関連 Q&A

（過少申告加算税の軽減措置の適用の要件）

問　課税期間を通じて保存要件を満たして保存等を行っていなければ、軽減措置の適用はないとのことですか、具体的な内容を教えてください。

答

課税期間を通じて優良な電子帳簿に関する保存要件を満たして特例国税関係帳簿の保存等を行っていなければ、その課税期間について過少申告加算税の軽減措置の適用はありません（電帳通8-1）。

過少申告加算税の軽減措置の適用を受けようとする過少申告加算税の基因となる修正申告等に係る課税期間の初日（業務を開始した日の属する課税期間については、その業務を開始した日）から引き続き所定の要件を満たして対象帳簿（特例国税関係帳簿）の保存等を行っている必要があります（電帳令2）。そのため、課税期間の途中から特例国税関係帳簿について要件を満たして保存等をしていた場合には、その課税期間については過少申告加算税の軽減措置の対象にはなりません。また、電子帳簿保存法８条４項では「引き続き当該要件を満たしてこれらの備付け及び保存が行われているものに限る。」とされていることから、その要件については、保存期間を通じて満たしている必要があります。

Point！	課税期間の初日から保存要件を満たしている必要。

具体的には、軽減措置の対象となる課税期間に係る修正申告書の提出又は更正の時に継続して当該要件を充足して備付け及び保存が行われていなければなりません。

なお、令和４年１月１日以後に法定申告期限が到来する国税について、修正申告書又は更正に係る課税期間の初日から令和３年度改正前の電子帳簿保存法４条１項の承認を受けている改正後の特例国税関係帳簿に相当する国税関係帳簿に係る電磁的記録の保存等をしている場合には、当該国税関係帳簿について、同日前の期間を含めた課税期間を通して優良な電子帳簿の保存要件を満たして保存等が行われているものとして、過少申告加算税の軽減措置を適用することができます（令３改正法附則82⑦)。

（過少申告加算税の軽減措置の範囲）

問　軽減対象となる過少申告の範囲として、所得税の所得控除の適用誤り等についても対象となるのですか。

答

過少申告加算税の軽減措置の対象となるのは、過少申告加算税の額の計算の基礎となるべき税額のうち、「電磁的記録等に記録された事項に係る事実に係る税額」ですが、その税額とは、法人税、地方法人税及び消費税（地方消費税を含みます。）であれば当該基礎となるべき税額の全てをいい、所得税（復興特別所得税を含みます。）であれば、その基礎となるべき税額のうち、国税関係帳簿の備付け義務があり、かつ、当該帳簿に基づき計算される所得に係る税額が対象となります。

Point！ 軽減対象は帳簿に基づき計算される全ての税額

所得税（復興特別所得税を含みます。）の場合は、帳簿の備付け義務があり、その帳簿に基づき計算される事業所得、不動産所得及び山林所得の過少申告が対象となり、仮に、一時所得などの申告漏れ、所得税の所得控除（保険料控除、扶養控除等）の適用誤りにより過少申告があり、過少申告加算税が生じた場合には、この軽減措置の対象とはなりません（電帳通 8-2）。

Point！ 所得税の一時所得漏れや所得控除誤りは対象外

(1) 軽減加算税適用届出書

保存義務者は、あらかじめ、特例国税関係帳簿に係る電磁的記録又は電子計算機出力マイクロフィルムに記録された事項に関し修正申告等があった場合にはこの軽減措置の適用を受ける旨及び特例国税関係帳簿の種類等を記載した届出書（以下「軽減加算税適用届出書」といいます。）を納税地等の所轄税務署長（上記ハ（ハ）及び（へ）（課税貨物の保税地域からの引取りに関する事項に係るものに限ります。）の帳簿については、納税地等の所轄税関長。以下「所轄税務署長等」といいます。）に提出している必要があります（電帳規５①）。

関連 Q&A

（軽減加算税適用届出書の提出時期）

問　軽減加算税適用届出書はあらかじめ届け出るとのことですが、いつまでに届け出ればいいのですか。

答

軽減措置適用届出書は、この軽減措置の適用を受けようとする国税の法定申告期限までに所轄税務署長等に提出されている場合には、その軽減措置適用届出書は、あらかじめ、所轄税務署長等に提出されているものとして取り扱うこととされています（電帳通8-4）。

この「あらかじめ」の適用に当たっては、その軽減措置適用届出書が、過少申告加算税の特例措置の適用のために提出されるものであることから、その過少申告加算税の納税義務の成立の時期である法定申告期限（通法15②十四）までに提出があれば、この「あらかじめ」提出があったものと取り扱うこととされています。

Point!　**法定申告期限までに「軽減措置適用届出書」提出**

また、令和４年１月１日前において現に令和３年度の税制改正前の承認を受けている国税関係帳簿（以下「承認済国税関係帳簿」といいます。）について、その承認済国税関係帳簿が特例国税関係帳簿である場合には、この軽減措置の適用を受けることが可能ですが、この場合においても、あらかじめ、軽減措置適用届出書の提出が必要となります（令３改正法附則82⑦、出所：国税庁　電子帳簿保存法一問一答（電子計算機を使用して作成する帳簿書類関係）問39）。

(2) 軽減加算税取りやめ届出書

保存義務者は、過少申告加算税の特例措置の適用を受けることをやめようとする場合には、あらかじめ、その旨等を記載した届出書（以下「軽減加算税取りやめ届出書」といいます。）を所轄税務署長等に提出しなければならないこととされており（電帳規5②前段）、その軽減加算税取りやめ届出書の提出があったときは、その提出があった日の属する課税期間以後の課税期間については、軽減加算税適用届出書は、その効力を失うこととされています（電帳規5②後段）。そのため、その軽減加算税取りやめ届出書を提出した日の属する課税期間以後の課税期間について、優良な電子帳簿に係る過少申告加算税の軽減措置の適用を受けようとする場合には、改めて軽減加算税適用届出書を提出する必要があります。

また、軽減加算税取りやめ届出書を提出したとしても、電磁的記録等による保存等自体を認められないものではありませんので、最低限の要件を満たす電子帳簿の保存要件（電帳規2②）を満たして保存等することは可能です。

この場合には、青色申告の承認の取消し等の対象にもなりません。

なお、最低限の要件を満たす電子帳簿の保存要件を満たせない場合や、課税期間の途中で電子計算機による作成を取りやめる場合には、新たな記録分について書面（紙）で保存等をしなければならなくなるほか、同日において保存等をしている電磁的記録のうち、保存要件を満たせなくなるものについては全て書面（紙）に出力して、保存期間が満了するまで保存等をする必要があります（出所：国税庁　電子帳簿保存法一問一答（電子計算機を使用して作成する帳簿書類関係）問34、44、電帳法4-39）。

Point!　電子帳簿をとりやめる場合、全て書面で出力

(3) 軽減加算税変更届出書

保存義務者は、軽減加算税適用届出書に記載した事項の変更をしようとする場合には、あらかじめ、その旨等を記載した届出書（「軽減加算税変更届出書」といいます。）を所轄税務署長等に提出しなければならないこととされています（電帳規5③）。

例えば、使用するシステムの全面的な変更のほか、訂正又は削除の履歴の確保、帳簿間での相互関連性の確保及び検索機能の確保に係るシステムの大幅な変更（使用していた市販ソフトの変更を含みますが、いわゆる同一ソフトのヴァージョンアップは含みません。）を行った場合が該当することになります（出所：国税庁　電子帳簿保存法一問一答（電子計算機を使用して作成する帳簿書類関係）問46）。対象となる優良な国税関係帳簿の保存等の要件については、88頁を参照してください。

(4) 対象となる優良な国税関係帳簿に係る電磁的記録等の備付け等が行われる日

過少申告加算税の軽減措置を適用するためには、特例国税関係帳簿に係る電磁的記録又は電子計算機出力マイクロフィルムについて、適用を受けようとする過少申告加算税の基因となる修正申告書又は更正に係る課税期

間の初日（新たに業務を開始した個人のその業務を開始した日の属する課税期間については、同日）以後引き続き優良な電子帳簿の保存の要件を満たして備付け及び保存が行われている必要があります（電帳法8④、電帳令2）。

これは、この措置が、記帳水準の向上に資する観点から設けられたインセンティブ措置であり、この観点からは、対象となる課税期間の初日から中途まで保存要件を満たして備付け及び保存を行っていない者や調査時に保存要件を満たしていないことが判明した者については、適切な備付け及び保存が行われているとはいえないことから、この軽減措置の対象外とするものです。

なお、課税期間の中途に業務を開始した個人については、その業務開始日から備付け及び保存が引き続き行われていれば、適切な期間の備付け及び保存であると考えられることから、新たに業務を開始した個人のその業務を開始した日の属する課税期間については、その業務を開始した日以後引き続き保存要件を満たして備付け及び保存が行われていれば、この軽減措置の適用が可能とされています（電帳令2）。

（注1）　上記の「課税期間」については、「国税に関する法律の規定により国税の課税標準の計算の基礎となる期間」とされ、消費税にあっては、個人事業者が「1月1日から12月31日までの期間」、法人が「事業年度」とされています（通法2九、消法19）。なお、所得税及び法人税についても同様に取り扱われます。

（注2）　新たに設立した法人の課税期間の開始の日は「設立の日」となるため、その設立の日が属する事業年度についてこの軽減措置の適用を受けるためには、その設立の日が事業開始日前であっても、その設立の日から保存要件を満たして備付け及び保存が行われる必要があります。

(5) 過少申告加算税の軽減措置の適用対象となる本税額

修正申告等がその電磁的記録又は電子計算機出力マイクロフィルムに記録された事項に関する事実（申告漏れ）のみに基づくものである場合には、この措置の計算対象となる「過少申告加算税の額の計算の基礎となるべき税額」は、その「修正申告等により納付すべき本税額」となります（電帳法8④）。

なお、「電磁的記録等に記録された事項に係るもの以外の事実」があるときは、「修正申告等により納付すべき本税額」（全体）から、その「電磁的記録等に記録された事項に係るもの以外の事実」のみに基づいて修正申告等があったものと仮定計算した場合に算出される本税額を控除した税額となります（電帳法8④、電帳令3)。

■ 過少申告加算税の軽減措置の適用関係

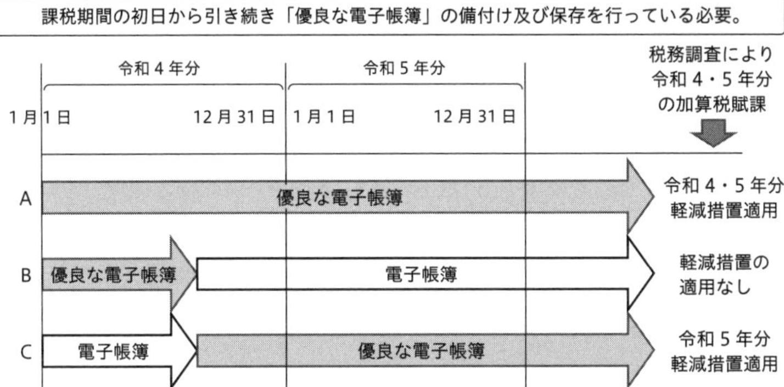

■ 承認済国税関係帳簿の過少申告加算税軽減措置の適用関係

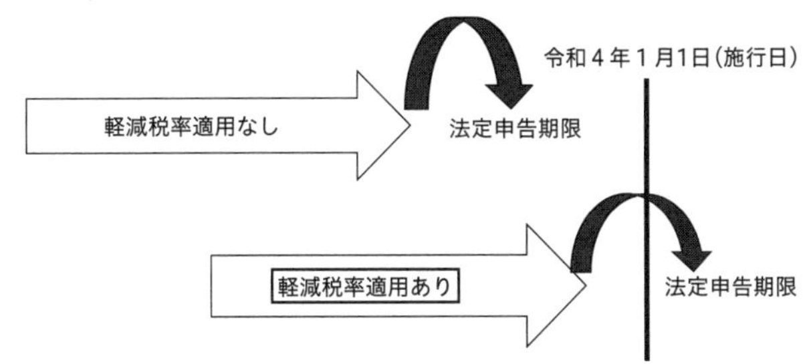

（備考）

1　過少申告加算税の軽減措置は、令和４年１月１日以後の法定申告期限が到来する国税について適用されます（令和３年改正附則82⑦前段）。したがって、例えば、所得税であれば令和３年分から、法人税であれば10月決算期分から適用される可能性があります。

2　この措置の適用に当たっては、承認済国税関係帳簿については、この軽減措置の適用を受けようとする税目に係る全ての帳簿を優良な電子帳簿として保存し、あらかじめ（法定申告期限まで）軽減加算税適用届出書を提出することにより、軽減措置の適用を受けられます。

3　この場合、改正前の承認済国税関係帳簿は、改正後の優良な電子帳簿とみなされます（令和３年改正附則82⑦後段）。

(6) 承認済国税関係帳簿書類の改正後の要件による保存等

改正前に既に承認を受けていた国税関係帳簿書類（スキャナ保存を含みます。）については、経過措置の規定により従前の例によることとされていますので、保存期間終了までその承認の効力は存続し、改正前の要件により保存することになります（令３改正法附則82①～③）。したがって、改正後の要件で保存等を行いたい場合には、取りやめの届出書を出す必要がありますが、一定の場合には当該届出書の提出は不要となります（下記関連 Q&A 参照）。

また、国税関係帳簿書類の電磁的記録による保存等を取りやめる場合には、自己が一貫して作成した帳簿書類の電子保存については、その取りやめることとした日において保存等をしている電磁的記録等を書面に出力して、スキャナ保存については保存しているその国税関係書類又は電磁的記録を保存しなければなりません（下記関連 Q&A 参照）。

関連 Q&A

（令和３年度改正前の承認済国税関係帳簿書類（スキャナ保存を含みます。）に係る取りやめの届出書の提出）

問　令和３年度の税制改正前の承認済国税関係帳簿及び承認済国税関係書類について、令和４年１月１日以後に令和３年度の税制改正後の国税関係帳簿書類の電磁的記録等による保存等の要件を適用して国税関係帳簿又は国税関係書類の保存等をすることとした場合、改正前の承認済国税関係帳簿及び承認済国税関係書類に係る取りやめの届出書を提出することとなるのでしょうか。

答

令和３年度の税制改正前の承認済国税関係帳簿及び承認済国税関係書類について、令和４年１月１日以後に令和３年度の税制改正後の要件で電磁的記録の保存等を行う場合については、原則として、当該承認済国税関係帳簿及び承認済国税関係書類に係る取りやめの届出書の提出が必要となります。

ただし、次の（1）、（2）に該当する場合（スキャナ保存は(1)に該当する場合）には、その承認済国税関係帳簿及び承認済国税関係書類に係る取りやめの届出書を提出する必要はありません。

Point！ 取りやめ届出等を提出しなくても新保存要件で保存できる方法

（1）以下について行う場合

・令和３年度の税制改正後の要件で電磁的記録の保存等を開始した日（優良な電子帳簿に係る過少申告加算税の軽減措置の適用を受けようとする場合には、優良な電子帳簿の要件を満たして保存等を開始した日を含みます。）について、管理、記録をしておくこと。

・税務調査があった際に、上記の管理、記録しておいた内容について答えられるようにしておくこと。

（2）軽減加算税適用届出書の「2（2）その他参考となる事項」欄に、併せて取りやめようとする承認済国税関係帳簿の種類等を記載する場合

この取扱いは、引き続き電磁的記録の保存を行おうとする場合においては、納税者の利便性向上という本改正の趣旨も踏まえ、改正前に既に承認を受けている保存義務者に対して追加の負担を求めるものとならないよう、令和３年度の税制改正後の要件で電磁的記録の保存等を開始した日（優良な電子帳簿に係る過少申告加算税の軽減措置の適用を受けようとする場合には、優良な電子帳簿の要件を満たして保存等を開始した日を含みます。）について、後日明らかにできるような状態で適宜の方法により管理、記録をしておき、後日税務調査があった際に、令和３年度の税制改正後の要件で電磁的記録の保存等を開始した日について説明できるような状態にしておく場合には、令和３年度の税制改正前の承認に係る取りやめの届出書の提出があったものとみなし、別途、取りやめの届出書の提出は求めることとはしない取扱いとするものです。

なお、改正前の承認については、改正前の電子帳簿書類の保存要件

で電子帳簿書類の保存等を行う日の最終日まで効力を有するものとして取り扱われます。

おって、承認を取りやめた国税関係帳簿書類については、次のとおり取り扱われることとなります（スキャナ保存については155頁を参照）。

① 国税関係帳簿書類に係る電磁的記録による保存等をやめる場合には、取りやめの届出書を提出した上、その提出した日において保存等をしている電磁的記録及び保存している電子計算機出力マイクロフィルムの内容を書面に出力して保存等をしなければならないこととなります。

② 改正後の要件に従い国税関係帳簿書類に係る電磁的記録による保存等を行おうとする場合（旧制度から新制度への移行の場合）にも取りやめの届出書が必要となりますが、令和４年１月１日以後に備付けを開始する国税関係帳簿又は保存が行われた国税関係書類については、取りやめの届出書の提出以後、改正後の要件に従いその国税関係帳簿又は国税関係書類に係る電磁的記録の保存等をしなければならないこととなるため、承認を取りやめる年分を明示してその取りやめの届出書の提出をする必要があります。また、同日前に備付けを開始し、又は保存が行われた国税関係帳簿書類について改正前の要件に従いその国税関係帳簿書類に係る電磁的記録の保存等をする場合には、引き続きその電磁的記録の保存等を行う年分を除外して、上記の取りやめの届出書の提出を行う必要があります。

出所：国税庁　電子帳簿保存法一問一答（電子計算機を使用して作成する帳簿書類関係）問52、（スキャナ保存関係）問63

スキャナ保存・電子取引のデータ保存制度の重加算税の加重措置

1 制度創設の趣旨

取引の相手から受領した書類等については、その取引内容を証する原始記録であり、それに基づき各種の帳簿作成・税務申告が行われる基礎となるものであることから、その確認書類としての現物性が確保されていることの要請は強いものと考えられます。一方で、こうした確認書類が電子的に保存されている場合、すなわち、国税関係書類に係る電磁的記録のスキャナ保存又は電子取引の取引情報に係る電磁的記録の保存が行われている場合には、紙によってその書類等を保存する場合と比して、複製・改ざん行為が容易であり、また、その痕跡が残りにくいという特性にも鑑みて、こうした複製・改ざん行為を未然に抑止する観点から、令和３年度税制改正においては、これらの電磁的記録に記録された事項に関し、「隠蔽仮装された事実」に基づき生じた申告漏れ等について課される重加算税を加重する措置が講じられました（財務省「令和３年度税制改正の解説」p983）。

2 加重措置の概要

スキャナ保存・電子取引情報保存制度の適正な保存を担保するための措置として、保存された電子データに関し申告漏れ等により重加算税が課される場合には10％加算することが規定されました（電帳法８⑤）。この制度の概要は次のとおりです。

次の①～③に掲げる電磁的記録に記録された事項に関し期限後申告書若しくは修正申告書の提出、更正若しくは決定又は納税の告知若しくは納税告知を受けることなくされた納付（以下「期限後申告等」といいます。）

があった場合で、重加算税の規定に該当するときは、重加算税の額は、重加算税の計算の基礎となるべき税額に10％の割合を乗じて計算した金額を加算した金額となります。

① 電子帳簿保存法４条３項前段に規定する財務省令で定めるところに従って保存が行われている国税関係書類に係る電磁的記録（スキャナ保存）

② 電子帳簿保存法４条３項後段の規定により保存が行われている当該電磁的記録（スキャナ保存要件に従って保存されていない場合の電磁的記録の保存義務）

③ 電子帳簿保存法７条の保存義務者により行われた電子取引の取引情報に係る電磁的記録

重加算税の税額の計算の基礎となるべき事実で当該期限後申告等の基因となる電磁的記録に記録された事項に係るもの（隠蔽し、又は仮装された事実に係るものに限られます。以下「電磁的記録に記録された事項に係る事実」といいます。）以外のものがあるときは、その電磁的記録に記録された事項に係る事実に基づく税額として政令で定めるところにより計算した金額に限られます。

この重加算税の加重措置の適用がある場合の賦課決定通知書には、その旨が付記されます（電帳規５⑧）。

■ スキャナ保存・電子取引のデータ保存制度の重加算税の加重措置の適用関係

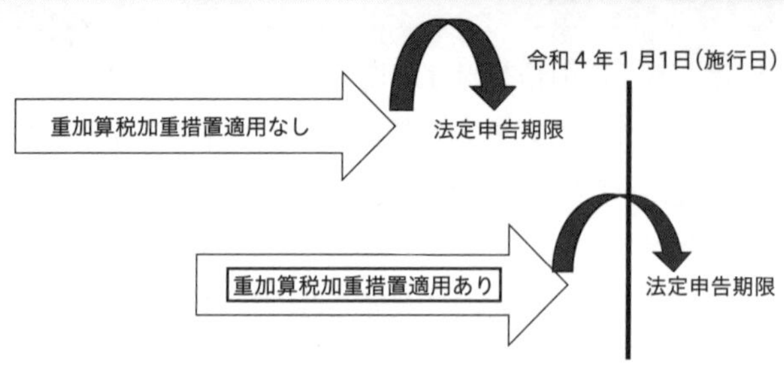

（備考）

1　重加算税の加重措置は、令和４年１月１日以後に法定申告期限が到来する国税について適用されます（令和３年改正附則82⑧前段）。したがって、例えば、所得税であれば令和３年分から、法人税であれば10月決算期分から適用される可能性があります。

2　この措置の適用に当たっては、改正前にスキャナ保存の承認を受けている国税関係書類に係る電磁的記録は改正後の保存要件に従って保存が行われているものと、改正前に行われていた電子取引の取引情報に係る電磁的記録は改正後に行われた電子取引の取引情報とそれぞれみなされ、重加算税の加重措置が適用されます（令和３年改正附則82⑧後段）。

3　スキャナ保存について、施行日前に承認を受けていた者が引き続き改正前の要件で保存を行うか、改正後の要件で保存を行うかは保存義務者の選択となりますが、重加算税加重措置については、施行日以後に法定申告期限が到来する国税について適用されます。

3　加重された重加算税が課される部分の税額の計算として政令で定めるところにより計算した金額

電子帳簿保存法８条５項に規定する電磁的記録に記録された事項に係る事実に基づく税額として政令で定めるところにより計算した金額は、通則法65条から67条までの過少申告加算税の額、無申告加算税の額又は不納付加算税の額の計算の基礎となるべき税額のうち次に掲げる場合の区分に応じ、それぞれに定める税額とされています（源泉徴収等による国税については説明を省略しています。）（電帳令4）。

⑴　通則法68条１項から３項まで（重加算税）に規定する隠蔽し、又は仮装されていない事実（「隠蔽仮装されていない事実」という。）がある場合

その隠蔽仮装されていない事実及び電子帳簿保存法８条５項に規定する電磁的記録に記録された事項に係る事実（「隠蔽仮装されていない事実等」といいます。）のみに基づいて期限後申告書若しくは修正申告書の提出又は更正若しくは決定（「期限後申告等」といいます。）があったものとした場合におけるその期限後申告等に基づき通則法35条２項（申告納税方式による国税等の納付）の規定により納付すべき税額から、その隠蔽仮装されてい

ない事実のみに基づいて期限後申告等があったものとした場合におけるその期限後申告等に基づき納付すべき税額を控除した税額

⑵　⑴に掲げる場合以外の場合

電帳法８条５項に規定する電磁的記録に記録された事項に係る事実のみに基づいて期限後申告等があったものとした場合における当該期限後申告等に基づき納付すべき税額

4　短期間に繰り返して仮装・隠蔽が行われた場合の加重措置の適用

通則法68条４項の適用を受ける場合の電帳法８条５項の適用関係は、通則法68条１項から３項まで又は電帳法８条５項の適用にかかわらず、通則法68条１項から３項まで又は電帳法８条５項の規定により計算した金額に、通則法68条１項から３項までに規定する基礎となるべき税額に10％の割合を乗じて計算した金額を加算した金額となります。

したがって、仮装・隠蔽の場合の過少・不納付による重加算税の割合35％は電帳法８条５項の適用を受ける場合には45％となり、さらに通則法68条４項の適用を受ける場合には55％となります。また、無申告による重加算税の割合40％は電帳法８条５項の適用を受ける場合には50％となり、さらに通則法68条４項の適用を受ける場合には60％となります。

■ 電子帳簿等保存制度に関する加算税の軽減・加重措置

加算税の種類	課税要件	課税割合（対増差本税）	優良な電子帳簿に記録された事項に関して生じる申告漏れ	スキャナ保存・電子取引の取引情報に係る電磁的記録に関して生じる仮装隠蔽
過少申告加算税	期限内申告について、修正・更正があった場合	10% 期限内申告税額と50万円のいずれか多い金額を超える部分 15%	過少申告加算税を５％軽減 ⇒ 5%・10% 除く重加算税対象（所得税・法人税・消費税）	―
重加算税	仮装隠蔽があった場合	過少申告加算税・不納付加算税に代えて 35% 無申告加算税に代えて 40%	―	重加算税を10％加算 ⇒ 45%・50% 過去５年以内に無申告加算税又は重加算税を課されたことがある場合 更に10％加算 ⇒ 55%・60%

5　電帳令５条による読み替え規定

電帳法８条５項の規定の適用がある場合における国税通則法・政令、輸入品に対する内国消費税の徴収等に関する法律・政令、内国税の適正な課税の確保を図るための国外送金等に係る調書の提出等に関する法律施行令について、納税義務の成立、賦課決定の所轄庁、重加算税の納付、時効の完成猶予及び更新等の規定について、読み替えて適用することとされています（電帳令5）。

6　電帳規５条６項、７項による読み替え規定

電帳法８条５項の規定の適用がある場合における国税通則法施行規則については、審査請求に係る書類の提出先の規定について、相続税法施行規

則については、事業が適正に行われていると認められる場合の規定について、読み替えて適用することとされています（電帳規5⑥⑦）。

参考　消費税に関する重加算税の加重措置の導入

消費税に関して電磁的記録の適正な保存を担保するため、電帳法8条5項の規定と同様に消費税法令上、電磁的記録による保存が可能とされている電磁的記録に記録された事項に関し、改ざん等が行われた結果生じた申告漏れ等に対して重加算税の加重措置が導入されました。

(1)　電磁的記録に記録された事項に関する重加算税の加重措置の概要（新消法59の2）

事業者により保存されている消費税法8条2項に規定する電磁的記録その他の政令で定めるものに記録された事項に関し消費税につき期限後申告書若しくは修正申告書の提出、更正又は決定（以下「期限後申告等」という。）があった場合には、重加算税の規定に該当するときは、重加算税の額は、重加算税の計算の基礎となるべき税額に10％の割合を乗じて計算した金額を加算した金額となります。

重加算税の税額の計算の基礎となるべき事実で当該期限後申告等の基因となる電磁的記録に記録された事項に係るもの（隠蔽し、又は仮装された事実に係るものに限られる。以下「電磁的記録に記録された事項に係る事実」といいます。）以外のものがあるときは、その電磁的記録に記録された事項に係る事実に基づく税額として政令で定めるところにより計算した金額に限られます。

この重加算税の加重措置の適用がある場合の賦課決定通知書には、その旨が付記されます（新消規27の3）。

［経過措置］

消費税法59条の2第1項の改正規定は、令和4年1月1日以後に法定申告期限（国税通則法10条2項の規定により法定申告期限とみなされる期限を含み、同法61条1項2号に規定する還付請求申告書については、その申告書を提出した日となります。）が到来する消費税について適用されます（令3改正法附則12）。したがって、例えば、個人事業者については令和3年の申告分から、法人については10月決算法人の場合の令和3年10月決算期の申告分から、それぞれ適用される場面が生じ得ることとなります。

（注）　消費税における還付請求申告書は、申告義務がない消費税法46条1項による申告書のほか、同法45条1項の納税義務はあるものの、還付となる申告書で期限後申告となるものが含まれます。

(2) 重加算税の加重措置の対象となる電磁的記録の範囲

① 令和4年1月1日以後対象となる電磁的記録

事業者により保存されている次に掲げるものです（新消令71の2①）。

（イ） 輸出物品販売場を経営する事業者が保存すべき一定の物品が非居住者によって一定の方法により購入されたことを証する電磁的記録（新消法8②）

（ロ） 国外事業者から電気通信利用役務の提供を受けた者が仕入税額控除を受けるために保存すべき電磁的記録（所得税法等の一部を改正する法律（平成27年法律第9号）附則38③）

（ハ） 承認送信事業者が保存すべき市中輸出物品販売場に提供した購入記録情報（新消令18の4②）

（ニ） 金又は白金の地金の課税仕入れを行った者が保存すべきその相手方の本人確認書類に係る電磁的記録（新消令50②）

（ホ） 登録国外事業者が保存すべき電気通信利用役務の提供を受けた者に提供した電磁的記録（消費税法施行令等の一部を改正する政令（平成27年政令第145号）附則6①）

② 令和5年10月1日以降（インボイス導入後）対象となる電磁的記録は以下のとおりです（消費税法施行令等の一部を改正する政令（平成30年政令第135号)。

（イ） 輸出物品販売場を経営する事業者が保存すべき一定の物品が非居住者によって一定の方法により購入されたことを証する電磁的記録（新消法8②）

（ロ） 仕入税額控除を受けるために保存すべき適格請求書発行事業者から提供を受けた電子インボイス（所得税法等の一部を改正する法律（平成28年法律第15号。以下「28年改正法」といいます。）による改正後の消法30⑨二）

（ハ） 適格請求書発行事業者が取引先に提供した電子インボイス（28年改正法による改正後の消法57の4⑤）

（ニ） 承認送信事業者が保存すべき市中輸出物品販売場に提供した購入記録情報（新消令18の4②）

（ホ） 仕入税額控除を受けるために保存すべき仕入明細書等及び農協等の媒介者から提供を受けた書類の記載事項に係る電磁的記録（30年改正消令による改正後の消令49⑦）

（へ）　金又は白金の地金の課税仕入れを行った者が保存すべきその相手方の本人確認書類に係る電磁的記録（新消令 50 ②）

（ト）　適格請求書を媒介者が交付する特例の適用がある場合における当該媒介者が保存すべき電磁的記録（30 年改正消令による改正後の消令 70 の 12 ①後段）

(3)　加重された重加算税が課される部分の税額の計算として政令で定めるところにより計算した金額

消費税法 59 条の２に規定する電磁的記録に記録された事項に係る事実に基づく税額として政令で定めるところにより計算した金額は、通則法 65 条又は 66 条の過少申告加算税の額又は無申告加算税の額の計算の基礎となるべき税額のうち次に掲げる場合の区分に応じ、それぞれに定める税額とされています（新消令 71 の２②）。

①　通則法 68 条１項又は２項（重加算税）に規定する隠蔽し、又は仮装されていない事実（「隠蔽仮装されていない事実」といいます。）がある場合

その隠蔽仮装されていない事実及び電磁的記録に記録された事項に係る事実のみに基づいて期限後申告等があったものとした場合におけるその期限後申告等に基づき通則法 35 条２項（申告納税方式による国税等の納付）の規定により納付すべき税額からその隠蔽仮装されていない事実のみに基づいて期限後申告等があったものとした場合におけるその期限後申告等に基づき納付すべき税額を控除した税額

②　①に掲げる場合以外の場合

電磁的記録に記録された事項に係る事実のみに基づいて期限後申告等があったものとした場合における当該期限後申告等に基づき納付すべき税額

このほか、消費税法 59 条の２第１項の規定の適用がある場合の国税通則法及び国税通則法施行令の規定の適用について、必要な読み替え規定を置いています（新消令 71 の２③）。

(4)　電磁的記録に記録された事項に関する重加算税の特例の不適用

電子取引の取引情報に係る電磁的記録については、それを紙出力することにより作成した書面等で保存している場合には電磁的記録の保存が不要となる措置が電子帳簿保存法及び消費税法ともに講じられていましたが、令和３年度改正後の電子帳簿保存法では、税務手続の電子化を進める上での電子取引の重要性に鑑み、他者から受領したデータとの同一性が十分に確保されないことから廃止されました。一方、消費税法令においては、その保存の有無が税額計算に影響を及ぼすことなどを勘案して存置すること

とされました。

消費税法令では、この措置に基づき紙出力した書面等を保存している場合には、電磁的記録の保存は不要となるため、電磁的記録の保存がなければ加算税加重措置が適用されないことは明らかですが、仮に紙出力した書面等とその電磁的記録がともに保存されている場合には適用関係が不明確になります。そこで電磁的記録につき紙出力した書面等を保存している場合には、本来、電磁的記録の保存は不要であることに鑑み、電磁的記録の保存の有無にかかわらず、加算税加重措置が適用されないことが確認的に規定されました（新消規 27 の 2）。

出所：財務省「令和 3 年度税制改正の解説」P910 以下「電磁的記録に記録された事項に関する重加算税の特例の創設」をもとに作成。

電子インボイスの導入

令和５年 10 月１日から、複数税率に対応した仕入税額控除の方式として、「適格請求書等保存方式」（いわゆる「インボイス制度」）が導入されます。

適格請求書等保存方式では、仕入税額控除の要件として、原則、適格請求書発行事業者から交付を受けた適格請求書の保存を行わなければなりません。

適格請求書等保存方式の概要

(1) 適格請求書発行事業者の登録

適格請求書を交付しようとする課税事業者は、まず、適格請求書発行事業者の登録申請書（以下「登録申請書」といいます。）を納税地を所轄する税務署長に提出し、適格請求書発行事業者として登録を受ける必要があります。

登録申請書を受けた税務署長は、氏名又は名称及び登録番号等を適格請求書発行事業者登録簿に登載し、登録を行うことになります（新消法57の2①②④）。

また、適格請求書発行事業者登録簿に登載された事項については、インターネットを通じて公表され、相手方から交付を受けた請求書等が適格請求書に該当することを客観的に確認できるようになります（新消令70の5）。

(2) 適格請求書の記載項目

次の事項が記載された書類（請求書、納品書、領収書、レシート等）であれば、その名称を問わず、適格請求書に該当します。また、適格請求書の交付に関して、一の書類により全ての事項を記載するのではなく、例え

■ 登録申請のスケジュール

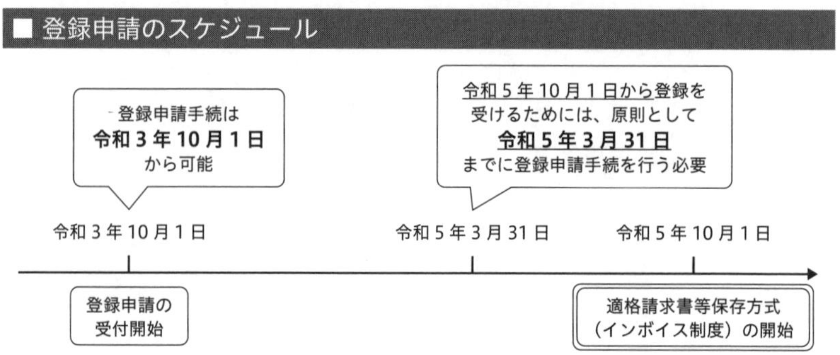

ば、納品書と請求書等の二以上の書類であっても、これらの書類について相互の関連が明確であり、その交付を受ける事業者がそれぞれの事項を適正に認識できる場合には、複数の書類全体で適格請求書の記載事項を満たすものとして取り扱われます（新消法57の4①、インボイス通達3-1)。

なお、適格請求書の様式は、法令等で定められていません。下線部分は、区分記載請求書に加えて記載することとなる部分です。

① 適格請求書発行事業者の氏名又は名称及び登録番号
② 課税資産の譲渡等を行った年月日
③ 課税資産の譲渡等に係る資産又は役務の内容（課税資産の譲渡等が軽減対象資産の譲 渡等である場合には、資産の内容及び軽減対象資産の譲渡等である旨）
④ 課税資産の譲渡等の税抜価額又は税込価額を税率ごとに区分して合計した金額及び適用税率
⑤ 税率ごとに区分した消費税額等
⑥ 書類の交付を受ける事業者の氏名又は名称

参考　適格簡易請求書の記載項目

小売業など不特定かつ多数の者に課税資産の譲渡等を行う一定の事業を行う場合には、適格請求書に代えて、適格簡易請求書を交付することができます（新消法57の4②、新消令70の11)。

適格請求書の記載事項と比べると、「書類の交付を受ける事業者の氏名又は名称」の記載が不要であること、「税率ごとに区分した消費税額等」又は「適用税率」のいずれか一方の記載で足りることが異なります。

①　適格請求書発行事業者の氏名又は名称及び登録番号
②　課税資産の譲渡等を行った年月日
③　課税資産の譲渡等に係る資産又は役務の内容（課税資産の譲渡等が軽減対象資産の譲渡等である場合には、資産の内容及び軽減対象資産の譲渡等である旨）
④　課税資産の譲渡等の税抜価額又は税込価額を税率ごとに区分して合計した金額
⑤　税率ごとに区分した消費税額等又は適用税率

(3) 適格請求書の交付義務等

適格請求書発行事業者は、課税資産の譲渡等を行った場合には、相手方（課税事業者に限られます。）から適格請求書の交付を求められたときには、適格請求書の交付義務が課されます（新消法57の4①）。

ただし、適格請求書発行事業者が行う事業の性質上、適格請求書を交付することが困難な次の取引については、適格請求書の交付義務が免除されることになります（新消法57の4①、新消令70の9②、新消規26の6）。

①　3万円未満の公共交通機関（船舶、バス又は鉄道）による旅客の運送

②　出荷者等が卸売市場において行う生鮮食料品等の販売（出荷者から委託を受けた受託者が卸売の業務として行うものに限ります。）

③　生産者が農業協同組合、漁業協同組合又は森林組合等に委託して行う農林水産物の販売（無条件委託方式かつ共同計算方式により生産者を特定せずに行うものに限ります。）

④　3万円未満の自動販売機及び自動サービス機により行われる商品の販売等

⑤　郵便切手類のみを対価とする郵便・貨物サービス（郵便ポストに差し出されたものに限ります。）

なお、小売業、飲食店業、タクシー業等の不特定多数の者に対して資産の譲渡等を行う事業については、適格請求書の記載事項を簡易なものとした適格簡易請求書を交付することができることになります（新消法57の4②、新消令70の11）。

(4) 仕入税額控除のための要件

適格請求書等保存方式が導入された場合には、一定の事項が記載された帳簿及び請求書等を保存しておかなければ、仕入税額控除を受けられないことになります（新消法30⑦⑧⑨）。

保存すべき請求書等には、適格請求書のほか、次の書類等が含まれることになります。

イ　適格簡易請求書

ロ　適格請求書又は適格簡易請求書の記載事項に係る電磁的記録

ハ　適格請求書の記載事項が記載された仕入明細書、仕入計算書その他こ

れらに類する書類（相手方の確認を受けたものに限ります。）（書類に記載すべき事項に係る電磁的記録を含みます。）

ニ　次の取引について、媒介又は取次ぎに係る業務を行う者が作成する一定の書類（書類に記載すべき事項に係る電磁的記録を含みます。）

・卸売市場において出荷者から委託を受けて卸売の業務として行われる生鮮食料品等の販売

・農業協同組合、漁業協同組合又は森林組合等が生産者（組合員等）から委託を受けて行う農林水産物の販売（無条件委託方式かつ共同計算方式によるものに限ります。）

なお、請求書等の交付を受けることが困難であるなどの理由により、次の取引については、一定の事項を記載した帳簿のみの保存で仕入税額控除が認められます（新消法 30 ⑦、新消令 49 ①、新消規 15 の 4）。

①　適格請求書の交付義務が免除される上記（3）①の 3 万円未満の公共交通機関（船舶、バス又は鉄道）による旅客の運送

②　適格簡易請求書の記載事項（取引年月日を除きます。）が記載されている入場券等が使用の際に回収される取引（①に該当するものを除きます。）

③　古物営業を営む者の適格請求書発行事業者でない者からの古物（古物営業を営む者の棚卸資産に該当する場合に限ります。）の購入

④　質屋を営む者の適格請求書発行事業者でない者からの質物（質屋を営む者の棚卸資産に該当する場合に限ります。）の取得

⑤　宅地建物取引業を営む者の適格請求書発行事業者でない者からの建物（宅地建物取引業を営む者の棚卸資産に該当する場合に限ります。）の購入

⑥　適格請求書発行事業者でない者からの再生資源及び再生部品（購入者の棚卸資産に該当する場合に限ります。）の購入

⑦　適格請求書の交付義務が免除される上記（3）④の 3 万円未満の自動販売機及び自動サービス機からの商品の購入等

⑧　適格請求書の交付義務が免除される上記（3）⑤の郵便切手類のみを対価とする郵便・貨物サービス（郵便ポストに差し出されたものに限ります。）

⑨　従業員等に支給する通常必要と認められる出張旅費等（出張旅費、宿泊費、日当及び通勤手当）

(5) 免税事業者の扱い

①　免税事業者からの仕入に係る仕入税額控除の経過措置

インボイス制度が導入されると免税事業者からの課税仕入れについて仕入税額控除は可能なのかという質問がよくあります。

インボイス制度の下では、課税事業者が行う免税事業者等からの課税仕入れについては、仕入税額控除を行うことができなくなります。これは、仕入税額控除を行うためには、インボイス等の保存が必要なためです。免税事業者はインボイスの発行をできません（新消法30⑦）。

対消費者取引を行う免税事業者の場合には、取引相手は仕入税額控除を行わないため、課税事業者を選択する必要性は低く、免税事業者を維持する可能性が高いと考えられます。

取引相手が、簡易課税制度を選択している場合には、課税売上高から納付する消費税額を計算することから、適格請求書などの請求書等の保存は、仕入税額控除の要件ではありませんので、特に問題はないということになります。

なお、経過措置として、次の期間は仕入税額相当額の一定割合を仕入税額控除できます。

・令和5年10月1日から令和8年9月30日までは仕入税額相当額の80%

・令和8年10月1日から令和11年9月30日までは仕入税額相当額の50%

この経過措置の適用を受けるためには、以下の事項が記載された帳簿及び請求書等の保存が要件となります（平28改正法附則52、53）。

イ　帳簿　区分記載請求書等保存方式の記載事項に加え、例えば、「80%控除対象」など、経過措置の適用を受ける課税仕入れである旨の記載が必要となります。

ロ　請求書等　区分記載請求書等と同様の記載事項が必要となります。

■ 免税事業者と取引した場合の仕入税額控除

免税事業者と取引した場合の仕入税額控除

令和５年10月～　インボイス制度開始

区分記載請求書等保存方式
⇒全額控除可能
～令和５年９月

80％控除可能
～令和８年９月

50％控除可能
～令和11年９月

控除不可
令和11年10月～

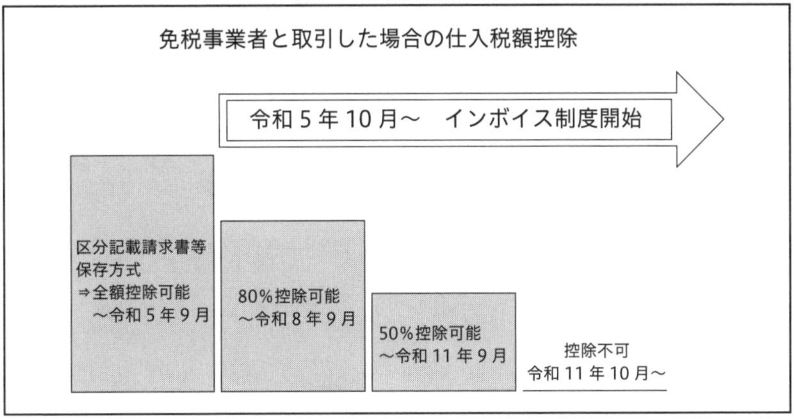

②　免税事業者が適格請求書発行事業者になる場合

免税事業者がインボイスを発行するため、適格請求書発行事業者になることを選択する場合、事務的な負担を軽減するために、簡易課税制度を選択することも考えられます。この場合、仕入税額控除に関する事務的な負担が大幅に軽減されることになります。ただし、簡易課税制度を適用しないで仕入控除税額を計算すれば還付となる場合でも、簡易課税制度を選択すると還付を受けることはできません。また、簡易課税制度を選択した場合、原則２年間継続して適用した後の課税期間でなければ、適用をやめることはできないことに留意する必要があります。

【インボイス制度の導入にあたっての経過措置】

令和３年10月１日～令和５年３月31日の間に適格請求書発行事業者の登録申請をした免税事業者は、課税事業者となる届け出を提出しなくても登録を受けることが可能となり、インボイス制度の開始（令和５年10月１日）と同時に課税事業者となります。

この際、簡易課税制度選択の届出を 令和５年１月１日～12月31日の間に行うことで、インボイス制度の開始と同時に簡易課税制度の利用も開始することが可能となります。

■ 適格請求書発行事業者の登録に係る経過措置を受ける事業者に対する簡易課税制度の届出の特例

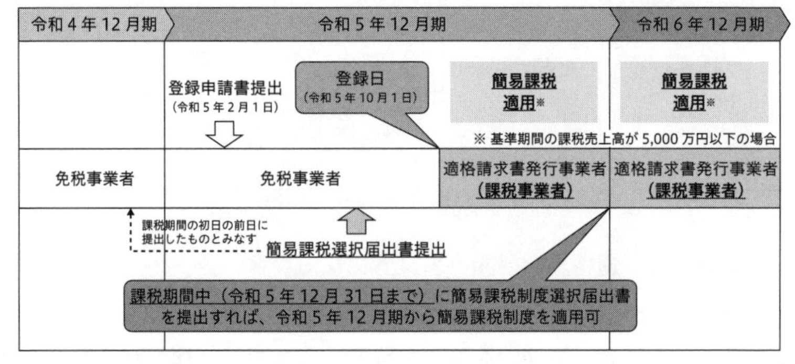

出所：国税庁「消費税軽減税率制度の手引き」（令和3年8月版）P.74をもとに作成

③　免税事業者に関する令和4年度税制改正に関する建議書（日税連）

令和3年6月23日に建議された日本税理士会連合会の建議書においては、その重要建議項目として、免税事業者に関する建議がなされています。

> (2) 市場取引に与える影響
>
> 免税事業者は適格請求書等を発行できないため、対事業者取引から排除や不当な値下げを強いられるおそれがある。このため、あえて課税事業者になることを選択することが考えられるが、消費税相当額の転嫁が困難なケースもあり、廃業を余儀なくされる事業者が増える可能性があることにも留意すべきである。
>
> 一方で、対消費者取引を行う免税事業者はあえて課税事業者を選択する必要性は少なく、免税事業者を維持する可能性が高い。このた

め、取引形態の違いにより、事業者免税点制度の公平性が保たれないという問題が生じる。

見直しにあたっては、事業者の負担と徴税コスト等を考慮し、仕入税額控除方式（インボイス方式を含む）及び免税点制度等の見直しを含めた消費税のあり方について、抜本的に再検討すべきである。

適格請求書の電磁的記録による提供

令和５年10月１日からのインボイス制度導入後においては、取引相手が仕入税額控除を行うにはインボイスが必要となります。インボイスの交付ができるのは登録を受けた適格請求書発行事業者に限られます。

また、「３万円未満の課税仕入れ」等は一定事項を記載した帳簿の保存のみで仕入税額控除ができましたが、これらの規定は廃止されます。

インボイスの保存対象が拡大していくことを考えると、電子インボイスの活用により業務の効率化が期待されます。インボイスはその発行事業者、受領者ともに保存することが必要です。

電磁的記録により作成したインボイス、いわゆる電子インボイスについては、消費税法の規定により、電子帳簿保存法に定める電子取引の取引情報と同様の要件により保存しなければならないこととされ、電子インボイスを保存することにより、仕入税額控除の適用を受けることができます。

なお、下記の政府税制調査会の報告では、電子的に授受される電子インボイスが適正な形式で保存されることは、インボイス制度の円滑な実施にも資すると考えると指摘しています。

参考　経済社会の構造変化を踏まえた令和時代の税制のあり方（令和元年９月26日　政府税制調査会）（抄）

第二　令和時代の税制のあり方

４．デジタル時代における納税環境の整備と適正・公平な課税の実現

⑵　ICT を活用した納税者利便の向上

②　電子帳簿等保存制度の見直し

納税者の利便性の更なる向上を図りつつ、同時に取引や申告の段階から正確な手続を行うことができるような仕組みを構築する観点からは、電子的に授受された請求書や領収書等のデータがそのまま帳簿データに反映されることが望ましい。また、事後的な検証も可能となるよう、それらのデー

タが適正な形式で保存されることは、令和５年10月以降、原則として全ての消費税課税事業者に適用される適格請求書等保存方式（いわゆるインボイス制度）の円滑な実施にも資すると考えられる。

■ 電子インボイスの今後の動向

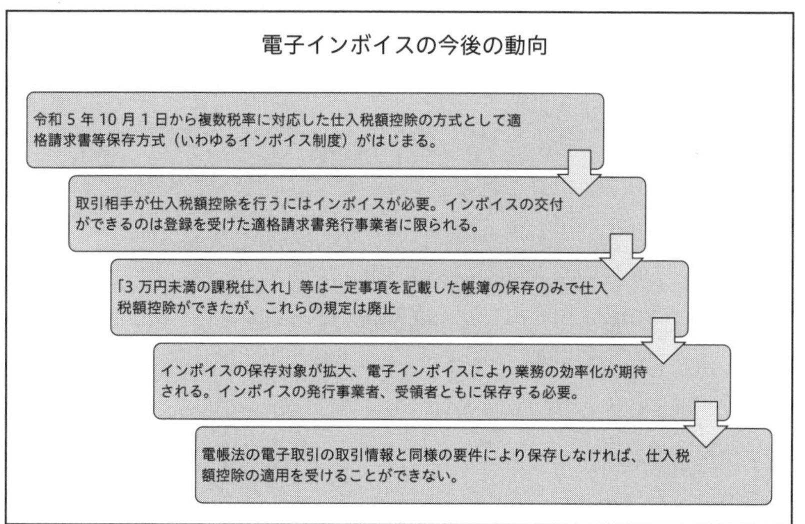

1　電子インボイス提供に関する消費税法の規定（交付義務・保存要件）

(1) インボイスの交付義務

適格請求書発行事業者は、国内において課税資産の譲渡等を行った場合において、当該課税資産の譲渡等を受ける他の事業者から適格請求書の交付を求められたときは、適格請求書を当該他の事業者に交付しなければならないこととされています（新消法57の4①）。

(2) 電子インボイスの提供容認

適格請求書発行事業者は、適格請求書の交付に代えて、これらの書類に記載すべき事項に係る電磁的記録を提供することができることとされています。また、電磁的記録として提供した事項に誤りがあった場合には、電磁的記録を提供した他の事業者に対して、修正した適格請求書を交付しなければならないこととされています（新消法57の4⑤）。

提供する電磁的記録としては、光ディスク、磁気テープ等の記録用の媒体による提供のほか、例えば、次に掲げるようなものが該当します（インボイス通達3-2）。

① いわゆるEDI取引を通じた提供
② 電子メールによる提供
③ インターネット上のサイトを通じた提供

また、適格請求書に係る記載事項につき、例えば、納品書データと請求書データなど複数の電磁的記録の提供による場合又は納品書と請求書データなど書面の交付と電磁的記録の提供による場合のいずれにおいても、複数の書類及び電磁的記録の全体で適格請求書の記載事項を満たすものとして取り扱われています（インボイス通達3-1後段に準じた取扱い）。

適格請求書を交付し、又は適格請求書に記載すべき事項に係る電磁的記録を提供した適格請求書発行事業者は、その書類の写し又は当該電磁的記録を保存しなければならないこととされています。この電子インボイスの保存については、財務省令で定める方法によることとされています（新消法57の4⑥）。

平成28年度税制改正では、電子インボイスの提供に関しては、適格請求書発行事業者が、あらかじめ課税資産の譲渡等を受ける他の事業者の承諾を得たときは、適格請求書又は適格返還請求書の交付に代えて、適格請求書又は適格返還請求書の記載事項に係る電磁的記録を提供することができることとされていました（旧消法57の4⑤）。

ところが、平成30年度税制改正において、適格請求書等の記載事項に係る電磁的記録を受領した場合の仕入税額控除のための当該電磁的記録の保存方法として、当該電磁的記録を書面により出力したものを保存する方法も認められることとされたため、必ずしも電磁的記録で保存する必要がなくなったこと等を踏まえて、適格請求書等の記載事項に係る電磁的記録を提供する場合にあらかじめ課税資産の譲渡等を受ける他の事業者の承諾を得ることとする要件は削除されました（新消法57の4⑤）。したがって、電子インボイスの提供に関しては、課税資産の譲渡等を受ける他の事業者の承諾を得ることなく電子インボイスの提供を行うことができることとされています。

なお、「消費税の仕入税額控除制度における適格請求書等保存方式に関するQ＆A」（国税庁）問28では、「当社は、請求書を取引先にインターネットを通じて電子データにより提供していますが、この請求書データを適格請求書とすることができますか。」という問に対して、「適格請求書発行事業者は、国内において課税資産の譲渡等を行った場合に、相手方（課税事業者に限ります。）から求められたときは、適格請求書を交付する必要がありますが、その交付に代えて、適格請求書に係る電磁的記録を提供することができます（新消法57の4①⑤）。したがって、貴社は、請求書データに適格請求書の記載事項を記録して提供することにより、適格請求書の交付に代えることができます。」という答が記載されています。

(3) 電子インボイスの保存期間

適格請求書等を交付した適格請求書発行事業者は、当該適格請求書等の写しを整理し、その交付した日の属する課税期間の末日の翌日から2月を経過した日から7年間、これを納税地等の所在地に保存しなければならないこととされています（新消令70の13①）。

適格請求書等に記載すべき事項に係る電磁的記録を提供した場合には、その電磁的記録を整理し、その提供した日の属する課税期間の末日の翌日から2月を経過した日から7年間、これを納税地等の所在地に保存しなければならないこととされています（新消法57の4⑤）。

(4) 電子インボイスの保存要件

財務省令で定める方法として、電子帳簿保存法施行規則4条1項各号（電子取引の取引情報に係る電磁的記録の保存）に掲げる措置のいずれかを行って、電子取引の取引情報の保存要件に準ずる要件に従って保存する方法を定めています（新消規26の8①）。

したがって、電子帳簿保存法7条の電子取引の取引情報に係る電磁的記録の保存は、所得税及び法人税に係る保存義務者が電子取引を行った場合の保存義務規定であり、消費税法に規定する電子インボイスには直接適用がありませんが、消費税法で電子帳簿保存法施行規則４条に準ずる要件に従って保存することになり、実質的に電子取引の取引情報を同様の方法で保存することになります。令和３年度改正による保存要件の見直しにより、電子取引の取引情報の保存要件が緩和されましたので、令和４年１月１日以後に行う電子取引に係る取引情報については、新たな保存要件で保存することになります。同日前に行った電子取引については、従来の保存要件に従って保存することになります（新たな保存要件については131頁参照）。

また、電子インボイスを保存する事業者は、その電磁的記録を出力することにより作成した、整然とした形式及び明瞭な状態で出力した書面を保存する方法によることもできるとされています（新消規26の８②）。

この出力した書面については、整理し、その電子インボイスを提供した日の属する課税期間の末日の翌日から２月を経過した日から７年間、これを納税地又はその取引に係る事務所、事業所その他これらに準ずるものの所在地に保存しなければならないこととされています（新消令70の13①）。

提供したインボイスの形態別保存方法

提供したインボイスの形態	保存方法
一貫して電子計算機で作成し、書面で提供したインボイスの写し	そのまま書面で保存又は電子帳簿等保存制度により電子保存（電帳法４②）
電子データで提供した電子インボイス	電帳法の電子取引に係る保存要件に従って保存（消規26の８①）
電子データで提供した電子インボイスを書面に出力した場合	電子データを整然とした形式及び明瞭な状態で出力した書面を保存（消規26の８②）

（注）　消費税法に基づき電子データで提供したインボイスを書面に出力した場合に、その電子データについて電帳法上の電子取引に係るデータ保存制度による保存義務がある場合には、電帳法の電子取引に係る保存要件に従った電子データの保存が必要。

2 提供を受けた電子インボイスの保存に関する消費税法の規定

(1) 電子インボイスの仕入税額控除要件

消費税法30条1項では、事業者が行う課税仕入れについては、課税標準額に対する消費税額から、その課税期間中に行った課税仕入れに係る消費税額（適格請求書の記載事項を基礎として計算した金額）等の合計額を控除するとされています。

そして、7項では、事業者がその課税期間の課税仕入れ等の税額の控除に係る帳簿及び請求書等を保存しない場合には、その保存がない課税仕入れの税額については、1項の仕入れ税額を控除する規定は適用しないこととされていますので、適格請求書の保存がなければ、仕入税額控除はできないことになります。

また、9項において、この請求書等の一つとして、事業者に対し、他の事業者が、当該課税資産の譲渡等につき当該事業者に交付すべき適格請求書に代えて提供する電磁的記録、つまり電子インボイスをあげており、電子インボイスの保存が仕入税額控除の適用を受けるための要件であることを明記しています。

(2) 電子インボイスの保存期間

仕入税額控除の規定の適用を受けようとする事業者は、帳簿及び請求書等を整理し、その帳簿についてはその閉鎖の日の属する課税期間の末日の翌日、請求書等についてはその受領した日、電磁的記録についてはその提供を受けた日の属する課税期間の末日の翌日から2月を経過した日から7年間、これを納税地等に保存しなければなりません。この場合、適格請求書等に代えて提供される電磁的記録については、財務省令で定める方法により保存しなければなりません（新消令50①）。

(3) 電子インボイスの保存要件

消費税法施行規則15条の5第1項では、財務省令で定める方法として、電子帳簿保存法施行規則4条1項各号（電子取引の取引情報に係る電磁的記録の保存）に掲げる措置のいずれかを行って、電子取引の取引情報の保存要件に準ずる要件に従って保存する方法を定めています。令和３年度改正による保存要件の見直しにより、電子取引の取引情報の保存要件が緩和されましたので、令和４年１月１日以後に行う電子取引に係る取引情報については、新たな保存要件で保存することになります。同日前に行った電子取引については、従来の保存要件に従って保存することになります（新たな保存要件については131頁参照）。

また、２項では、電子インボイスを保存する事業者は、その電磁的記録を出力することにより作成した、整然とした形式及び明瞭な状態で出力した書面を保存する方法によることもできるとされています。

この出力した書面については、保存すべき場所に、保存すべき期間、整理して保存しなければならないこととされています。

提供を受けたインボイスの形態別保存方法

受領したインボイスの形態	保存方法
書面で受領したインボイス	そのまま書面で保存又は電子帳簿等保存制度によりスキャナ保存（電帳法４③）
電子データで受領した電子インボイス	電帳法の電子取引に係る保存要件に従って保存（消規15の５①）
電子データで受領した電子インボイスを書面に出力した場合	電子データを整然とした形式及び明瞭な状態で出力した書面を保存（消規15の５②）

（注）　消費税法に基づき電子データで受領したインボイスを書面に出力した場合について、その電子データについて電帳法上の電子取引に係るデータ保存制度による保存義務がある場合には、電帳法の電子取引に係る保存要件に従った電子データの保存が必要。

関連Q&A

（適格請求書に係る電磁的記録による提供）

問　当社は、請求書を取引先にインターネットを通じて電子データにより提供していますが、この請求書データを適格請求書とすることができますか。

答

適格請求書発行事業者は、国内において課税資産の譲渡等を行った場合に、相手方（課税事業者に限ります。）から求められたときは、適格請求書を交付する必要がありますが、その交付に代えて、適格請求書に係る電磁的記録を提供することができます（新消法 57 の 4 ①⑤）。 したがって、貴社は、請求書データに適格請求書の記載事項を記録して提供することにより、適格請求書の交付に代えることができます。ただし、適格請求書発行事業者が提供した電子データを電磁的に保存しようとする場合には 一定の要件を満たした状態で保存する必要がありますが、その具体的な内容については、問 64《適格請求書に係る電磁的記録を提供した場合の保存方法》をご参照ください。

（参考）　電磁的記録による提供方法としては、光ディスク、磁気テープ等の記録用の媒体による提供のほか、例えば、次の方法があります（インボイス通達 3-2）。 ① EDI 取引（注）における電子データの提供 ② 電子メールによる電子データの提供 ③ インターネット上にサイトを設け、そのサイトを通じた電子データの提供

（注）　EDI（Electronic Data Interchange）取引とは、異なる企業・組織間で商取引に関連するデータを、通信回線を介してコンピュータ間で交換する取引等をいいます。

出所：国税庁　消費税の仕入税額控除制度における適格請求書等保存方式に関するＱ＆Ａ問 28

（適格請求書に係る電磁的記録を提供した場合の保存方法）

問　当社は、適格請求書の交付に代えて、適格請求書に係る電磁的記録を提供しています。 提供した電磁的記録については、保存しなければならないとのことですが、どのような 方法で保存すればよいですか。

答

適格請求書発行事業者は、国内において課税資産の譲渡等を行った場合に、相手方（課税事業者に限ります。）から求められたときは適格請求書を交付しなければなりませんが、適格請求書の交付に代えて、適格請求書に係る電磁的記録を相手方に提供することができます（新消法 57 の 4 ①⑤）。

その場合、適格請求書発行事業者は、提供した電磁的記録を

・電磁的記録のまま、又は

・紙に印刷して、

その提供した日の属する課税期間の末日の翌日から２月を経過した日から７年間、納税地又は その取引に係る事務所、事業所その他これらに準ずるものの所在地に保存しなければなりません（新消法57の４⑥、新消令70の13①、新消規26の８）。

また、その電磁的記録をそのまま保存しようとするときには、以下の措置を講じる必要があります（新消規26の８①）。（以下略）

ポイント ⇒電帳法の電子取引の取引情報と同様の要件により保存しなければなりません。

出所：国税庁　消費税の仕入税額控除制度における適格請求書等保存方式に関するＱ＆Ａ問64

（提供を受けた適格請求書に係る電磁的記録の保存方法）

問 当社は、取引先から、適格請求書の交付に代えて、適格請求書に係る電磁的記録の提供を受けています。仕入税額控除の要件を満たすためには、電磁的記録をどのような方法で保存すればよいですか。

答

相手方から適格請求書の交付に代えて、適格請求書に係る電磁的記録による提供を受けた場合、仕入税額控除の適用を受けるためには、その電磁的記録を保存する必要があります（新消法30⑦⑨二）。提供を受けた電磁的記録をそのまま保存しようとするときには、以下の措置を講じる必要があります（新消令50①、新消規15の５）。（以下略）

ポイント ⇒電子帳簿保存法施行規則４条１項各号（電子取引の取引情報に係る電磁的記録の保存）に掲げる措置のいずれかを行い、同項に規定する要件に準ずる要件に従って保存することとなります。

出所：国税庁　消費税の仕入税額控除制度における適格請求書等保存方式に関するＱ＆Ａ問78

（提供された適格請求書に係る電磁的記録の書面による保存）

問　当社は、取引先から請求書を電子データにより提供を受けました。これを出力して保存することで、仕入税額控除の要件を満たしますか。

なお、提供を受けた請求書データは、適格請求書の記載事項を満たしています。

答

ご質問の請求書のデータのように、適格請求書に係る電磁的記録による提供を受けた場合であっても、電磁的記録を整然とした形式及び明瞭な状態で出力した書面を保存することで、仕入税額控除の適用に係る請求書等の保存要件を満たします（新消規15の5②）。

（参考）　令和3年度の税制改正により、電帳法において、所得税（源泉徴収に係る所得税を除きます。）及び法人税の保存義務者については、令和4年1月1日以後行う電子取引に係る電磁的記録を書面やマイクロフィルムに出力してその電磁的記録の保存に代えられる措置が廃止されましたので、全ての電子取引の取引情報に係る電磁的記録を一定の要件の下、保存しなければならないこととされました。

出所：国税庁　消費税の仕入税額控除制度における適格請求書等保存方式に関するＱ＆Ａ問66

（帳簿のみの記載での仕入税額控除）

問　「3万円未満の課税仕入れ」「請求書等の交付を受けなかったことにつきやむを得ない理由があるとき」は、一定の事項を記載した帳簿のみで仕入税額控除が認められていましたが（消令49①）、インボイス導入後はこれらの規定は廃止されるそうです。一定の事項を記載した帳簿のみの保存で仕入税額控除の要件を満たすのは、どのような場合になるのですか。

答

適格請求書等保存方式の下では、帳簿及び請求書等の保存が仕入税額控除の要件とされます（新消法30⑦）。

ただし、請求書等の交付を受けることが困難であるなどの理由により、次の取引については、一定の事項を記載した帳簿のみの保存で仕入税額控除が認められます（新消令49①、新消規15の4）。

① 適格請求書の交付義務が免除される３万円未満の公共交通機関による旅客の運送

② 適格簡易請求書の記載事項（取引年月日を除きます。）が記載されている入場券等が使用の際に回収される取引（①に該当するものを除きます。）

③ 古物営業を営む者の適格請求書発行事業者でない者からの古物（古物営業を営む者の棚卸資産に該当するものに限ります。）の購入

④ 質屋を営む者の適格請求書発行事業者でない者からの質物（質屋を営む者の棚卸資産に該当するものに限ります。）の取得

⑤ 宅地建物取引業を営む者の適格請求書発行事業者でない者からの建物（宅地建物取引業を営む者の棚卸資産に該当するものに限ります。）の購入

⑥ 適格請求書発行事業者でない者からの再生資源及び再生部品（購入者の棚卸資産に該当するものに限ります。）の購入

⑦ 適格請求書の交付義務が免除される３万円未満の自動販売機及び自動サービス機からの商品の購入等

⑧ 適格請求書の交付義務が免除される郵便切手類のみを対価とする郵便・貨物サービス（郵便ポストに差し出されたものに限ります。）

⑨ 従業員等に支給する通常必要と認められる出張旅費等（出張旅費、宿泊費、日当及び通勤手当）

ポイント ⇒３万円未満の課税仕入れ等でも原則インボイスの受領・保存が必要になります。

出所：国税庁　消費税の仕入税額控除制度における適格請求書等保存方式に関するＱ＆Ａ問79

（インボイス導入前の電子取引に係る仕入税額控除）

問 インボイス導入前に電子取引により請求書等を受領した場合は、仕入税額控除を受けるためにはどのようにすればいいですか。

答

「現行の区分記載請求書等保存方式」では、課税事業者が仕入税額控除の適用を受けるためには、原則として課税仕入れ等の事実の帳簿への記載、保存及び課税仕入れ等の事実を証する請求書等の保存をしなければならないこととされています（現行消法30⑦）。電子インボイスのように、請求書等を電子データで受領した場合の規定はありません。

ただし、請求書等の交付を受けなかったことにつき「やむを得ない理由」があるときは、帳簿に現行消費税法30条8項の記載事項に加えて、そのやむを得ない理由及び課税仕入れの相手方の住所又は所在地を記載して保存することにより、仕入税額控除の適用を受けることができる旨が定められています（現行消令49①二）。電子データとそれを出力した書面の両方の保存は不要となります。

このようにインターネットを通じて取引を行った場合には、請求書等に記載されるべき法定事項が通信回線を介してコンピュータ間で電子データとして交換されるため、請求書等そのものが作成・交付されないこととなり、その電子データ以外の保存が行えない状況となりますが、これは、請求書等の交付を受けなかったことにつきやむを得ない理由がある場合に該当するものと考えられています（消基通11-6-3（5））。

したがって、帳簿に記載すべき事項に加えて、インターネットを通じた取引による課税仕入れであること及び課税仕入れの相手方の住所又は所在地を記載して保存する場合には、仕入税額控除の適用を受けることができます。

出所：国税庁HP質疑応答事例「インターネットを通じて取引を行った場合の仕入税額控除の適用について」に一部加筆

電子インボイス標準化の動き

電子インボイス推進協議会のホームページに基づいて、電子インボイス標準化の動きをまとめると、次のとおりとなります。

1 電子インボイス推進協議会の発足の経緯

2020年6月に「社会的システム・デジタル化研究会」が発表した「社会的システムのデジタル化による再構築に向けた提言」において、2023年10月の適格請求書等保存方式の開始に際し、社会的コストの最小化を図るために、当初から電子インボイスを前提とし、デジタルで最適化された業務プロセスを構築すべきとされました。

そこで、日本国内で活動する事業者が共通的に利用できる電子インボイス・システムの構築を目指し、電子インボイスの標準仕様を策定・実証し、普及促進させることを目的として、「電子インボイス推進協議会」（英語名称：E-Invoice Promotion Association）（略称：EIPA）が2020年7月に設立されました。

この協議会は、標準化・全体最適化され、現行の制度・仕組みからの移行可能性に配慮された電子インボイス・システムの構築・普及を通じて、商取引全体のデジタル化と生産性向上に貢献することを目指し、活動することとされています。

2 電子インボイスの標準化

EIPAは、2023年10月から導入される「適格請求書等保存方式（インボイス制度）」を見据え、まずは請求に係る業務プロセスのデジタル化、すなわち事業者間で共通的に使える電子インボイス・システムの構築を実現することとしています。

この電子インボイスの利用を通じて請求から支払まで、さらに後工程の入金消込業務までシームレスにデータ連携されることで、バックオフィス業務の効率化を図ることができるとしています。

さらには電子インボイスの普及によって事業者の業務のデジタル化が加速し、前工程である見積・受発注までもデジタル化が波及する流れにつなげていきたいとしています。

なお、国内の事業者が共通的に使える電子インボイス・システムの構築に向けて、EIPA では国際標準規格「Peppol（ペポル）」をベースとして電子インボイスの日本標準仕様を策定することを、本協議会で決定しています。

タイムスケジュール	
2020 年 12 月	標準仕様に「PEPPOL」採用を決定
2021 年半ば	電子インボイス国内標準仕様（初版）公開予定
2022 年秋	各企業がシステム運用できる状態に
2023 年 10 月	インボイス制度開始

DX 化関連の税務等

1 DX化による経理業務への影響

(1) 事業者における記帳の実態からみた影響

○雇用的自営業者（フリーランス）の増加
・近年「伝統的自営業」が減少する一方で、「雇用的自営等」が増加
→「フリーランス」と言われる事業者が増加している可能性があります。
企業に属するような形で下請けをしている個人事業主が増えてきています。

○商工会議所における記帳指導、電子帳簿支援
・近年は、従来の簿記の指導に加え「経理事務負担を減らし、本業に集中できる環境整備」に向けて、クラウド会計ソフト等の活用によるデジタル化を積極的に支援しています。

クラウド会計ソフトの導入支援を受けている事業者の反応（記帳指導員からの聴取）
➢今回のコロナ禍で急遽、融資が必要になったが、会計ソフトを導入していたため、金融機関に対して試算表や月次決算などでタイムリーに出すことができ、融資相談をスムーズに行うことができた。
➢モバイルPOSレジとクラウド会計システムを連動させたところ、記帳や税務申告業務が大幅に削減され、業務が効率化した。

中小企業のクラウド会計導入等によるDX事例
➢創業70年の老舗豆腐屋やクラウド会計等の導入により、販売・経理等の事務処理に係る時間を年間600時間削減に成功した。
➢削減した時間を活用し、新規顧客の開拓と新商品開発に積極的に挑戦できた。

・経理事務の従事人数について、「売上高1千万円以下の事業者」ではほぼ全て、「売上高1億円超の事業者」でも約半数は1人で従事している。
まとめ
➢小規模事業者は、これまでシステムベンダーのサポートが届きにくく、デジタル化が困難と思われていたが、安価で使い勝手の良いクラウド会計の登場で、小規模事業者でも電子帳簿・電子申告に取り組みやすい環境が整備されつつある。
➢コロナ禍でデジタル化への機運が高まる今が電子帳簿促進の好機。

出所：令和2年10月7日税制調査会「納税環境整備に関する専門家会合」日本商工会議所説明資料より抜粋

(2) 事業者のバックオフィスのデジタル化の状況からみた影響

○帳簿・申告・納税デジタル化の目指すべき方向性と現状
・(電子申告につなげやすい) クラウド会計ソフトを活かした効率的で正確な記帳のための環境整備には、取引を一貫してデジタルで行う「電子取引」を活用するのが理想
・しかし、現状の「紙取引と電子取引が混在」する状況では、企業の実務は、
　電子データと紙の二重管理を避けるため、紙を前提とした業務フローを組んで運用しており、業務効率化やリモートワーク推進に資する電子データ活用のメリットを感じにくい
という実態であり、電子取引を拡大していくモチベーションが生まれにくい。
・企業規模に関わらず、企業実務において電子データと紙の二重管理をしなくて済むよう、「紙取引と電子取引が混在する現状」から「デジタルファーストの社会」への過渡期的な措置として、紙で受け取ったデータをスキャンして電子データとして簡便に管理できる環境の整備が重要

○クラウド会計ソフト利用企業の声（外部監査等に利用、紙管理のコスト）
・クラウド会計ソフトでは各園を部門コードに登録することで、ボタンを押すだけで園ごとの細かい財務諸表まで作成でき、効率化に役立っている（保育関係の監査）。
・ペーパーレス化を進めるため、クラウド会計ソフトの電子稟議システムを使い、稟議申請・承認業務・経理処理・振込業務まで一気通貫してクラウドで完結させることで、バックオフィス業務が効率化できている。
・クラウド会計ソフトによって、経費精算の承認フローや請求書の支払管理は、電子データで完結している。

出所：令和２年10月７日税制調査会「納税環境整備に関する専門家会合」新経済連盟説明資料より抜粋・一部加筆

(3) まとめ

以上、経済団体のヒヤリング状況を見てみると、
・近年「雇用的自営等」が増加し、経理事務が必要な個人事業主が増えている。
・経理事務負担を減らし、本業に集中できる環境整備を行うため、「クラウド会計ソフト」の活用を勧めている。
・安価で使い勝手の良い「クラウド会計ソフト」の導入により、経理処理等が電子データで完結し、効率化が図られ、捻出した事務量を生産性の向上に活用できる。
・「紙取引と電子取引が混在する現状」では、業務効率化やリモートワーク推進に資する電子データ活用のメリットを感じにくい。

という現場の声がうかがえます。今後さらに、安価で使い勝手のよい「クラウド会計ソフト」等が開発され、令和３年度の電子帳簿等保存制度の抜本的な見直しと併せ、中小企業や個人事業主も正規の簿記の原則に従うなど一定の簡便な要件を満たす場合には、電子データのまま保存することを可能とする電子帳簿から導入し、次第に事後検証可能性の高い電子帳簿、

すなわち「優良な電子帳簿」に移行していくことが望まれます。税務行政の信頼性確保の観点からも優良な電子帳簿としてその普及を促進するための措置を今後も講じていく必要があるでしょう。それがひいては「紙取引と電子取引が混在しない、電子データだけの管理で完結する「デジタルファーストの社会」へつながって行くと考えられます。

このように、日々進化していくデジタル技術をより多くの人々が有効に活用することで、社会全体の人々の暮らしを変革することにつながると感じられます。そのためには、既存の価値観や枠組みを根底から覆し、デジタルファーストの社会が実現すれば、自ずと革新的なイノベーションがもたらされるでしょう。

2　電子データを活用した税務調査・電子データの税務行政の扱い

国税庁の使命は、納税者の自発的な納税義務の履行を適正かつ円滑に実現することにあり、その使命を達成するため国税庁は、財務省設置法19条に定められた任務（国税庁は、内国税の適正かつ公平な賦課及び徴収の実現、酒類業の健全な発達及び税理士業務の適正な運営の確保を図ることを任務とする。）を、透明性と効率性を配慮しつつ、遂行することとしています。この任務の一つである「内国税の適正かつ公平な賦課及び徴収の実現」のため、適正申告の実現に努めるとともに、申告が適正でないと認められる納税者に対しては的確な調査・指導を実施することにより誤りを確実に是正することとしています。

税務行政全体がどのように将来進んでいくのかを見ていかなければ、電子データを活用した税務調査が今後どうなっていくのかはわかりません。

そこで、国税庁から公表された「税務行政の将来像」（令和元年６月）及び「税務行政のデジタル・トランスフォーメーション－ 税務行政の将来像2.0 －」（令和３年６月）を基に、考えていきたいと思います。

■ 税務行政のデジタル・トランスフォーメーション

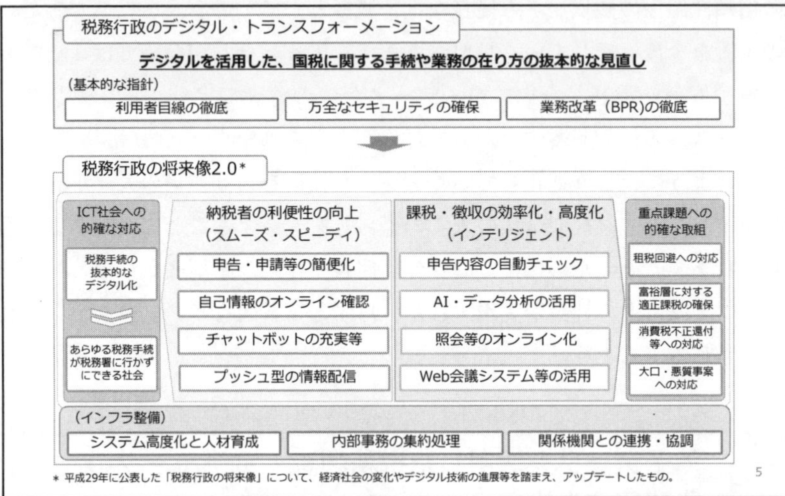

出所：国税庁「税務行政のデジタル・トランスフォーメーション―税務行政の将来像 2.0―」（令和 3 年 6 月 11 日）P.5

■ Web 会議システム等の活用（リモート調査）

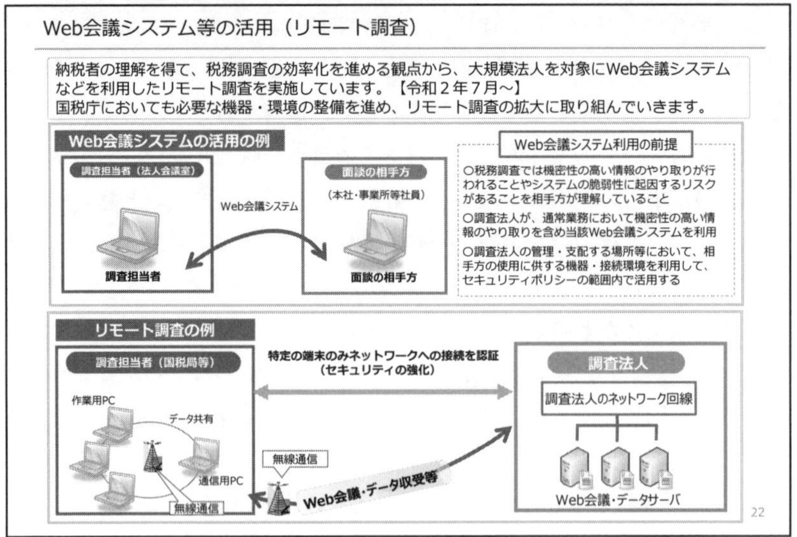

出所：国税庁「税務行政のデジタル・トランスフォーメーション―税務行政の将来像 2.0―」（令和 3 年 6 月 11 日）P.22 をもとに作成

(1) 環境の変化

近年ICT・AIがものすごいスピードで進展し、技術革新が起こっています。そして、マイナンバー制度の導入により、いろいろな情報を各行政機関が管理できるようになりました。住所、氏名を例に挙げると、これまでは漢字や読み方が異なる、誤字がある、変更があると特定の個人、法人との結びつけることが困難でした。しかし、マイナンバーや法人番号を活用することにより、効率的な情報管理ができるようになりました。そして、電子化の進展とともに経済取引のグローバル化が進み、様々な取引がネットを通じてボーダーレスで行われ、国境を意識しなくなりました。また、国税庁の職員の定員の減少と納税者の申告の増加によって、より効率的な事務運営と最適な事務量の配分が求められるとともに、経済社会が進展する中、調査・徴収の複雑・困難化が進んでいるというのが現状です。

そのような中で、国税庁では、納税者の理解と信頼を得て適正な申告・納税を確保していくため、税務行政の透明性の観点から、おおむね10年後のイメージを示した「税務行政の将来像」(平成29年作成・公表、令和元年改訂)を明らかにしてきましたが、その後の経済社会の変化やデジタル技術の進展等を踏まえ、アップデートした「税務行政のデジタル・トランスフォーメーション」が令和3年に公表されました。

この中でデジタルを活用した、国税に関する手続や業務の在り方を抜本的に見直す「税務行政の将来像2.0」を掲げています。さらに、納税者の利便性の向上(スムーズ・スピーディ)と課税・徴収の効率化・高度化(インテリジェント)を二本柱に、利用者目線の徹底、万全なセキュリティの確保、業務改革(BPR)の徹底を基本的な指針として取り組んでいくこととしています。

納税者の利便性の向上では、申告・申請等の簡便化、自己情報のオンライン確認、チャットボットの充実等、プッシュ型の情報配信を掲げ、あらゆる税務手続が税務署に行かずにできる社会を目指しています。正にこの方向性は、コロナ禍においては確定申告相談等による三密を防ぐには有効な手段となります。

課税・徴収の効率化・高度化では、申告内容の自動チェック、AI・デー

■ スマート税務行政の実現に向けて

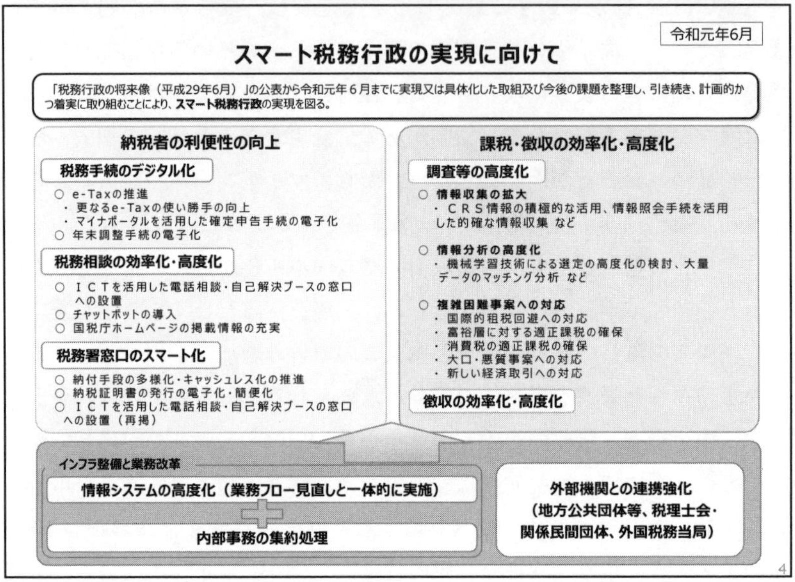

出所：国税庁「税務行政の将来像」に関する最近の取組状況（令和元年 6 月 21 日）P.4

タ分析の活用、照会等のオンライン化、Web 会議システム等の活用、重点課題への的確な取組として、租税回避への対応、富裕層に対する適正課税の確保、消費税不正還付等への対応、大口・悪質事案への対応を掲げ、システム高度化と人材育成や内部事務の集約処理、関係機関との連携・協調の下、これらの取組を進めていくとしています。

したがって、今後税務調査では限られた人的資源を最大限有効に活用するため、内部事務等は徹底的に集約化・効率化を進め、重点課題へ的確に取り組んでいくことが肝要となってきます。令和 3 年 7 月からは、内部事務のセンター化が実施され、国税局に「業務センター室」を設置し、複数署の内部事務をセンターに集約して処理しています。

(2) 課税・徴収の効率化・高度化

それでは、どのように課税・徴収の効率化・高度化を図っていくかということになりますが、「スマート税務行政の実現に向けて」の図の右の項

■ 調査・徴収の効率化・高度化のイメージ

Ⅱ 課税・徴収の効率化・高度化

調査・徴収の効率化・高度化のイメージ

情報の一元管理を図りながら、データを積極的に活用できるシステム及び組織作りを進めていきます。

現状

情報システム
所得税　課税事績
法人税　課税事績
…　××情報
徴収　徴収事績
帳票出力
分析・検討・調査選定
書面・表計算ソフト等
各種帳票
入力
表計算ソフト等
外部事務
書面中心
個人調査　各種帳票
法人調査　各種帳票
滞納整理　各種帳票

将来（案）

情報システム
所得税　法人税　…　徴収
課税事績・徴収事績・××情報
外部情報
インターネット
（情報収集）
他省庁
データ活用
データ参照
分析・検討・調査選定
AI、BI・BAツール等※
財産評価
各種パフォーマンス分析
架電コールリスト作成
9:00 am
（月）
1. 国税太郎
2. 国税花子
申告審査・資力調査等
リスク分析
最適な接触方法の分析
文書送付
SMS送信
催告架電
臨場
※多種・多様なデータを活用することにより、多様かつ高度な分析が可能
外部事務
モバイル端末
個人調査
法人調査
滞納整理

将来業務

✓ 事務系統横断的なデータ管理
✓ 情報収集の拡大（他省庁やインターネット上の情報）
✓ データ中心の事務（ＩＣＴ・ＡＩを活用した各種分析の実施）
✓ モバイル端末を活用した外部事務

(注) 1　検討に当たっては、最新の各種セキュリティ対策の導入等、極めて重要な納税者情報の取扱いに細心の注意を払います。
(注) 2　将来（案）については現在検討中のものであり、今後変更の可能性があります。
※　BI（Business Intelligence）ツール：大量のデータを分析・可視化し、迅速な意思決定を補助するツール。
※　BA（Business Analytics）ツール：統計学や機械学習等の技術を用いてデータ分析を行うツール。

13

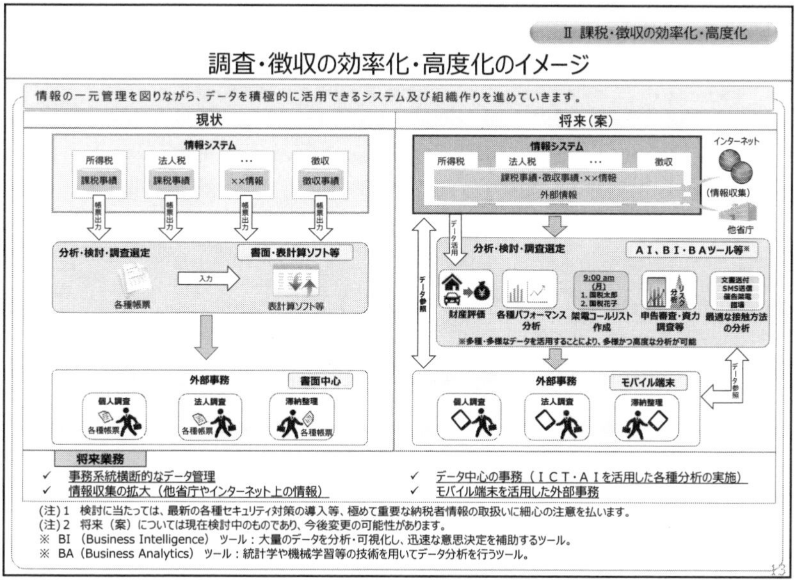

出所：国税庁「税務行政の将来像」に関する最近の取組状況（令和元年 6 月 21 日）P.13 をもとに作成

目に掲げているように、情報収集の拡大が効率的な調査のためには重要となります。的確な情報収集があればこそ、調査事務量を適切に投下できることになります。次に掲げているのは、情報分析の高度化です。いくら大量の情報があってもその情報をマッチングさせて、調査選定の高度化等に役立てなければなりません。AI 等も活用してより精度の高い情報分析が求められます。そして複雑困難事案へ対応するため、必要なところに集中的に調査事務量を投下していくことが、適正公平な課税の確保になり、納税者の税務行政に対する信頼確保に役立つことになります。

「調査・徴収の効率化・高度化のイメージ」の図は、調査・徴収業務が目指す将来イメージです。

先ほどの二本柱の一つである課税・徴収の効率化・高度化に向けて、上図のように情報の一元化を図りながら、AI・BI（Business Intelligence）等のツールを活用し、多種多様なデータを活用することにより、多様かつ高

■ AI・データ分析の活用

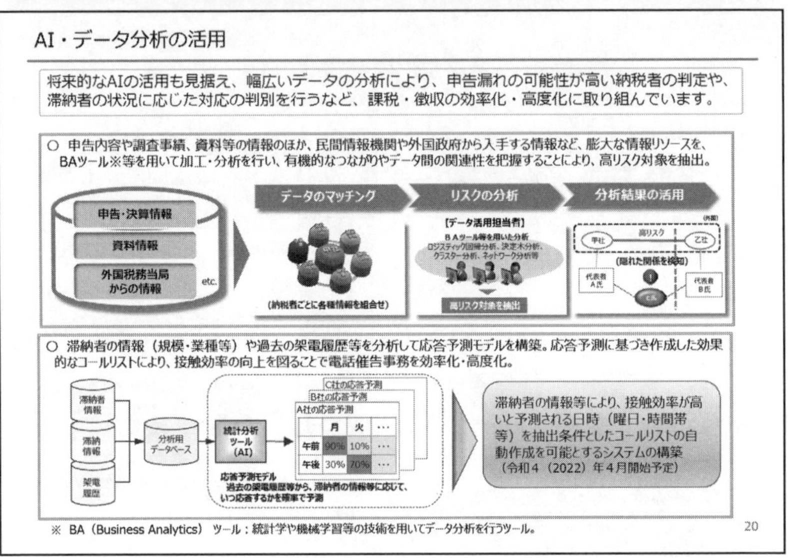

出所：国税庁「税務行政のデジタル・トランスフォーメーション―税務行政の将来像 2.0―」（令和 3 年 6 月 11 日）P.20 をもとに作成

度な分析が可能となります。

また、課税事績や資料情報に加えて、インターネットや他省庁からの情報も収集し、保有情報を充実させ、ICT ツールを使った多角的な分析・検討により、調査事務の効率化・高度化が図られることになります。

「AI・データ分析の活用」の図は、課税・徴収の効率化・高度化のイメージ図です。

国税庁及び国税局にデータ活用を担当する職員を置き、事務の効率化・高度化に向けた取組を推進しています。

具体的には、これまでの申告内容や調査事績、法定・法定外資料等の情報のほか、民間情報機関や外国政府から入手する情報など、膨大な情報リソースを、BA（Business Analytics）ツール等を用いて、加工・分析を行い、有機的なつながりやデータ間の関連性を把握することにより、高リスク対象を抽出し、調査選定等の事務の効率化・高度化を進めています。

このように、税務行政においても、効率・効果的な税務調査に取り組ん

■ 複雑困難事案への対応（新しい経済取引への対応等）

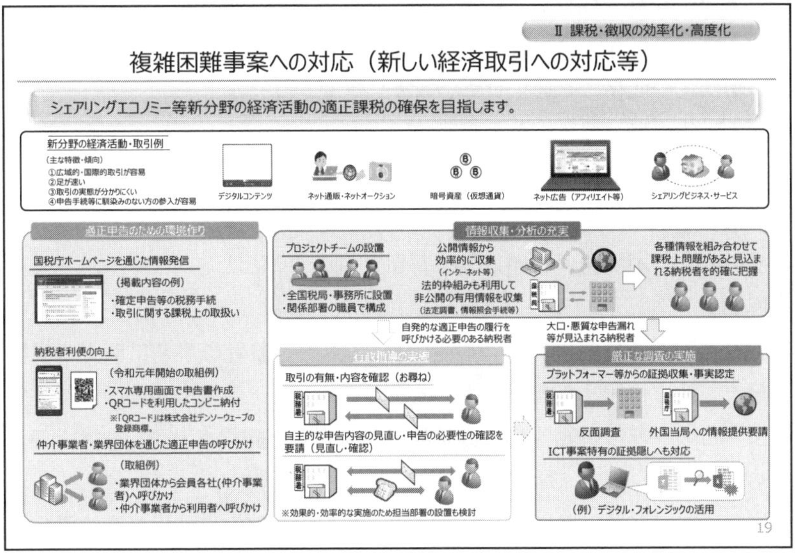

出所：国税庁「税務行政の将来像」に関する最近の取組状況（令和元年6月21日）P.19

でいます。

令和3年度の電子帳簿保存法の改正では、国税関係帳簿書類の電磁的記録による保存、スキャナ保存、電子取引の取引情報に係る保存の保存要件のうち、検索要件の全部又は一部に代替するものとして、税務調査でダウンロードの求めに応じる要件（国税に関する法律の規定よる国税関係帳簿に係る電磁的記録の提示又は提出の要求に応じることができるようにしておくこと（電帳規2②三等））が掲げられています。

ダウンロードの求めに応じなければ保存要件を満たさないということになりますので、今後の税務調査においては、帳簿書類のダウンロードの求めが主流になっていくと思われます。これまで述べたように、様々な膨大な資料をマッチングさせて、各情報の有機的なつながりやデータ間の関連性を把握することとしておりますので、ダウンロードにより提出したデータともマッチングさせて問題点を把握していくことになります。将来的には電子データを活用した税務調査への対応へ大きくシフトしていくのではないかと考えられます。

(3) 電磁的記録で保存した帳簿書類と質問検査権の関係

法人税等の保存義務、電子取引の保存義務、質問検査権の帳簿書類その他の物件との関係について見ていきたいと思います。

法人税等の保存義務対象書類について、電子取引として授受を行った場合には電子帳簿保存法 7 条により保存義務対象となります。

しかしながら、法人税法等では電磁的記録は保存義務の対象とはされていないので、国税関係書類以外の書類とみなすこととされています（電帳法 8 ②）。

国税通則法の質問検査権の規定では、「調査対象者の事業に関する帳簿書類その他の物件」を調査することができることとされています（通法 74 の 2）。この「帳簿書類」には電磁的記録も含むと定義されています（通法 34 の 6 ③）。

質問検査権が対象とする「帳簿書類その他の物件」には保存義務対象となっていない、調査の目的を達成するために必要と認められるものも含まれます。

質問検査権の規定上特段の定めがない実施の細目については、「質問検査の必要性と相手方の私的利益を衡量し、社会通念上相当な程度にとどまる限り、権限ある税務職員の合理的な選択に委ねられる。」との最高裁判例（最高裁第三小法廷昭和 48 年 7 月 10 日決定）があります。

(4) 電子メールの保存義務対象と税務調査の対象となる電子メール

授受した電子メール全てが電子帳簿保存法 7 条の保存対象というわけではありません。あくまでも「取引情報」に該当するものになります。

税務調査では保存義務対象外の電磁的記録も調査担当者が調査について必要があるときは帳簿書類等の提示・提出を求め、これを検査することができます。

調査担当者は、提示・提出が必要とされる趣旨を説明し、理解を得られるよう努めることとしています。

関連 Q&A

（保存対象の電子取引）

問　電子取引には、電子メールにより取引情報を授受する取引（添付ファイルによる場合を含む。）が該当するとのことですが、全ての電子メールを保存しなければなりませんか。

答

この取引情報とは、取引に関して受領し、又は交付する注文書、領収書等に通常記載される事項をいう（電帳法２五）ことから、電子メールにおいて授受される情報の全てが取引情報に該当するものではありません。したがって、そのような取引情報の含まれていない電子メールを保存する必要はありません。

具体的には、電子メール本文に取引情報が記載されている場合は当該電子メールを保存する必要がありますが、電子メールの添付ファイルにより授受された取引情報（領収書等）については当該添付ファイルのみを保存しておけばよいことになります。

出所：国税庁　電子帳簿保存法一問一答（電子取引関係）問５

（税務調査時の電磁的記録の提示方法）

問　提示・提出を求められた帳簿書類等の物件が電磁的記録である場合には、どのような方法で提示・提出すればよいのでしょうか。

答

帳簿書類等の物件が電磁的記録である場合には、提示については、その内容をディスプレイの画面上で調査担当者が確認し得る状態にしてお示しいただくこととなります。

一方、提出については、通常は、電磁的記録を調査担当者が確認し得る状態でプリントアウトしたものをお渡しいただくこととなります。また、電磁的記録そのものを提出いただく必要がある場合には、調査担当者が持参した電磁的記録媒体への記録の保存（コピー）をお願いする場合もありますので、ご協力をお願いします。

（注）提出いただいた電磁的記録については、調査終了後、確実に廃棄（消去）することとしています。

出所：国税庁　税務調査手続に関するFAQ（一般納税者向け）問5

（私物である帳簿書類等の提示等）

問　法人税の調査の過程で帳簿書類等の提示・提出を求められることがありますが、対象となる帳簿書類等が私物である場合には求めを断ることができますか。

答

法令上、調査担当者は、調査について必要があるときは、帳簿書類等の提示・提出を求め、これを検査することができるものとされています。

この場合に、例えば、法人税の調査において、その法人の代表者名義の個人預金について事業関連性が疑われる場合にその通帳の提示・提出を求めることは、法令上認められた質問検査等の範囲に含まれるものと考えられます。

調査担当者は、その帳簿書類等の提示・提出が必要とされる趣旨を説明し、ご理解を得られるよう努めることとしていますので、調査へのご協力をお願いします。

出所：国税庁　税務調査手続に関するFAQ（一般納税者向け）問7

3 電子的に作成された文書の印紙税の扱い

電磁的記録により作成された文書については印紙税は課税されません。

課税文書の「作成」とは、課税文書となるべき用紙等に課税事項を記載し、これを当該文書の目的に従って行使することをいいます。

現物の交付がなされない以上電磁的記録に変換した媒体を電子メールで送信したとしても、印紙税の課税原因は発生しません。

「今後ともペーパーレス化の普及状況やその技術の進展状況等を注視するとともに、課税の適正化及び公平化を図る観点等から何らかの対応が必要かどうか、文書課税たる印紙税の性格を踏まえつつ、必要に応じて検討してまいりたい。」との政府見解があります。

経済産業省の令和4年度税制改正要望では、「印紙税は経済取引における契約書や領収書等に対して課せられる文書課税であるが、近年の電子取引の増大等を踏まえ、制度の根幹からあり方を検討し見直す。」という要望が出ています。今後も制度論として議論の対象とされることも考えられます。

参考 印紙税に関する質問主意書に対する答弁書（平成17年3月15日）

質問　電子商取引でもインターネット上で契約書などが交わされることがあるが、添付ファイルなどの形で交わされる電子文書については印紙税の課税対象外となっている。同じ契約書などであるにもかかわらず、文書か電子文書かで印紙税の課税・非課税を判断することは不公平極まりなく、税の基本原則に反していると言わざるを得ない。

電子商取引によって発生する電子文書による契約書などの捕捉が技術的に困難なのであれば、税の基本原則に合うように、印紙税そのものを見直す必要があると考えるが、政府の見解を示されたい。

答弁　事務処理の機械化や電子商取引の進展等により、これまで専ら文書により作成されてきたものが電磁的記録により作成されるいわゆるペーパーレス化が進展しつつあるが、文書課税である印紙税においては、電磁的記録により作成されたものについて課税されないこととなるのは御指摘のとおりである。

しかし、印紙税は、経済取引に伴い作成される文書の背後には経済的利益があると推定されること及び文書を作成することによって取引事実が明確化し法律関係が安定化することに着目して広範な文書に軽度の負担を求める文書課税であるところ、電磁的記録については、一般にその改ざん及びその改ざんの痕跡の消去が文書に比べ容易なことが多いという特性を有しており、現時点においては、電磁的記録が一律に文書と同等程度に法律関係の安定化に寄与し得る状況にあるとは考えていない。

電子商取引の進展等によるペーパーレス化と印紙税の問題については、印紙税の基本にかかわる問題であることから、今後ともペーパーレス化の普及状況やその技術の進展状況等を注視するとともに、課税の適正化及び公平化を図る観点等から何らかの対応が必要かどうか、文書課税たる印紙税の性格を踏まえつつ、必要に応じて検討してまいりたい。

請負契約に係る注文請書を電磁的記録に変換して電子メールで送信した場合の印紙税の課税関係について

(平成 20 年 10 月 24 日福岡国税局文書回答事例)

印紙税法上の「契約書」とは、印紙税法別表第一の「課税物件表の適用に関する通則」の 5 において、「契約の成立若しくは更改又は契約の内容の変更若しくは補充の事実を証すべき文書をいい、念書、請書その他契約の当事者の一方のみが作成する文書又は契約の当事者の全部若しくは一部の署名を欠く文書で、当事者間の了解又は商慣習に基づき契約の成立等を証することとされているものを含むものとする。」と規定されている。

また、印紙税法に規定する課税文書の「作成」とは、印紙税法基本通達第 44 条により「単なる課税文書の調製行為をいうのでなく、課税文書となるべき用紙等に課税事項を記載し、これを当該文書の目的に従って行使することをいう」ものとされ、課税文書の「作成の時」とは、相手方に交付する目的で作成される課税文書については、当該交付の時であるとされている。

上記規定に鑑みれば、本注文請書は、申込みに対する応諾文書であり、契約の成立を証するために作成されるものである。しかしながら、注文請書の調製行為を行ったとしても、注文請書の現物の交付がなされない以上、たとえ注文請書を電磁的記録に変換した媒体を電子メールで送信したとしても、ファクシミリ通信により送信したものと同様に、課税文書を作成したことにはならないから、印紙税の課税原因は発生しないものと考える。

ただし、電子メールで送信した後に本注文請書の現物を別途持参するなどの方法により相手方に交付した場合には、課税文書の作成に該当し、現物の注文請書に印紙税が課されるものと考える。

「令和4年度税制改正要望事項（経済産業省 経済産業政策局 企業行動課）」

○制度名　印紙税のあり方の検討

○要望の内容

印紙税は経済取引における契約書や領収書等に対して課せられる文書課税であるが、近年の電子取引の増大等を踏まえ、制度の根幹からあり方を検討し見直す。

○新設・拡充又は延長を必要とする理由

(1)　政策目的

経済取引に伴う事務的負担及び税負担を公平かつ簡素にすることにより、国内経済の活性化を実現する。

(2)　施策の必要性

①　印紙税が創設された明治6年以降、経済実態の変化に伴い、金銭等の受取書については、中小企業の取引実務にも配慮して免税点（5万円未満）が設けられている。他方、経済取引の数は莫大に増えており、印紙税に係る事務コストや税負担が、中小零細企業を始め、企業にとって無視できないコストとなっているとの指摘がある。

②　また、電子取引などに対して印紙税は課税されないなど、取引手段の選択によって課税の公平性が阻害されているとの指摘もある。

③　特に、小売・物販業等においては、近年、カード決済が増大してきており、印紙税が取引実態の変化に対応できていないとの指摘も強い。

上記の視点を踏まえ、制度の根底から、そのあり方を早急に検討することが必要である。

参考　税理士制度の見直しについて

1　税理士制度見直しについての検討事項

令和３年度与党税制改正大綱の「第三　検討事項　8」に税理士制度の見直しについての今後の検討事項が記載されました。

検討事項には、「税理士制度については、ウィズコロナ・ポストコロナの新しい社会を見据え、税理士の業務環境や納税環境の電子化といった、税理士を取り巻く状況の変化に的確に対応するとともに、多様な人材の確保や、国民・納税者の税理士に対する信頼の向上を図る観点も踏まえつつ、税理士法の改正を視野に入れて、その見直しに向けて検討を進める。」と明記されています。

日本税理士会連合会では、この内容を踏まえ、急速に進む経済社会・納税環境のデジタル化に対応した税理士制度の構築に向け、令和４年度の税理士法改正の実現に向けて取り組んでいくこととしています。

「今回（令和３年度）の大綱は、新型コロナウイルス感染症の感染症拡大防止と社会経済活動との両立を図り、新しい社会をつくるため、わが国社会のデジタルトランスフォーメーション（DX）の取組みへの強力な推進や、機会の平等と公平の実現、簡素な制度の構築との基本的な考え方からとりまとめられております。とりわけ、納税環境のデジタル化に向けた諸施策は、電子申告・納税の普及をはじめ、税理士の関与があって初めて実効性のある施策になると考えます。引き続き、積極的に取り組んでまいります。」としています（出所：「税理士界」（令和２年12月15日発行　日本税理士会連合会）p1）。

納税環境のデジタル化は日進月歩で常に新しい技術を取り入れながら進化してきましたし、これからも更なる進化を遂げ、デジタルトランスフォーメーションへの取組が強まっていくでしょう。税務行政のデジタルトランスフォーメーション化には税理士の関与はなくてはならないものであり、新しい社会に対応した税理士制度が求められてくると考えられます。

令和３年６月１日に開催された規制改革推進会議 議長・座長会合の「規制改革推進に関する答申～デジタル社会に向けた規制改革の「実現」～」においては、税理士等の職業としての手続代行者が行うことが通例である手続については、「デジタルオンリー」に向け手続代行者の役割が大きいとして、実施事項に「財務省は、税理士が代理申告を行う場合の利用率100％に向け、電子申告の積極的な利用を通じて事業者利便の向上等を図ることの法制化を含め、デジタル化に向けて税理士の果たすべき役割を検討し、必要な措置を講ずる。【速やかに検討を開始し、当面、必要な措置について令和３年中に結論を得る】」ことが明記されました。

2　与党税調での改正要望検討項目

令和3年度税制改正の与党税調の審議では、令和2年11月26日の税制調査会小委員会において、令和4年度以降の税制改正に向けた検討事項が議論され、税理士制度の見直しについては、日本税理士会連合会の税理士法に関する改正要望検討項目の概要として、以下の項目があげられました。

◇ ICT化とウィズコロナ時代への対応
・税理士業務のICT化の推進
・電子記録媒体の範囲の見直し
・税理士会内部の通知行為等の電子化
・テレワーク指針の作成に伴う事務所規定の見直し
◇ 税理士に対する信頼の向上を図るための環境整備
・税理士法人の業務範囲の拡充
・会則順守義務の徹底
・非税理士による税理士業務の周旋行為の禁止
・社員税理士の法定脱退事由の整備（業務停止処分の明記）
◇ 多様な人材の確保
・受験資格要件の見直し

3　税理士法に関する改正要望書

日本税理士会連合会では、令和3年6月23日、「税理士法に関する改正要望書」を機関決定しました。その前文では次の通り述べています。

「経済・社会の更なるICT化が進展する中、ウィズコロナ・アフターコロナの社会・経済状況を見据え、ICTを前提とした税理士制度への変革が求められている。また、税理士には税理士業務のみならず、公益性の高い業務を担うことも求められている。これら税理士を取り巻く状況の変化に的確に対応すべく、多様な人材の確保を図るとともに、税理士の資質の一層の向上など国民・納税者の税理士に対する信頼と納税者利便の向上を図る観点から、次のとおり税理士法の改正を要望する。」

ICT化が進展する中、ICTを意識した税理士制度への変革が求められていることに応え、税理士を取り巻く状況に的確に対応すべく様々な観点からの税理士法改正を要望することとしています。改正要望項目としては、次の項目が掲げられています。

Ⅰ　ICT化とウィズコロナ時代への対応
1　税理士の業務のICT化推進の明確化
2　税務代理における利便の向上

3　税理士会等の通知等の電子化
4　電子記録媒体の見直し
5　事務所規定の見直し

Ⅱ　多様な人材の確保

6　受験資格要件の見直し

Ⅲ　税理士に対する信頼の向上を図るための環境整備

7　税理士法人の業務範囲拡充
8　社員税理士の法定脱退事由の整備
9　税理士法違反行為の時効制度の創設

Ⅳ　その他

10　法 33 条の２に規定する書面の名称変更及び資産税用の様式制定

この中で、Ｉ１の「税理士の業務の ICT 化推進の明確化」では、「経済のデジタル化、グローバル化の進展等の環境変化に伴う税理士制度の継続的発展を期するため、電子申告・納税、電子帳簿、マイナポータルの利活用など税理士の業務の ICT 化の推進を通じて、納税義務者の利便性向上に努めることを明確化すべきである。」とされています。

正に、電子帳簿をはじめ、電子申告・電子納税など税理士の業務の ICT 化の推進が税理士制度の継続的発展のためにも不可欠であり、今後も電子帳簿等保存制度は普及、発展していくと思われます。

出所：「税理士界」（令和３年７月 15 日発行　日本税理士会連合会）p7 より

今後、これらの項目を基に税理士制度見直しについての議論が行われるものと考えられます。

巻末資料

1　電子帳簿保存法

（趣旨）

第１条　この法律は、情報化社会に対応し、国税の納税義務の適正な履行を確保しつつ納税者等の国税関係帳簿書類の保存に係る負担を軽減する等のため、電子計算機を使用して作成する国税関係帳簿書類の保存方法等について、所得税法（昭和 40 年法律第 33 号)、法人税法（昭和 40 年法律第 34 号）その他の国税に関する法律の特例を定めるものとする。

（定義）

第２条　この法律において、次の各号に掲げる用語の意義は、当該各号に定めるところによる。

一　国税　国税通則法（昭和 37 年法律第 66 号）第２条第１号（定義）に規定する国税をいう。

二　国税関係帳簿書類　国税関係帳簿（国税に関する法律の規定により備付け及び保存をしなければならないこととされている帳簿（輸入品に対する内国消費税の徴収等に関する法律（昭和 30 年法律第 37 号）第 16 条第 11 項（保税工場等において保税作業をする場合等の内国消費税の特例）に規定する帳簿を除く。）をいう。以下同じ。）又は国税関係書類（国税に関する法律の規定により保存をしなければならないこととされている書類をいう。以下同じ。）をいう。

三　電磁的記録　電子的方式、磁気的方式その他の人の知覚によっては認識することができない方式（第５号において「電磁的方式」という。）で作られる記録であって、電子計算機による情報処理の用に供されるものをいう。

四　保存義務者　国税に関する法律の規定により国税関係帳簿書類の保存をしなければならないこととされている者をいう。

五　電子取引　取引情報（取引に関して受領し、又は交付する注文書、契約書、送り状、領収書、見積書その他これらに準ずる書類に通常記載される事項をいう。以下同じ。）の授受を電磁的方式により行う取引をいう。

六　電子計算機出力マイクロフィルム　電子計算機を用いて電磁的記録を出力することにより作成するマイクロフィルムをいう。

（他の国税に関する法律との関係）

第３条　国税関係帳簿書類の備付け又は保存及び国税関係書類以外の書類の保存については、他の国税に関する法律に定めるもののほか、この法律の定めるところによる。

（国税関係帳簿書類の電磁的記録による保存等）

帳　簿

第４条　保存義務者は、国税関係帳簿（財務省令で定めるものを除く。以下この項、次条第１項及び第３項並びに第８条第１項及び第４項において同じ。）の全部又は一部について、自己が最初の記録段階から一貫して電子計算機を使用して作成する場合には、財務省令で定めるところにより、当該国税関係帳簿に係る電磁的記録の備付け及び保存をもって当該国税関係帳簿の備付け及び保存に代えることができる。

書　類

2　保存義務者は、国税関係書類の全部又は一部について、自己が一貫して電子計算機を使用して作成する場合には、財務省令で定めるところにより、当該国税関係書類に係る電磁的記録の保存をもって当該国税関係書類の保存に代えることができる。

スキャナ保存

3　前項に規定するもののほか、保存義務者は、国税関係書類（財務省令で定めるものを除く。以下この項において同じ。）の全部又は一部について、当該国税関係書類に記載されている事項を財務省令で定める装置により電磁的記録に記録する場合には、財務省令で定めるところにより、当該国税関係書類に係る電磁的記録の保存をもって当該国税関係書類の保存に代えることができる。この場合において、当該国税関係書類に係る電磁的記録の保存が当該財務省令で定めるところに従って行われていないとき（当該国税関係書類の保存が行われている場合を除く。）は、当該保存義務者は、当該電磁的記録を保存すべき期間その他の財務省令で定める要件を満たして当該電磁的記録を保存しなければならない。

（国税関係帳簿書類の電子計算機出力マイクロフィルムによる保存等）

第５条　保存義務者は、国税関係帳簿の全部又は一部について、自己が最初の記録段階から一貫して電子計算機を使用して作成する場合には、財務省令で定めるところにより、当該国税関係帳簿に係る電磁的記録の備付け及び当該電磁的記録の電子計算機出力マイクロフィルムによる保存をもって当該国税関係帳簿の備付け及び保存に代えることができる。

2　保存義務者は、国税関係書類の全部又は一部について、自己が一貫して電子計算機を使用して作成する場合には、財務省令で定めるところにより、当該国税関係書類に係る電磁的記録の電子計算機出力マイクロフィルムによる保存をもって当該国税関係書類の保存に代えることができる。

3　前条第１項の規定により国税関係帳簿に係る電磁的記録の備付け及び保存をもって当該国税関係帳簿の備付け及び保存に代えている保存義務者又は同条第２項の規定により国税関係書類

に係る電磁的記録の保存をもって当該国税関係書類の保存に代えている保存義務者は、財務省令で定める場合には、当該国税関係帳簿又は当該国税関係書類の全部又は一部について、財務省令で定めるところにより、当該国税関係帳簿又は当該国税関係書類に係る電磁的記録の電子計算機出力マイクロフィルムによる保存をもって当該国税関係帳簿又は当該国税関係書類に係る電磁的記録の保存に代えることができる。

(民間事業者等が行う書面の保存等における情報通信の技術の利用に関する法律の適用除外)

第6条　国税関係帳簿書類については、民間事業者等が行う書面の保存等における情報通信の技術の利用に関する法律（平成16年法律第149号）第3条（電磁的記録による保存）及び第4条（電磁的記録による作成）の規定は、適用しない。

(電子取引の取引情報に係る電磁的記録の保存)

電子取引

第7条　所得税（源泉徴収に係る所得税を除く。）及び法人税に係る保存義務者は、電子取引を行った場合には、財務省令で定めるところにより、当該電子取引の取引情報に係る電磁的記録を保存しなければならない。

(他の国税に関する法律の規定の適用)

［帳簿書類みなす］

第8条　第4条第1項、第2項若しくは第3項前段又は第5条各項のいずれかに規定する財務省令で定めるところに従って備付け及び保存が行われている国税関係帳簿又は保存が行われている国税関係書類に係る電磁的記録又は電子計算機出力マイクロフィルムに対する他の国税に関する法律の規定の適用については、当該電磁的記録又は電子計算機出力マイクロフィルムを当該国税関係帳簿又は当該国税関係書類とみなす。

［電子取引みなす］

2　前条に規定する財務省令で定めるところに従って保存が行われている電磁的記録に対する他の国税に関する法律の規定の適用については、当該電磁的記録を国税関係書類以外の書類とみなす。

［青色承認等］

3　前条及び前2項の規定の適用がある場合には、次に定めるところによる。

一　所得税法第145条第1号（青色申告の承認申請の却下）（同法第166条（申告、納付及び還付）において準用する場合を含む。）及び法人税法第64条の9第3項第3号ロ（通算承認）の規定の適用については、所得税法第145条第1号及び法人税法第64条の9第3項第3号ロ中「帳簿書類)」とあるのは、「帳簿書類）又は電子計算機を使用して作成する国税関係帳簿書類の保存方法等の特例に関する法律（平成10

年法律第25号）第4条第1項、第2項若しくは第3項前段（国税関係帳簿書類の電磁的記録による保存等）、第5条各項（国税関係帳簿書類の電子計算機出力マイクロフィルムによる保存等）若しくは第7条（電子取引の取引情報に係る電磁的記録の保存）のいずれか」とする。

二　所得税法第150条第1項第1号（青色申告の承認の取消し）（同法第166条において準用する場合を含む。）及び法人税法第123条第1号（青色申告の承認申請の却下）（同法第146条第1項（青色申告）において準用する場合を含む。）の規定の適用については、所得税法第150条第1項第1号及び法人税法第123条第1号中「帳簿書類）」とあるのは、「帳簿書類）又は電子計算機を使用して作成する国税関係帳簿書類の保存方法等の特例に関する法律第4条第1項、第2項若しくは第3項前段（国税関係帳簿書類の電磁的記録による保存等）、第5条各項（国税関係帳簿書類の電子計算機出力マイクロフィルムによる保存等）若しくは第7条（電子取引の取引情報に係る電磁的記録の保存）のいずれか」とする。

三　法人税法第127条第1項第1号（青色申告の承認の取消し）（同法第146条第1項において準用する場合を含む。）の規定の適用については、同号中「前条第1項」とあるのは、「前条第1項又は電子計算機を使用して作成する国税関係帳簿書類の保存方法等の特例に関する法律第4条第1項、第2項若しくは第3項前段（国税関係帳簿書類の電磁的記録による保存等）、第5条各項（国税関係帳簿書類の電子計算機出力マイクロフィルムによる保存等）若しくは第7条（電子取引の取引情報に係る電磁的記録の保存）のいずれか」とする。

［過少申告加算税軽減］
［優良帳簿］

4　次に掲げる国税関係帳簿であって財務省令で定めるものに係る電磁的記録の備付け及び保存又は当該電磁的記録の備付け及び当該電磁的記録の電子計算機出力マイクロフィルムによる保存が、国税の納税義務の適正な履行に資するものとして財務省令で定める要件を満たしている場合における当該電磁的記録又は当該電子計算機出力マイクロフィルム（政令で定める日以後引き続き当該要件を満たしてこれらの備付け及び保存が行われているものに限る。以下この項において同じ。）に記録された事項に関し国税通則法第19条第3項（修正申告）に規定する修正申告書（次項において「修正申告書」という。）の提出又は同法第24条（更正）若しくは第26条（再更正）の規定による更正（次項において「更正」という。）（以下この項において「修正申告等」という。）があった場合において、同法第65条（過少申告加算税）の規定の適用があるときは、同条の過少申告加算税の額は、同条の規定にかかわらず、同条の規定により計算した金額から当該過少申告加算税の額の計算の基礎となるべき税額（その税額の計算の基礎となるべき事実で当該修正申告等の基因となる当該電磁的記録又は当該電子計算機出力マイクロフィルムに記録された事項に係るもの以外のもの（以下この項において「電磁的記録等に記録された事項に係るもの以外の事実」という。）があるときは、当該電磁的記録等に記録された事項に係るもの以外の事実に基づく税額として政令で定めるところにより計算した金額を控除した税額）に100分の5の割合を乗じて計算した金額を控除した金額とする。ただし、その税額の計算の基礎となるべき事実で隠蔽し、又は仮装されたものがあるときは、この限りでない。

一　第4条第1項の規定により国税関係帳簿に係る電磁的記録の備付け及び保存をもって当該国税関係帳簿の備付け及び保存に代えている保存義務者の当該国税関係帳簿

二　第5条第1項又は第3項の規定により国税関係帳簿に係る電磁的記録の備付け及び当該電磁的記録の電子計算機出力マイクロフィルムによる保存をもって当該国税関係帳簿の備付け及び保存に代えている保存義務者の当該国税関係帳簿

［重加算税加重］

5　第4条第3項前段に規定する財務省令で定めるところに従って保存が行われている同項に規定する国税関係書類に係る電磁的記録若しくは同項後段の規定により保存が行われている当該電磁的記録又は前条の保存義務者により行われた電子取引の取引情報に係る電磁的記録に記録された事項に関し国税通則法第18条第2項（期限後申告）に規定する期限後申告書若しくは修正申告書の提出、更正若しくは同法第25条（決定）の規定による決定又は納税の告知（同法第36条第1項（第2号に係る部分に限る。）（納税の告知）の規定による納税の告知をいう。以下この項において同じ。）若しくは納税の告知を受けることなくされた納付（以下この項において「期限後申告等」という。）があった場合において、同法第68条第1項から第3項まで（重加算税）の規定に該当するときは、同条第1項から第3項までの重加算税の額は、これらの規定にかかわらず、これらの規定により計算した金額に、これらの規定に規定する基礎となるべき税額（その税額の計算の基礎となるべき事実で当該期限後申告等の基因となるこれらの電磁的記録に記録された事項に係るもの（隠蔽し、又は仮装された事実に係るものに限る。以下この項において「電磁的記録に記録された事項に係る事実」という。）以外のものがあるときは、当該電磁的記録に記録された事項に係る事実に基づく税額として政令で定めるところにより計算した金額に限る。）に100分の10の割合を乗じて計算した金額を加算した金額とする。

6　前2項に定めるもののほか、これらの規定の適用に関し必要な事項は、政令で定める。

附　則

（施行期日）

第１条　この法律は、令和３年４月１日から施行する。ただし、次の各号に掲げる規定は、当該各号に定める日から施行する。

一～四　省　略

五　次に掲げる規定　令和４年１月１日

イ～ト　省　略

チ　第12条の規定及び附則第82条の規定

リ・ヌ　省　略

六～十八　……………

※附則第82条の規定は、令和４年１月１日施行

（注）　第８条第３項は、「所得税法等の一部を改正する法律」（令和２年法律第８号）第21条による改正後の条文（令和４年４月１日施行）となっています。

（電子計算機を使用して作成する国税関係帳簿書類の保存方法等の特例に関する法律の一部改正に伴う経過措置）

第82条　第12条の規定による改正後の電子計算機を使用して作成する国税関係帳簿書類の保存方法等の特例に関する法律（以下この条において「新電子帳簿保存法」という。）第４条第１項及び第５条第１項の規定は、令和４年１月１日以後に備付けを開始する新電子帳簿保存法第４条第１項に規定する国税関係帳簿（特定国税関係帳簿を除く。）について適用し、同日前に備付けを開始した国税関係帳簿（特定国税関係帳簿を含む。）については、なお従前の例による。

2　新電子帳簿保存法第４条第２項及び第５条第２項の規定は、令和４年１月１日以後に保存が行われる国税関係書類（特定国税関係書類を除く。）について適用し、同日前に保存が行われた国税関係書類（特定国税関係書類を含む。）については、なお従前の例による。

3　新電子帳簿保存法第４条第３項の規定は、令和４年１月１日以後に保存が行われる同項に規定する国税関係書類（特例特定国税関係書類を除く。）について適用し、同日前に保存が行われた第12条の規定による改正前の電子計算機を使用して作成する国税関係帳簿書類の保存方法等の特例に関する法律（以下この条において「旧電子帳簿保存法」という。）第４条第３項に規定する国税関係書類（特例特定国税関係書類を含む。）については、なお従前の例による。

4　新電子帳簿保存法第５条第３項の規定は、令和４年１月１日以後に保存が行われる同項の国税関係帳簿又は国税関係書類に係る電磁的記録（特定電磁的記録を除く。）について適用し、同日前に保存が行われた国税関係帳簿書類に係る電磁的記録（特定電磁的記録を含む。）については、なお従前の例による。

5　前各項において、次の各号に掲げる用語の意義は、当該各号に定めるところによる。

一　特定国税関係帳簿　附則第１条第５号チに掲げる規定の施行の際現に旧電子帳簿保存法第４条第１項又は第５条第１項のいずれかの承認を受けている

国税関係帳簿

二　特定国税関係書類　附則第１条第５号チに掲げる規定の施行の際現に旧電子帳簿保存法第４条第２項又は第５条第２項のいずれかの承認を受けている国税関係書類

三　特例特定国税関係書類　附則第１条第５号チに掲げる規定の施行の際現に旧電子帳簿保存法第４条第３項の承認を受けている同項に規定する国税関係書類

四　特定電磁的記録　附則第１条第５号チに掲げる規定の施行の際現に旧電子帳簿保存法第５条第３項の承認を受けている国税関係帳簿書類に係る電磁的記録

6　新電子帳簿保存法第７条の規定は、令和４年１月１日以後に行う電子取引の取引情報について適用し、同日前に行った電子取引の取引情報については、なお従前の例による。

7　新電子帳簿保存法第８条第４項の規定は、令和４年１月１日以後に国税通則法第２条第７号に規定する法定申告期限（国税に関する法律の規定により当該法定申告期限とみなされる期限を含み、同法第61条第１項第２号に規定する還付請求申告書については、当該申告書を提出した日とする。次項において「法定申告期限」という。）が到来する国税について適用する。この場合において、旧電子帳簿保存法第４条第１項又は第５条第１項若しくは第３項のいずれかの承認を受けている新電子帳簿保存法第８条第４項に規定する財務省令で定める国税関係帳簿に係る電磁的記録又は電子計算機出力マイクロフィルムは、同項に規定する財務省令で定める要件を満たして備付け及び保存が行われている同項各号に掲げる国税関係帳簿であって財務省令で定めるものに係る電磁的記録又は電子計算機出力マイクロフィルムとみなす。

8　新電子帳簿保存法第８条第５項の規定は、令和４年１月１日以後に法定申告期限（国税通則法第68条第３項又は第４項（同条第３項の重加算税に係る部分に限る。）の重加算税については同法第２条第８号に規定する法定納期限とし、国税に関する法律の規定により当該法定納期限とみなされる期限を含む。）が到来する国税について適用する。この場合において、旧電子帳簿保存法第４条第３項の承認を受けている同項に規定する国税関係書類に係る電磁的記録は、新電子帳簿保存法第４条第３項前段に規定する財務省令で定めるところに従って保存が行われている同項に規定する国税関係書類に係る電磁的記録と、旧電子帳簿保存法第10条の保存義務者により行われた電子取引の取引情報に係る電磁的記録（当該保存義務者が同条ただし書の規定により当該電磁的記録を出力することにより作成した書面又は電子計算機出力マイクロフィルムを保存する場合における当該電磁的記録を除く。）は、新電子帳簿保存法第７条の保存義務者により行われた電子取引の取引情報に係る電磁的記録と、それぞれみなす。

2　電子帳簿保存法施行規則

（定義）

第１条　この省令において「国税」、「国税関係帳簿書類」、「電磁的記録」、「保存義務者」、「電子取引」又は「電子計算機出力マイクロフィルム」とは、それぞれ電子計算機を使用して作成する国税関係帳簿書類の保存方法等の特例に関する法律（平成10年法律第25号。以下「法」という。）第２条に規定する国税、国税関係帳簿書類、電磁的記録、保存義務者、電子取引又は電子計算機出力マイクロフィルムをいう。

２　この省令において、次の各号に掲げる用語の意義は、当該各号に定めるところによる。

一　電子計算機処理　電子計算機を使用して行われる情報の入力、蓄積、編集、加工、修正、更新、検索、消去、出力又はこれらに類する処理をいう。

二　納税地等　保存義務者が、国税関係帳簿書類に係る国税の納税者（国税通則法（昭和37年法律第66号）第２条第５号（定義）に規定する納税者をいう。以下この号及び第５条第５項第２号ホにおいて同じ。）である場合には当該国税の納税地をいい、国税関係帳簿書類に係る国税の納税者でない場合には当該国税関係帳簿書類に係る対応業務（国税に関する法律の規定により業務に関して国税関係帳簿書類の保存をしなければならないこととされている場合における当該業務をいう。）を行う事務所、事業所その他これらに準ずるものの所在地をいう。

（国税関係帳簿書類の電磁的記録による保存等）

［正規の簿記］

第２条　法第４条第１項に規定する財務省令で定める国税関係帳簿は、所得税法（昭和40年法律第33号）又は法人税法（昭和40年法律第34号）の規定により備付け及び保存をしなければならないこととされている帳簿であって、資産、負債及び資本に影響を及ぼす一切の取引につき、正規の簿記の原則（同法の規定により備付け及び保存をしなければならないこととされている帳簿にあっては、複式簿記の原則）に従い、整然と、かつ、明瞭に記録されているもの以外のものとする。

［帳簿保存要件］

２　法第４条第１項の規定により国税関係帳簿（同項に規定する国税関係帳簿をいう。第６項第４号を除き、以下同じ。）に係る電磁的記録の備付け及び保存をもって当該国税関係帳簿の備付け及び保存に代えようとする保存義務者は、次に掲げる要件（当該保存義務者が第５条第５項第１号に定める要件に従って当該電磁的記録の備付け及び保存を行っている場合には、第3号に掲げる要件を除く。）に従って当該電磁的記録の備付け及び保存をしなければならない。

［システム開発関係書類］

一　当該国税関係帳簿に係る電磁的記録の備付け及び保存に併せて、次に掲げる書類（当該国税関係帳簿に係る電子計算機処理に当該保存義務者が開発したプログラム（電子計算機に対する指令であって、一の結果を得ることができるように組み合わされたものをいう。以下この項及び第6項第5号において同じ。）以外のプログラムを使用する場合にはイ及びロに掲げる書類を除くものとし、当該国税関係帳簿に係る電子計算機処理を他の者（当該電子計算機処理に当該保存義務者が開発したプログラムを使用する者を除く。）に委託している場合にはハに掲げる書類を除くものとする。）の備付けを行うこと。

イ　当該国税関係帳簿に係る電子計算機処理システム（電子計算機処理に関するシステムをいう。以下同じ。）の概要を記載した書類

ロ　当該国税関係帳簿に係る電子計算機処理システムの開発に際して作成した書類

ハ　当該国税関係帳簿に係る電子計算機処理システムの操作説明書

ニ　当該国税関係帳簿に係る電子計算機処理並びに当該国税関係帳簿に係る電磁的記録の備付け及び保存に関する事務手続を明らかにした書類（当該電子計算機処理を他の者に委託している場合には、その委託に係る契約書並びに当該国税関係帳簿に係る電磁的記録の備付け及び保存に関する事務手続を明らかにした書類）

［見読可能］

二　当該国税関係帳簿に係る電磁的記録の備付け及び保存をする場所に当該電磁的記録の電子計算機処理の用に供することができる電子計算機、プログラム、ディスプレイ及びプリンタ並びにこれらの操作説明書を備え付け、当該電磁的記録をディスプレイの画面及び書面に、整然とした形式及び明瞭な状態で、速やかに出力することができるようにしておくこと。

［ダウンロードの求め］

三　国税に関する法律の規定による当該国税関係帳簿に係る電磁的記録の提示又は提出の要求に応じることができるようにしておくこと。

［書類保存要件］

3　前項の規定は、法第4条第2項の規定により国税関係書類（法第2条第2号に規定する国税関係書類をいう。以下同じ。）に係る電磁的記録の保存をもって当該国税関係書類の保存に代えようとする保存義務者の当該電磁的記録の保存について準用する。この場合において、前項中「第5条第5項第1号に定める要件に従って当該電磁的記録の備付け及び」とあるのは、「当

該電磁的記録の記録事項の検索をすることができる機能（取引年月日その他の日付を検索の条件として設定すること及びその範囲を指定して条件を設定することができるものに限る。）を確保して当該電磁的記録の」と読み替えるものとする。

［スキャナ対象書類］

4　法第4条第3項に規定する財務省令で定める書類は、国税関係書類のうち、棚卸表、貸借対照表及び損益計算書並びに計算、整理又は決算に関して作成されたその他の書類とする。

5　法第4条第3項に規定する財務省令で定める装置は、スキャナとする。

［スキャナ保存要件］

6　法第4条第3項の規定により国税関係書類（同項に規定する国税関係書類に限る。以下この条において同じ。）に係る電磁的記録の保存をもって当該国税関係書類の保存に代えようとする保存義務者は、次に掲げる要件（当該保存義務者が国税に関する法律の規定による当該電磁的記録の提示又は提出の要求に応じることができるようにしている場合には、第6号（ロ及びハに係る部分に限る。）に掲げる要件を除く。）に従って当該電磁的記録の保存をしなければならない。

［入力期間］

一　次に掲げる方法のいずれかにより入力すること。

イ　当該国税関係書類に係る記録事項の入力をその作成又は受領後、速やかに行うこと。

ロ　当該国税関係書類に係る記録事項の入力をその業務の処理に係る通常の期間を経過した後、速やかに行うこと（当該国税関係書類の作成又は受領から当該入力までの各事務の処理に関する規程を定めている場合に限る。）。

二　前号の入力に当たっては、次に掲げる要件（当該保存義務者が同号イ又はロに掲げる方法により当該国税関係書類に係る記録事項を入力したことを確認することができる場合にあっては、ロに掲げる要件を除く。）を満たす電子計算機処理システムを使用すること。

イ　スキャナ（次に掲げる要件を満たすものに限る。）を使用する電子計算機処理システムであること。

［解像度］

(1)　解像度が、日本産業規格（産業標準化法（昭和24年法律第185号）第20条第1項（日本産業規格）に規定する日本産業規格をいう。以下同じ。）Ｚ六〇一六附属書ＡのＡ・一・二に規定する一般文書のスキャニング時の解像度である25.4ミリメートル当たり200ドット以上で読み取るものであること。

［色］

(2)　赤色、緑色及び青色の階調がそれぞれ256階調以上で読み取るものであること。

［タイムスタンプ］

ロ　当該国税関係書類の作成又は受領後、速やかに一の入力単位ごとの電磁的記録の記録事項に一般財団法人日本データ通信協会が認定する業務に係るタイムスタンプ（次に掲げる要件を満たすものに限る。以下この号並びに第4条第1項第1号及び第2号において「タイムスタンプ」という。）を付すこと（当該国税関係書類の作成又は受領から当該タイムスタンプを付すまでの各事務の処理に関する規程を定めている場合にあっては、その業務の処理に係る通常の期間を経過した後、速やかに当該記録事項に当該タイムスタンプを付すこと）。

(1)　当該記録事項が変更されていないことについて、当該国税関係書類の保存期間（国税に関する法律の規定により国税関係書類の保存をしなければならないこととされている期間をいう。）を通じ、当該業務を行う者に対して確認する方法その他の方法により確認することができること。

(2)　課税期間（国税通則法第2条第9号（定義）に規定する課税期間をいう。第5条第2項において同じ。）中の任意の期間を指定し、当該期間内に付したタイムスタンプについて、一括して検証することができること。

［スキャナ画像情報］

ハ　当該国税関係書類をスキャナで読み取った際の次に掲げる情報（当該国税関係書類の作成又は受領をする者が当該国税関係書類をスキャナで読み取る場合において、当該国税関係書類の大きさが日本産業規格A列四番以下であるときは、(1)に掲げる情報に限る。）を保存すること。

(1)　解像度及び階調に関する情報

(2)　当該国税関係書類の大きさに関する情報

［ヴァージョン管理］

ニ　当該国税関係書類に係る電磁的記録の記録事項について、次に掲げる要件のいずれかを満たす電子計算機処理システムであること。

(1)　当該国税関係書類に係る電磁的記録の記録事項について訂正又は削除を行った場合には、これらの事実及び内容を確認することができること。

(2)　当該国税関係書類に係る電磁的記録の記録事項について訂正又は削除を行うことができないこと。

［入力者情報］

三　当該国税関係書類に係る記録事項の入力を行う者又はその者を直接監督する者に関する情報を確認することができるようにしておくこと。

［相互関連性］

四　当該国税関係書類に係る電磁的記録の記録事項と当該国税関係書類に関連する法第2条第2号に規定する国税関係帳簿の記録事項（当該国税関係帳簿が、法第4条第1項の規定により当該国税関係帳簿に係る電磁的記録の備付け及び保存をもって当該国税関係帳簿の備付け及び保存に代えられているもの又は法第5条第1項若しくは第3項の規定により当該電磁的記録の備付け及び当該電磁的記録の電子計算機出力マイクロフィルムによる保存をもって当該国税関係帳簿の備付け及び保存に代えられているものである場合には、当該電磁的記録又は当該電子計算機出力マイクロフィルムの記録事項）との間において、相互にその関連性を確認することができるようにしておくこと。

［見読可能］

五　当該国税関係書類に係る電磁的記録の保存をする場所に当該電磁的記録の電子計算機処理の用に供することができる電子計算機、プログラム、映像面の最大径が35センチメートル以上のカラーディスプレイ及びカラープリンタ並びにこれらの操作説明書を備え付け、当該電磁的記録をカラーディスプレイの画面及び書面に、次のような状態で速やかに出力することができるようにしておくこと。

イ　整然とした形式であること。

ロ　当該国税関係書類と同程度に明瞭であること。

ハ　拡大又は縮小して出力することが可能であること。

ニ　国税庁長官が定めるところにより日本産業規格Z八三〇五に規定する四ポイントの大きさの文字を認識することができること。

［検索機能］

六　当該国税関係書類に係る電磁的記録の記録事項の検索をすることができる機能（次に掲げる要件を満たすものに限る。）を確保しておくこと。

イ　取引年月日その他の日付、取引金額及び取引先（ロ及びハにおいて「記録項目」という。）を検索の条件として設定することができること。

ロ　日付又は金額に係る記録項目については、その範囲を指定して条件を設定することができること。

ハ　二以上の任意の記録項目を組み合わせて条件を設定することができること。

［システム開発関係書類］

七　第2項第1号の規定は、法第4条第3項の規定により国税関係書類に係る電磁的記録の保存をもって当該国税関係書類の保存に代えようとする保存義務者の当該電磁的記録の保存について準用する。

［一般書類］

7　法第4条第3項の規定により国税関係書類に係る電磁的記録の保存をもって当該国税関係書類の保存に代えようとする保存義務者は、当該国税関係書類のうち国税庁長官が定める書類（以下この項及び第9項において「一般書類」という。）に記載されている事項を電磁的記録に記録する場合には、前項第1号及び第2号ハ（(2) に係る部分に限る。）に掲げる要件にかかわらず、当該電磁的記録の保存に併せて、当該電磁的記録の作成及び保存に関する事務の手続を明らかにした書類（当該事務の責任者が定められているものに限る。）の備付けを行うことにより、当該一般書類に係る電磁的記録の保存をすることができる。この場合において、同項の規定の適用については、同号イ（2）中「赤色、緑色及び青色の階調がそれぞれ」とあるのは「白色から黒色までの階調が」と、同号ロ中「又は受領後、速やかに」とあるのは「若しくは受領後速やかに、又は当該国税関係書類をスキャナで読み取る際に、」と、「、速やかに当該」とあるのは「速やかに、又は当該国税関係書類をスキャナで読み取る際に、当該」と、同項第5号中「カラーディスプレイ」とあるのは「ディスプレイ」と、「カラープリンタ」とあるのは「プリンタ」とする。

［スキャナ保存］
［災害宥恕］
8　法第4条第3項の保存義務者が、災害その他やむを得ない事情により、同項前段に規定する財務省令で定めるところに従って同項前段の国税関係書類に係る電磁的記録の保存をすることができなかったことを証明した場合には、前2項の規定にかかわらず、当該電磁的記録の保存をすることができる。ただし、当該事情が生じなかったとした場合において、当該財務省令で定めるところに従って当該電磁的記録の保存をすることができなかったと認められるときは、この限りでない。

［過去分重要書類］
9　法第4条第3項の規定により国税関係書類に係る電磁的記録の保存をもって当該国税関係書類の保存に代えている保存義務者は、当該国税関係書類のうち当該国税関係書類の保存に代える日（第2号において「基準日」という。）前に作成又は受領をした書類（一般書類を除く。以下第11項までにおいて「過去分重要書類」という。）に記載されている事項を電磁的記録に記録する場合において、あらかじめ、その記録する事項に係る過去分重要書類の種類及び次に掲げる事項を記載した届出書（以下この項及び次項において「適用届出書」という。）を納税地等の所轄税務署長（当該過去分重要書類が、酒税法施行令（昭和37年政令第97号）第52条第4項ただし書（記帳義務）、たばこ税法施行令（昭和60年政令第5号）第17条第5項ただし書（記帳義務）、揮発油税法施行令（昭和32年政令第57号）第17条第5項ただし書（記帳義務）、石油ガス税法施行令（昭和41年政令第5号）第21条第4項ただし書（記帳義務）若しくは石油石炭税法施行令（昭和53年政令第132号）第20条第8項ただし書（記帳義務）の書類若しくは輸入の許可書、消費税法施行規則（昭和63年大蔵省令第53号）第27条第6項（帳簿の記載事項等）の書類若しくは輸入の許可があったことを証する書類又は国際観光旅客税法施行令（平成30年政令第161号）第7条ただし書（同条の国外事業者に係る部分に限る。）（記帳義務）に規定する旅客名簿である場合にあっては、納税地等の所轄税関長。次項において「所轄税務署長等」という。）に提出したとき（従前において当該過去分重要書類と同一の種類の書類に係る適用届出書を提出していない場合に限る。）は、

第６項第１号に掲げる要件にかかわらず、当該電磁的記録の保存に併せて、当該電磁的記録の作成及び保存に関する事務の手続を明らかにした書類（当該事務の責任者が定められているものに限る。）の備付けを行うことにより、当該過去分重要書類に係る電磁的記録の保存をすることができる。この場合において、同項の規定の適用については、同項第２号ロ中「の作成又は受領後、速やかに」とあるのは「をスキャナで読み取る際に、」と、「こと（当該国税関係書類の作成又は受領から当該タイムスタンプを付すまでの各事務の処理に関する規程を定めている場合にあっては、その業務の処理に係る通常の期間を経過した後、速やかに当該記録事項に当該タイムスタンプを付すこと）」とあるのは「こと」と、同号ハ中「情報（当該国税関係書類の作成又は受領をする者が当該国税関係書類をスキャナで読み取る場合において、当該国税関係書類の大きさが日本産業規格Ａ列四番以下であるときは、(1) に掲げる情報に限る。）」とあるのは「情報」とする。

一　届出者の氏名又は名称、住所若しくは居所又は本店若しくは主たる事務所の所在地及び法人番号（行政手続における特定の個人を識別するための番号の利用等に関する法律（平成25年法律第27号）第２条第15項（定義）に規定する法人番号をいう。以下この号及び第５条第１項から第３項までにおいて同じ。）（法人番号を有しない者にあっては、氏名又は名称及び住所若しくは居所又は本店若しくは主たる事務所の所在地）

二　基準日

三　その他参考となるべき事項

10　前項の保存義務者は、同項の規定の適用を受けようとする過去分重要書類につき、所轄税務署長等のほかに適用届出書の提出に当たり便宜とする税務署長（以下この項において「所轄外税務署長」という。）がある場合において、当該所轄外税務署長がその便宜とする事情について相当の理由があると認めたときは、当該所轄外税務署長を経由して、その便宜とする事情の詳細を記載した適用届出書を当該所轄税務署長等に提出することができる。この場合において、当該適用届出書が所轄外税務署長に受理されたときは、当該適用届出書は、その受理された日に所轄税務署長等に提出されたものとみなす。

［過去分重要書類］
［災害宥恕］

11　第９項の規定により過去分重要書類に係る電磁的記録の保存をする保存義務者が、災害その他やむを得ない事情により、法第４条第３項前段に規定する財務省令で定めるところに従って当該電磁的記録の保存をすることができないこととなったことを証明した場合には、第９項の規定にかかわらず、当該電磁的記録の保存をすることができる。ただし、当該事情が生じなかったとした場合において、当該財務省令で定めるところに従って当該電磁的記録の保存をすることができないこととなったと認められるときは、この限りでない。

［保存要件に従った保存が行われていないスキャナデータ保存］

12　法第4条第3項後段に規定する財務省令で定める要件は、同項後段の国税関係書類に係る電磁的記録について、当該国税関係書類の保存場所に、国税に関する法律の規定により当該国税関係書類の保存をしなければならないこととされている期間、保存が行われることとする。

(国税関係帳簿書類の電子計算機出力マイクロフィルムによる保存等)

第3条　法第5条第1項の規定により国税関係帳簿に係る電磁的記録の備付け及び当該電磁的記録の電子計算機出力マイクロフィルムによる保存をもって当該国税関係帳簿の備付け及び保存に代えようとする保存義務者は、前条第2項各号に掲げる要件（当該保存義務者が第5条第5項第2号に定める要件に従って当該電磁的記録の備付け及び当該電磁的記録の電子計算機出力マイクロフィルムによる保存を行っている場合には、前条第2項第3号に掲げる要件を除く。）及び次に掲げる要件に従って当該電磁的記録の備付け及び当該電磁的記録の電子計算機出力マイクロフィルムによる保存をしなければならない。

一　当該電子計算機出力マイクロフィルムの保存に併せて、次に掲げる書類の備付けを行うこと。

イ　当該電子計算機出力マイクロフィルムの作成及び保存に関する事務手続を明らかにした書類

ロ　次に掲げる事項が記載された書類

(1)　保存義務者（保存義務者が法人（法人税法第2条第8号（定義）に規定する人格のない社団等を含む。(1)及び次条第2項において同じ。）である場合には、当該法人の国税関係帳簿の保存に関する事務の責任者である者）の当該国税関係帳簿に係る電磁的記録が真正に出力され、当該電子計算機出力マイクロフィルムが作成された旨を証する記載及びその氏名

(2)　当該電子計算機出力マイクロフィルムの作成責任者の氏名

(3)　当該電子計算機出力マイクロフィルムの作成年月日

二　当該電子計算機出力マイクロフィルムの保存をする場所に、日本産業規格B七一八六に規定する基準を満たすマイクロフィルムリーダプリンタ及びその操作説明書を備え付け、当該電子計算機出力マイクロフィルムの内容を当該マイクロフィルムリーダプリンタの画面及び書面に、整然とした形式及び明瞭な状態で、速やかに出力することができるようにし

ておくこと。

2　前項の規定は、法第５条第２項の規定により国税関係書類に係る電磁的記録の電子計算機出力マイクロフィルムによる保存をもって当該国税関係書類の保存に代えようとする保存義務者の当該電磁的記録の電子計算機出力マイクロフィルムによる保存について準用する。この場合において、前項中「前条第２項各号」とあるのは「前条第２項第１号及び第３号」と、「第５条第５項第２号に定める要件に従って当該電磁的記録の備付け及び」とあるのは「第５条第５項第２号ハからホまでに掲げる要件に従って」と、「及び次に」とあるのは「並びに次に」と読み替えるものとする。

3　法第５条第３項に規定する財務省令で定める場合は、法第４条第１項の規定により国税関係帳簿に係る電磁的記録の備付け及び保存をもって当該国税関係帳簿の備付け及び保存に代えている保存義務者の当該国税関係帳簿又は同条第２項の規定により国税関係書類に係る電磁的記録の保存をもって当該国税関係書類の保存に代えている保存義務者の当該国税関係書類の全部又は一部について、その保存期間（国税に関する法律の規定により国税関係帳簿又は国税関係書類の保存をしなければならないこととされている期間をいう。）の全期間（電子計算機出力マイクロフィルムによる保存をもってこれらの電磁的記録の保存に代えようとする日以後の期間に限る。）につき電子計算機出力マイクロフィルムによる保存をもってこれらの電磁的記録の保存に代えようとする場合とする。

4　第１項及び第２項の規定は、法第５条第３項の規定により国税関係帳簿又は国税関係書類に係る電磁的記録の電子計算機出力マイクロフィルムによる保存をもって当該国税関係帳簿又は国税関係書類に係る電磁的記録の保存に代えようとする保存義務者の当該国税関係帳簿又は国税関係書類に係る電磁的記録の電子計算機出力マイクロフィルムによる保存について準用する。

（電子取引の取引情報に係る電磁的記録の保存）

電子取引
保存要件

第４条　法第７条に規定する保存義務者は、電子取引を行った場合には、当該電子取引の取引情報（法第２条第５号に規定する取引情報をいう。以下この項及び第３項において同じ。）に係る電磁的記録を、当該取引情報の受領が書面により行われたとした場合又は当該取引情報の送付が書面により行われその写しが作成されたとした場合に、国税に関する法律の規定により、当該書面を保存すべきこととなる場所に、当該書面を保存すべきこととなる期間、次に掲げる措置のいずれかを行い、第２条第２項第２号及び第６項第６号並びに同項第７号において準用する同条第２項第１号（同号イに係る部分に限る。）に掲げる

［見読可能］
［検索機能］

［システム開発関係書類］
［検索不要要件］

要件（当該保存義務者が国税に関する法律の規定による当該電磁的記録の提示又は提出の要求に応じることができるようにしている場合には、同条第6項第6号（ロ及びハに係る部分に限る。）に掲げる要件（当該保存義務者が、その判定期間に係る基準期間における売上高が1000万円以下である事業者である場合であって、当該要求に応じることができるようにしているときは、同号に掲げる要件）を除く。）に従って保存しなければならない。

［タイムスタンプ後の授受］

一　当該電磁的記録の記録事項にタイムスタンプが付された後、当該取引情報の授受を行うこと。

［授受後のタイムスタンプ］

二　次に掲げる方法のいずれかにより、当該電磁的記録の記録事項にタイムスタンプを付すとともに、当該電磁的記録の保存を行う者又はその者を直接監督する者に関する情報を確認することができるようにしておくこと。

イ　当該電磁的記録の記録事項にタイムスタンプを付すことを当該取引情報の授受後、速やかに行うこと。

ロ　当該電磁的記録の記録事項にタイムスタンプを付すことをその業務の処理に係る通常の期間を経過した後、速やかに行うこと（当該取引情報の授受から当該記録事項にタイムスタンプを付すまでの各事務の処理に関する規程を定めている場合に限る。）。

［訂正削除システム］

三　次に掲げる要件のいずれかを満たす電子計算機処理システムを使用して当該取引情報の授受及び当該電磁的記録の保存を行うこと。

イ　当該電磁的記録の記録事項について訂正又は削除を行った場合には、これらの事実及び内容を確認することができること。

ロ　当該電磁的記録の記録事項について訂正又は削除を行うことができないこと。

［事務処理規程］

四　当該電磁的記録の記録事項について正当な理由がない訂正及び削除の防止に関する事務処理の規程を定め、当該規程に沿った運用を行い、当該電磁的記録の保存に併せて当該規程の備付けを行うこと。

［検索不要要件の用語］

2　前項及びこの項において、次の各号に掲げる用語の意義は、当該各号に定めるところによる。

一　事業者　個人事業者（業務を行う個人をいう。以下この項において同じ。）及び法人をいう。

二　判定期間　次に掲げる事業者の区分に応じそれぞれ次に定める期間をいう。

イ　個人事業者　電子取引を行った日の属する年の1月1日から12月31日までの期間

ロ　法人　電子取引を行った日の属する事業年度（法人税法

第13条及び第14条（事業年度）に規定する事業年度をいう。次号において同じ。）

三　基準期間　個人事業者についてはその年の前々年をいい、法人についてはその事業年度の前々事業年度（当該前々事業年度が1年未満である法人については、その事業年度開始の日の2年前の日の前日から同日以後1年を経過する日までの間に開始した各事業年度を合わせた期間）をいう。

［電子取引］
［災害宥恕］

3　法第7条に規定する保存義務者が、電子取引を行った場合において、災害その他やむを得ない事情により、同条に規定する財務省令で定めるところに従って当該電子取引の取引情報に係る電磁的記録の保存をすることができなかったことを証明したときは、第1項の規定にかかわらず、当該電磁的記録の保存をすることができる。ただし、当該事情が生じなかったとした場合において、当該財務省令で定めるところに従って当該電磁的記録の保存をすることができなかったと認められるときは、この限りでない。

（他の国税に関する法律の規定の適用）

［過少申告加算税軽減対象帳簿］

第5条　法第8条第4項に規定する財務省令で定める国税関係帳簿は、同項に規定する修正申告等（以下この項及び次項において「修正申告等」という。）の基因となる事項に係る所得税法施行規則（昭和40年大蔵省令第11号）第58条第1項（取引に関する帳簿及び記載事項）に規定する帳簿、法人税法施行規則（昭和40年大蔵省令第12号）第54条（取引に関する帳簿及び記載事項）に規定する帳簿又は消費税法（昭和63年法律第108号）第30条第7項（仕入れに係る消費税額の控除）、第38条第2項（売上げに係る対価の返還等をした場合の消費税額の控除）、第38条の2第2項（特定課税仕入れに係る対価の返還等を受けた場合の消費税額の控除）及び第58条（帳簿の備付け等）に規定する帳簿（保存義務者が、あらかじめ、これらの帳簿（以下この項及び次項において「特例国税関係帳簿」という。）に係る電磁的記録又は電子計算機出力マイクロフィルムに記録された事項に関し修正申告等があった場合には法第8条第4項の規定の適用を受ける旨及び次に掲げる事項を記載した届出書を納税地等の所轄税務署長（当該修正申告等の基因となる事項に係る当該特例国税関係帳簿が、消費税法第30条第7項に規定する帳簿（同条第8項第3号に掲げるものに限る。）及び同法第58条に規定する帳簿（同条に規定する課税貨物の同法第2条第1項第2号（定義）に規定する保税地域からの引取りに関する事項の記録に係るものに限る。）である場合にあっては、納税地等の所轄税関長。次項及び第3項において「所轄税務署長等」という。）に提出している場合における当該

［あらかじめ届出］

特例国税関係帳簿に限る。）とする。
一　届出に係る特例国税関係帳簿の種類
二　届出者の氏名又は名称、住所若しくは居所又は本店若しくは主たる事務所の所在地及び法人番号（法人番号を有しない者にあっては、氏名又は名称及び住所若しくは居所又は本店若しくは主たる事務所の所在地）
三　届出に係る特例国税関係帳簿に係る電磁的記録の備付け及び保存又は当該電磁的記録の備付け及び当該電磁的記録の電子計算機出力マイクロフィルムによる保存をもって当該特例国税関係帳簿の備付け及び保存に代える日
四　その他参考となるべき事項

［とりやめ届出］

2　前項の保存義務者は、特例国税関係帳簿に係る電磁的記録又は電子計算機出力マイクロフィルムに記録された事項に関し修正申告等があった場合において法第8条第4項の規定の適用を受けることをやめようとするときは、あらかじめ、その旨及び次に掲げる事項を記載した届出書を所轄税務署長等に提出しなければならない。この場合において、当該届出書の提出があったときは、その提出があった日の属する課税期間以後の課税期間については、前項の届出書は、その効力を失う。
一　届出者の氏名又は名称、住所若しくは居所又は本店若しくは主たる事務所の所在地及び法人番号（法人番号を有しない者にあっては、氏名又は名称及び住所若しくは居所又は本店若しくは主たる事務所の所在地）
二　前項の届出書を提出した年月日
三　その他参考となるべき事項

［変更届出］

3　第1項の保存義務者は、同項の届出書に記載した事項の変更をしようとする場合には、あらかじめ、その旨及び次に掲げる事項を記載した届出書を所轄税務署長等に提出しなければならない。
一　届出者の氏名又は名称、住所若しくは居所又は本店若しくは主たる事務所の所在地及び法人番号（法人番号を有しない者にあっては、氏名又は名称及び住所若しくは居所又は本店若しくは主たる事務所の所在地）
二　第1項の届出書を提出した年月日
三　変更をしようとする事項及び当該変更の内容
四　その他参考となるべき事項

4　第2条第10項の規定は、前3項の届出書の提出について準用する。

［優良帳簿保存要件］

5　法第8条第4項に規定する財務省令で定める要件は、次の各号に掲げる保存義務者の区分に応じ当該各号に定める要件とする。
一　法第8条第4項第1号に規定する保存義務者　次に掲げる

要件（当該保存義務者が国税に関する法律の規定による当該国税関係帳簿に係る電磁的記録の提示又は提出の要求に応じることができるようにしている場合には、ハ（(2) 及び (3) に係る部分に限る。）に掲げる要件を除く。）

［訂正削除等履歴確保］

イ　当該国税関係帳簿に係る電子計算機処理に、次に掲げる要件を満たす電子計算機処理システムを使用すること。

(1)　当該国税関係帳簿に係る電磁的記録の記録事項について訂正又は削除を行った場合には、これらの事実及び内容を確認することができること。

(2)　当該国税関係帳簿に係る記録事項の入力をその業務の処理に係る通常の期間を経過した後に行った場合には、その事実を確認することができること。

［相互関連性］

ロ　当該国税関係帳簿に係る電磁的記録の記録事項と関連国税関係帳簿（当該国税関係帳簿に関連する第2条国税関係帳簿（法第2条第2号に規定する国税関係帳簿をいう。）をいう。ロにおいて同じ。）の記録事項（当該関連国税関係帳簿が、法第4条第1項の規定により当該関連国税関係帳簿に係る電磁的記録の備付け及び保存をもって当該関連国税関係帳簿の備付け及び保存に代えられているもの又は法第5条第1項若しくは第3項の規定により当該電磁的記録の備付け及び当該電磁的記録の電子計算機出力マイクロフィルムによる保存をもって当該関連国税関係帳簿の備付け及び保存に代えられているものである場合には、当該電磁的記録又は当該電子計算機出力マイクロフィルムの記録事項）との間において、相互にその関連性を確認することができるようにしておくこと。

［検索機能］

ハ　当該国税関係帳簿に係る電磁的記録の記録事項の検索をすることができる機能（次に掲げる要件を満たすものに限る。）を確保しておくこと。

(1)　取引年月日、取引金額及び取引先（(2) 及び (3) において「記録項目」という。）を検索の条件として設定することができること。

(2)　日付又は金額に係る記録項目については、その範囲を指定して条件を設定することができること。

(3)　二以上の任意の記録項目を組み合わせて条件を設定することができること。

［マイクロフィルム要件］

二　法第8条第4項第2号に規定する保存義務者　次に掲げる要件

イ　前号に定める要件

ロ　第3条第1項第1号ロ (1) の電磁的記録に、前号イ (1) 及び (2) に規定する事実及び内容に係るものが含まれていること。

ハ　当該電子計算機出力マイクロフィルムの保存に併せて、国税関係帳簿の種類及び取引年月日その他の日付を特定することによりこれらに対応する電子計算機出力マイクロフィルムを探し出すことができる索引簿の備付けを行うこと。

ニ　当該電子計算機出力マイクロフィルムごとの記録事項の索引を当該索引に係る電子計算機出力マイクロフィルムに出力しておくこと。

ホ　当該国税関係帳簿の保存期間（国税に関する法律の規定により国税関係帳簿の保存をしなければならないこととされている期間をいう。）の初日から当該国税関係帳簿に係る国税の国税通則法第2条第7号（定義）に規定する法定申告期限（当該法定申告期限のない国税に係る国税関係帳簿については、当該国税の同条第8号に規定する法定納期限）後3年を経過する日までの間（当該保存義務者が当該国税関係帳簿に係る国税の納税者でない場合には、当該保存義務者が当該納税者であるとした場合における当該期間に相当する期間)、当該電子計算機出力マイクロフィルムの保存に併せて第2条第2項第2号及び前号ハに掲げる要件（当該保存義務者が国税に関する法律の規定による当該国税関係帳簿に係る電磁的記録の提示又は提出の要求に応じることができるようにしている場合には、同号ハ（(2)及び（3）に係る部分に限る。）に掲げる要件を除く。）に従って当該電子計算機出力マイクロフィルムに係る電磁的記録の保存をし、又は当該電子計算機出力マイクロフィルムの記録事項の検索をすることができる機能（同号ハに規定する機能（当該保存義務者が国税に関する法律の規定による当該国税関係帳簿に係る電磁的記録の提示又は提出の要求に応じることができるようにしている場合には、同号ハ（1）に掲げる要件を満たす機能）に相当するものに限る。）を確保しておくこと。

6　法第8条第5項の規定の適用がある場合における国税通則法施行規則（昭和37年大蔵省令第28号）第12条第1項（審査請求に係る書類の提出先）の規定の適用については、同項ただし書中「又は第4項」とあるのは「若しくは第4項」と、「　）の重加算税」とあるのは「　）又は電子計算機を使用して作成する国税関係帳簿書類の保存方法等の特例に関する法律（平成10年法律第25号）第8条第5項（法第68条第3項の重加算税に係る部分に限る。）（他の国税に関する法律の規定の適用）の重加算税」とする。

7　法第8条第5項の規定の適用がある場合における相続税法施行規則（昭和25年大蔵省令第17号）附則第7項（事業が適正

に行われていると認められる場合）の規定の適用については、同項第3号中「重加算税）の」とあるのは「重加算税）若しくは電子計算機を使用して作成する国税関係帳簿書類の保存方法等の特例に関する法律（平成10年法律第25号。以下この号において「電子帳簿保存法」という。）第8条第5項（国税通則法第68条第1項又は第2項の重加算税に係る部分に限る。）（他の国税に関する法律の規定の適用）の」と、「　。）の」とあるのは「　。）若しくは電子帳簿保存法第8条第5項（国税通則法第68条第3項の重加算税に係る部分に限る。）の」とする。

〔加算税賦課決定書付記〕
8　法第8条第4項又は第5項の規定の適用がある場合における過少申告加算税又は重加算税に係る国税通則法第32条第3項（賦課決定）に規定する賦課決定通知書には、当該過少申告加算税又は重加算税について法第8条第4項又は第5項の規定の適用がある旨を付記するものとする。

附　則

（施行期日）

第1条　この省令は、令和4年1月1日から施行する。ただし、第4条第1項第1号ロ（1）の改正規定（「記名押印」を「その氏名」に改める部分に限る。）及び同号ロ（2）の改正規定は、令和3年4月1日から施行する。

（経過措置）

第2条　改正後の電子計算機を使用して作成する国税関係帳簿書類の保存方法等の特例に関する法律施行規則（以下「新令」という。）第2条第6項の規定の適用については、改正前の電子計算機を使用して作成する国税関係帳簿書類の保存方法等の特例に関する法律施行規則（以下「旧令」という。）第3条第5項第5号に規定する承認を受けている同号の国税関係帳簿に係る電磁的記録又は電子計算機出力マイクロフィルムの記録事項は、新令第2条第6項第4号に規定する国税関係帳簿の記録事項とみなす。

2　新令第2条第9項の規定の適用については、旧令第3条第7項に規定する適用届出書は、新令第2条第9項に規定する適用届出書とみなす。

3　新令第5条第5項の規定の適用については、旧令第3条第1項第2号に規定する承認を受けている同号に規定する関連国税関係帳簿に係る電磁的記録又は電子計算機出力マイクロフィルムの記録事項は、新令第5条第5項第1号ロに規定する関連国税関係帳簿の記録事項とみなす。

〈著者紹介〉

松崎　啓介（まつざき　けいすけ）

松崎啓介税理士事務所　税理士

昭和59年～平成20年　財務省主税局勤務　税法の企画立案に従事（平成10年～平成20年　電子帳簿保存法・通則法規等担当）

その後、大月税務署長、東京国税局調査部特官・統括官、審理官、企画課長、審理課長、個人課税課長、国税庁監督評価官室長、仙台国税局総務部長、金沢国税局長を経て、令和２年８月税理士登録。

「国税通則法精解」「国税徴収法精解」（大蔵財務協会）、「コンメンタール国税通則法」（第一法規）、「電子帳簿保存法がこう変わる！～DX化が進む経理・税務のポイント～」（税務研究会出版局）、「DX推進と改正電帳法のポイント」（税務研究会Webセミナー）、「月刊税理2021年9月号特集：施行目前！改正電子帳簿保存法の完全活用ガイド」（改正電子帳簿保存法は企業経理の電子化を押し進める好機 ～その全体像と事前対策）（ぎょうせい）等書籍や記事を多数執筆。

本書の内容に関するご質問は、ファクシミリ・メール等、文書で編集部宛にお願い致します。ご照会に伴い記入していただく個人情報につきましては、回答など当社からの連絡以外の目的で利用することはございません。当社の「個人情報の取扱いについて」（https://www.zeiken.co.jp/ privacy/personal.php）をご参照いただき、同意された上でご照会くださいますようお願い致します。

FAX：03-6777-3483

e-mail：books@zeiken.co.jp

なお、個別のご相談は受け付けておりません。

本書刊行後に追加・修正事項がある場合は、随時、当社のホームページ（https://www.zeiken.co.jp）にてお知らせ致します。

もっとよくわかる
電子帳簿保存法がこう変わる！

令和３年11月15日　初版第一刷発行
令和４年７月10日　初版第四刷発行

（著者承認検印省略）

Ⓒ 著者　松崎啓介

発行所　税務研究会出版局
週刊「税務通信」「経営財務」発行所
代表者　山根　毅
郵便番号100-0005
東京都千代田区丸の内1-8-2 鉄鋼ビルディング
<税研ホームページ>　https://www.zeiken.co.jp

乱丁・落丁の場合は，お取替え致します。　印刷・製本　日本ハイコム株式会社

ISBN 978-4-7931-2654-3